Леонид Люкс

ЗАПАДНИЧЕСТВО ИЛИ ЕВРАЗИЙСТВО? ДЕМОКРАТИЯ ИЛИ ИДЕОКРАТИЯ?

Сборник статей об исторических дилеммах России

С предисловием Владимира Кантора

ibidem-Verlag
Stuttgart

Bibliografische Information der Deutschen Nationalbibliothek
Die Deutsche Nationalbibliothek verzeichnet diese Publikation in der
Deutschen Nationalbibliografie; detaillierte bibliografische Daten sind im
Internet über http://dnb.d-nb.de abrufbar.

Bibliographic information published by the Deutsche Nationalbibliothek
Die Deutsche Nationalbibliothek lists this publication in the Deutsche Nationalbibliografie;
detailed bibliographic data are available in the Internet at http://dnb.d-nb.de.

Technische Bearbeitung:
Chiara Savoldelli, Alexander Lebsak

На обложке: Николай Сергеевич Трубецкой (1890-1938) –
основоположник евразийства (слева), Петр Яковлевич Чаадаев (1794-
1856) – основоположник русского западничества (справа).

∞

Gedruckt auf alterungsbeständigem, säurefreiem Papier
Printed on acid-free paper

ISSN: 1614-3515

ISBN-13: 978-3-8382-0211-2

© *ibidem*-Verlag
Stuttgart 2011

Soviet and Post-Soviet Politics and Society (SPPS)
ISSN 1614-3515

Founded in 2004 and refereed since 2007, SPPS makes available affordable English-, German- and Russian-language studies on the history of the countries of the former Soviet bloc from the late Tsarist period to today. It publishes approximately 15-20 volumes per year, and focuses on issues in transitions to and from democracy such as economic crisis, identity formation, civil society development, and constitutional reform in CEE and the NIS. SPPS also aims to highlight so far understudied themes in East European studies such as right-wing radicalism, religious life, higher education, or human rights protection. The authors and titles of all previously published manuscripts are listed at the end of this book. For a full description of the series and reviews of its books, see www.ibidem-verlag.de/red/spps.

Editorial correspondence & manuscripts should be sent to: Dr. Andreas Umland, DAAD, German Embassy, vul. Bohdana Khmelnitskoho 25, UA-01901 Kyiv, Ukraine. e-mail: umland@stanfordalumni.org

Business correspondence & review copy requests should be sent to: *ibidem*-Verlag, Leuschnerstraße 40, D-30457 Hannover, Germany; tel.: +49(0)511-2622200; fax: +49(0)511-2622201; spps@ibidem-verlag.de.

Book orders & payments should be made via the publisher's electronic book shop at: www.ibidem-verlag.de/red/SPPS_EN/

Authors, reviewers, referees, and editors for (as well as all other persons sympathetic to) SPPS are invited to join its networks at www.facebook.com/group.php?gid=52638198614 www.linkedin.com/groups?about=&gid=103012 www.xing.com/net/spps-ibidem-verlag/

Recent Volumes

97 *Kamran Musayev*
Die postsowjetische Transformation im Baltikum und Südkaukasus
Eine vergleichende Untersuchung der politischen Entwicklung Lettlands und Aserbaidschans 1985-2009
Mit einem Vorwort von Leonid Luks
Ediert von Sandro Henschel
ISBN 978-3-8382-0103-0

98 *Tatiana Zhurzhenko*
Borderlands into Bordered Lands
Geopolitics of Identity in Post-Soviet Ukraine
With a foreword by Dieter Segert
ISBN 978-3-8382-0042-2

99 *Кирилл Галушко, Лидия Смола (ред.)*
Пределы падения – варианты украинского будущего
Аналитико-прогностические исследования
ISBN 978-3-8382-0148-1

100 *Michael Minkenberg (ed.)*
Historical Legacies and the Radical Right in Post-Cold War Central and Eastern Europe
With an afterword by Sabrina P. Ramet
ISBN 978-3-8382-0124-5

101 *David-Emil Wickström*
"Okna otkroi!" – "Open the Windows!"
Transcultural Flows and Identity Politics in the St. Petersburg Popular Music Scene
With a foreword by Yngvar B. Steinholt
ISBN 978-3-8382-0100-9

102 *Eva Zabka*
Eine neue „Zeit der Wirren"?
Der spät- und postsowjetische Systemwandel 1985-2000 im Spiegel russischer gesellschaftspolitischer Diskurse
Mit einem Vorwort von Margareta Mommsen
ISBN 978-3-8382-0161-0

103 *Ulrike Ziemer*
Ethnic Belonging, Gender and Cultural Practices
Youth Identitites in Contemporary Russia
With a foreword by Anoop Nayak
ISBN 978-3-8382-0152-8

104 *Ksenia Chepikova*
‚Einiges Russland' - eine zweite KPdSU?
Aspekte der Identitätskonstruktion einer postsowjetischen „Partei der Macht"
Mit einem Vorwort von Torsten Oppelland
ISBN 978-3-8382-0311-9

СОДЕРЖАНИЕ

Понять сегодняшнее в контексте прошлого (о книге
Леонида Люкса). Предисловие *Владимира Кантора*   7

Вступление   11

**I   Идеократия или демократия? Империя или
свобода? – русские дилеммы**

I.1 Россия между Февральской и Октябрьской революциями
1917 года. Почему большевики пришли к власти?   19

I.2 Распад царской и советской империй: причины и
Следствия   68

I.3 Была ли русская революция «русской»? О книге
Александра Солженицына «Двести лет вместе»   101

I.4 Логика сталинизма   108

I.5 Парадоксы Сталинграда – «Жизнь и судьба» Василия
Гроссмана   118

I.6 Прощание с классовой борьбой: Роль М.С. Горбачева
и Б.Н. Ельцина в борьбе за выход из «октябрьского
тупика» - заметки по поводу 75-летия двух реформаторов   128

I.7 Будут ли «варяги» вновь изгнаны из России?   133

I.8 Уязвленная держава: Россия после Крымской войны
и после распада Советского Союза – сравнительная
зарисовка   136

II. Запад или Восток? О колебании российского маятника

II.1 Владимир Печерин (1807-1885) и русская ностальгия
      по Западу   145

II.2 Евразийская идеология в европейском контексте   159

II.3 Заметки о «революционно-традиционалистской»
      культурной модели «евразийцев»   182

II.4 К вопросу об истории идейного развития «первой»
      русской эмиграции (1920-1940)   203

II.5 «Третий путь» или назад в Третий рейх? О
      «неоевразийской» группе «Элементы»   216

II.6 Европеизм? Евразийство? Национализм? – куда качнется
      идеологический маятник в постсоветской России?   238

**III. «Особые пути» или «Возвращение в Европу»?
       Россия и Германия в ХХ столетии**

III.1 Тоталитарная личность в контексте новейшей истории
       России и Германии   243

III.2 О двойственности сталинизма и национал-социализма   265

III.3 «Особые пути» - «пути в никуда»? – о крахе особых путей
       России и Германии в ХХ веке   273

III.4 «Веймарская Россия?» – заметки об одном спорном
       понятии   293

Предисловие

Понять сегодняшнее в контексте прошлого
(о книге Леонида Люкса)

Каждая новая книга крупного ученого (история науки это не раз показывала) непременно укрепляет его репутацию, ибо она каждый раз уточняет и углубляет его ведущую мысль. Это соображение впрямую относится к книге профессора Леонида Люкса, одного из ведущих немецких историков - исследователей судеб России и Германии в XX веке. На счастье русского читателя, работы Люкса (и в немалом количестве) выходили и на русском языке – и в журналах, и отдельными книгами. Надо сказать, что книга составлена отчасти из ранее публиковавшихся статей, вошли в нее разделы других книг автора. Все они дополнены, уточнены и приведены во внутреннюю взаимосвязь. В результате мы получили книгу, обладающую и цельностью и единством мысли.

Читая книгу Люкса, в очередной раз удивляешься и радуешься актуальности историософии, которая позволяет понять сегодняшнее в контексте прошлого. Автор – историк, но историк, работающий не только с историческим материалом, но с идеями, которые тоже становятся материалом его исследования.

Что я хотел бы выделить в качестве основной черты движения его исследовательского пафоса? Это трезвость и разговор о том, что реально было, что позволяет преодолеть мифы, сложившиеся вокруг реальности. Часто историки и, конечно, публицисты, пишущие об истории, впадают в идеологические преувеличения, в зависимости от занимаемой тем или иным автором идеологической позиции. Скажем, не раз звучавшее в периодической печати сравнение российских революций 1917 года и Августовской 1991 г. – давало основание публицистам обвинить русских политиков-либералов в гибели России, в жестокостях, превосходящих ленинский террор. Автор спокойно показывает, что трудности были, но никакого террора не было, была поразительная мирная революция (точнее контрреволюция). Я бы добавил, что чем-то она отдаленно напоминает бескровную передачу власти в Испании королю Хуану-Карлосу, завершившую эпоху франкизма. В обоих случаях началось возвращение и Испании, и России к европейской системе ценностей. Быть может, дело в том, что тоталитарные системы, если не погибают в развязанной ими войне (как Германия и Италия) истощают ментальные ресурсы своих жителей, у которых уже не хватает сил жить в постоянном ожидании казни. Неслучайно, как справедливо замечает автор, прологом к грядущей Августовской революции послужила смерть Сталина, именем которого назван самый страшный и кровавый период в истории России.

Еще несколько очевидностей, многократно отрицавшихся даже в научной литературе, но с определенными и сильными идеологическими установками. Большевистскую революцию часто называли случайностью, но автор точно пишет, что большевики поначалу явно привлекли на свою сторону немалую часть российского народа, что их победа не была случайностью, иначе успех этой заштатной до Февральской революции партии совершенно непонятен. Столь же существенна его позиция при анализе деятельности двух последних руководителей страны, которые сумели, худо или хорошо, но без крови, во всяком случае, без большой крови, вывести Россию из «октябрьского тупика». Между тем мы знаем, с какой иронией пишут обычно об этих лидерах.

Одна из основных проблем, которую рассматривает Люкс, возможен ли путь в цивилизованное, правовое общество на так называемом «третьем пути». Пути, который пытается обойти и миновать европейско-христианскую цивилизацию. Он показывает, что «особые пути» ведут к катастрофе, или, как говорил Федор Степун, в «преисподнюю небытия».

Вообще надо отметить как немалую заслугу Леонида Люкса, что его книга, посвященная в основном темам и сюжетам XX века, тем не менее показывает эти недавние явления в тесной связи с идеями и развитием прошлых столетий (стоит назвать главу об одном из первых русских западников XIX века – о Владимире Печерине), что придает фундированность и обстоятельность каждому положению, высказываемому автором. Историческая близость России и Германии, ставшая еще теснее с петровских преобразований, позволяет рожденному в России немецкому исследователю строить не одну параллель, показывающую идейную и политическую взаимосвязь явлений в обеих тоталитарных странах, начиная с однопартийной системы, антизападничества и антисемитизма, который, по мысли Ханны Арендт, есть родовое свойство любой тоталитароподобной системы.

Леонид Люкс показывает, как страх Германии перед русской империей привел к Первой мировой войне, а также как нацизм явился своеобразной реакцией на большевизм. В свою очередь, Россия прошлого века чрезвычайно много взяла из Германии - идеи социализма, пусть и по-своему понятые, немецкие деньги большевиками, прусскую военную систему, понятую Лениным как принцип социалистического хозяйствования. Сколько легенд существует о «консервативной революции» и евразийстве, оправдывающих их, видящих в них попытку избежать, как путь буржуазного либерализма, так и путь к тоталитаризму. И эта тема, одна из давних и я бы сказал, любимых тем автора, занимает в книге немалое место. Он посвящает много страниц анализу «консервативной революции» в Германии и его русскому аналогу – евразийству: от ранних евразийцев до подробного рассмотрения позиции журнала «Элементы», показывая, что в реальности все это пролагало дорогу фашистским идеям. Подкупает невероятная насыщенность текста историческим материалом - как простыми фактами, почти неизвестными даже специалистам, так и идейно-политическими концепциями, определявшими анализируемую эпоху. Автор не раз писал, что преодоление антизападничества и «интеграция Германии в Европу» завершилась в конце 80-х гг. Перед таким же возвращением стоит в последние годы Россия. Для России в силу многих причин этот путь и труднее, и проблематичнее. Но во всяком случае звучащий сегодня призыв к *третьему пути* с очевидностью вернет нас снова в уже реализовавшийся в прошлом тоталитарный *Третий Рейх, Третий Рим, Третий Интернационал*, опустив уровень жизни народонаселения до уровня *третьего мира*.

Знать то, что есть, то есть истину, печальное дело, но иного выхода у исследователя нет. Чем больше таких книг, как книга Леонида Люкса, тем более будет явлено в мир очевидного и истинного.

Владимир Кантор
Москва, июль 2011 г.

Вступление

Когда Петр I «прорубил окно в Европу» и сверг богоизбранный Третий Рим с пьедестала, Россия, в лице ее правителя, как бы отказалась от своего особого пути и превратилась в «отсталую» европейскую страну, пытающуюся догнать технологически и экономически преуспевающий Запад. Замысел Петра во многом удался и превзошел все ожидания современников. Вследствие петровских реформ Россия была включена в концерт европейских держав и решала политические судьбы континента на равных правах с другими членами европейской пентархии. Русская культура, получив в начале XVIII века творческий импульс с Запада, в следующем столетии начала в свою очередь обогащать и Запад, и превратилась в неотъемлемую часть общеевропейской культуры.

Однако, несмотря на этот процесс слияния двух частей расколотого до Петра континента, ни в России, ни на Западе не умолк диспут об особом характере русской цивилизации, о ее неевропейской сути. Большевистская революция подлила масла в огонь этого спора. Немецкий социолог и культуролог Альфред Вебер писал в 1925 г. о том, что большевистская власть привела к реазиатизации России. Лишь по недоразумению эта страна примкнула на какое-то время к сообществу европейских наций; покидая Европу, она возвращается к самой себе.[1]

Каков был в действительности характер большевистской революции? Каковы были ее последствия? Прав ли А. Вебер утверждая, что вследствие революции Россия выпала из общецивилизационного процесса? Этой теме будут посвящены некоторые статьи первой части сборника.

Тезисы вроде веберовского большевики с негодованием отвергали. Ведь их целью было превращение отсталой, «полуазиатской» России в современное европейское государство. Они как бы продолжали петровский замысел. Однако в отличие от петровской революции, большевистская привела не к преодолению раскола между Западом и Востоком, а

---

[1] Weber A.: Die Krise des modernen Staatsdenkens in Europa. Stuttgart, 1925. C.119.

наоборот – новый режим беспощадно боролся при помощи «красного», а потом и сталинского террора, против русского европеизма, изгнал сотни тысяч его приверженцев за пределы страны и закрыл открытое Петром окно в Европу. Оборвалась плодотворная связь между двумя частями континента, оборвался и дискурс о своеобразии русской культуры, сопоставлявший исторические судьбы России и Запада, который русская интеллигенция вела в течение многих поколений. Все голоса, которые теперь были слышны в стране, принадлежали фракциям правящей партии, или же тем непартийным авторам, которым удалось пройти через фильтр большевистской цензуры. В начале 1930-х годов сталинский режим окриком сверху прекратил и большевистскую многоголосицу, и теперь страна в течение четверти века слышала лишь один голос – голос недоучившегося семинариста, которого казенные клевреты провозгласили величайшим гением всех времен и народов. Этот процесс описывается в статье «Логика сталинизма».

В России, которая в петербургский период переживала такой взрыв творческой энергии, что ее сравнивали с Афинами времен Перикла или с Италией эпохи Ренессанса, начался вследствие большевистской, но особенно вследствие сталинской революции беспрецедентный «упадок творчества», как это развитие назвал основоположник возникшего в эмиграции евразийского движения Николай Трубецкой.[2]

То, что России удалось в конце XX века вырваться из того тупика, в который ее загнала октябрьская, а потом сталинская революция, можно назвать своего рода «политическим чудом». Тем более, что революция, которая в августе 1991 г. освободила страну от созданной в начале века коммунистической диктатуры, проходила по совершенно иному сценарию, чем октябрьская. Августовская революция отказалась от террора, от уничтожения миллионов людей, якобы мешавших установлению социального рая на земле, и пыталась мирными, хотя и очень болезненными методами превратить Россию в «нормальную» европейскую страну. Некоторые аспекты этого процесса революционного входа и выхода из того «октябрьского» тупика, в который большевики ввели страну, затрагивают статьи первой части сборника.

---

[2]   Трубецкой Н.: История. Культура. Язык. М., 1995. С. 444-448.

Его вторую часть открывает статья о жизненном пути одного из родоначальников русского западничества Владимира Печерина, судьба которого во многом предвосхитила судьбу русской интеллигенции, которая в течение многих поколений, несмотря на свою, казалось бы, маргинальную роль в обществе, решающим образом влияла на историю России. Печерин, как и следующие за ним поколения русской интеллигенции, считал неприемлемым разрыв между идеалом и действительностью и пытался преодолеть его одним рывком. Он верил во всемогущество идей, и такой идеей, которая с его точки зрения должна была спасти Россию, было западничество. Хотя Печерин своей страстной проповедью западнических идей не вызвал в обществе такой бури негодования как другой родоначальник западничества, Петр Чаадаев, Печерин все-таки в большей мере чем Чаадаев являлся как бы прототипом будущих поколений русской интеллигенции. Поэтому он и заслуживает большего внимания, чем то, которое ему до сих пор уделялось в литературе.

Следующие статьи второй части сборника посвящены евразийскому движению, которое также как и Печерин верило во всемогущество идей. Однако в отличие от Печерина «землей обетованной» евразийцев был не Запад а Восток. Они призывали к тому, чтобы закрыть открытое Петром «окно в Европу», и считали, как и славянофилы, вестернизацию России своего рода грехопадением. Идеи евразийцев, как в свое время и идеи западников, вызвали в русской общественности бурю негодований. Однако обсуждать евразийские идеи можно было только в эмиграции. Порабощенная большевиками Россия в этом дискурсе не участвовала. Это однако не значит, что начатые в 30-х годах XIX столетия споры интеллигенции о судьбах страны прекратились сразу же после прихода большевиков к власти. Они переместились, однако, вглубь самой правящей партии. По отношению к своим политическим противникам большевики прибегали к жесточайшим методам политического подавления. Совсем иной стиль поведения господствовал, однако, в самой большевистской партии. Здесь до установления сталинской диктатуры в конце 20-х годов все еще можно было отстаивать разные точки зрения. Но начиная с 30-х годов оспаривать непогрешимость «вождя» могли только те коммунисты, которые находились в недосягаемости для сталинских органов террора, т.е. в эмиграции.

Казалось, сталинское руководство задушило глубоко укоренившееся стремление к свободе в русском обществе, причем как среди интеллектуальной элиты, так и среди простого народа.

В начале 30-х годов Георгий Федотов объяснял успех сталинской «революции сверху» тем, что после уничтожения большевиками революционной интеллигенции в России не осталось больше слоев общества, которые ценили бы свободу превыше всего. Однако сталинский террор не смог полностью искоренить из общественного сознания стремление к свободе, что и подтвердилось во время советско-германской войны. Угнетенное общество использовало временное ослабление режима для достижения определенных свобод.

Эту тему затрагивает статья сборника, посвященная роману Василия Гроссмана «Жизнь и судьба».

Эйфория победы, охватившая страну после разгрома Третьего Рейха, способствовала, однако, стабилизации сталинского режима и облегчила правящим кругам новое закабаление общества. Но, несмотря на это, стремление к достойной жизни, к «жизни как в сказке», все еще продолжало жить в народе. Преемники Сталина пошли навстречу этому стремлению, начав уже через несколько дней после смерти тирана демонтаж созданной им системы.

Хотя их реформы были робкими и половинчатыми и проводились бюрократическими методами – в форме подарка сверху –, смерть Сталина стала переломным моментом в новейшей истории России. Это событие положило конец почти сорокалетнему насилию, определившему развитие страны с начала Первой мировой войны с короткой передышкой в 20-е годы.

Однако даже после XX съезда КПСС осудившего преступную суть сталинизма, не могло быть и речи о возврате к тому положению дел, которое существовало в Советском Союзе до создания сталинской системы. Концепция монолитной, борющейся со всеми уклонами партии, сохранилась в КПСС и после 1956 года. Этот факт был одной из причин возникновения диссидентского движения в стране, для которого отход правящей элиты от сталинских методов руководства был недостаточно решительным. В то же время сам факт, что диссидентское движение смогло появиться, свидетельствовал о масштабах изменений, произошедших в

СССР после смерти Сталина. Отказ правящих кругов от массового террора являлся настоящей революцией сверху, которая принципиально изменила политический климат в стране.

Сначала в диссидентском движении принимали участие представители различных направлений, так как это движение сознательно не стремилось к тому, чтобы стать идеологическим монолитом наподобие правящей партии. Однако с начала 70-х годов начали обостряться разногласия внутри движения.

Несмотря на чрезвычайное многообразие мнений, высказанных в процессе политических и идеологических дискуссий в лагере советских диссидентов 1960-х - 70-х годов, можно четко выделить два основных течения. Они перекликаются со старым, возникшим еще в 30-е годы XIX века, русским спором между «западниками» и «славянофилами». Когда «неозападники» рассуждали о недостатках советского строя, они видели в них, как правило, повторение старых ошибок царского режима. Когда же они возмущались подавлением духовной свободы в СССР и всесилием цензуры, то утверждали, что это явление, за редкими исключениями, всегда присутствовало в России, также как и политическая эмиграция, которая не представляла собой ничего нового. И даже тот факт, что неугодных властям наиболее острых критиков режима объявляли сумасшедшими, имел место в царской России. Так, например, критик «особого пути России» П. Я. Чаадаев после публикации своего «Философического письма» в 1836 году был объявлен душевнобольным.

По мнению представителей новых западников, подражание Западу и копирование западной модели развития всегда было целебным для России. Они считали, что если в России когда-нибудь возникнет свободный общественный строй, то это произойдет лишь тогда, когда страна встанет на путь западного парламентаризма.

Противоположную позицию в этой дискуссии занимали те диссиденты, которые в своей аргументации, в известной степени, опирались на классические славянофильские идеи. Самым значительным представителем этого направления являлся Александр Солженицын. Он и его единомышленники не считали Россию отсталой страной, история которой состояла преимущественно из государственного деспотизма и несвободы. Особенности развития России, которые отличались от Запада, не являлись для них отклонением от «нормального» пути. Напротив, эта особенность представляла собой драгоценное сокровище, определяющее ценность русской истории. Советская система, по их мнению, являлась не продолжением старой русской традиции, а, наоборот, скорее разрывом с ней, качественно новым явлением. Большевизм, по сути, представлял собой в их глазах социальный продукт, импортированный с Запада – определенную форму материалистического и атеистического направления мысли, чьей родиной является не Россия, а Запад.

Важнейшей задачей для «неославянофилов» было восстановление русской самобытности. Только она могла бы оздоровить Россию и восстановить ее внутреннее равновесие, утверждали они. Импульсы и модели для своего развития Россия должна искать в собственном прошлом. Суетное, вечно конфликтующее западное общество не было для «неославянофилов» идеалом.

Во время горбачевской перестройки споры между неозападниками и неославянофилами перекочевали из самиздатских журналов на страницы «легальных» советских органов печати, а после падения советской власти стали пронизывать как красная нить всю интеллектуальную жизнь ищущего свою новую идентичность общества. Об этих идейных поисках и пойдет речь в последних статьях второй части сборника.

Его последняя часть посвящена параллелям между историческими путями России и Германии, которые особенно наглядно проявились в ХХ столетии.

И в России и в Германии вследствие Первой мировой войны впервые в истории этих государств возникли демократические системы, которые вскоре стали жертвами двух противоположных тоталитарных идеологий и партий. Непосредственно после краха «первой» русской и «первой» немецкой демократии Россия и Германия образовали центр восстания против плюралистически устроенных обществ и отстаиваемых ими ценностей. В своем радикализме бунт этот превзошел все предшествующие восстания подобного рода.

Результатом обоих восстаний было возникновение тоталитарных режимов левого и правого толка. Цели, которых они пытались достичь, были уже сформулированы некоторыми радикальными мыслителями XIX в., однако вообще по характеру своему эти цели были совершенно утопическими. В XX в. выяснилось, однако, что эти утопии не столь далеки от жизни, как это представлялось вначале.

Осуществление утопических грез XIX столетия стало возможным не в последнюю очередь благодаря тому, что они проводились в жизнь действительно революционными методами. Уже первая мировая война с ее тотальной мобилизацией и высокоразвитой технологией уничтожения людей показала, на каком хрупком основании до сих пор базировалась европейская цивилизация. Не зря многими авторами эта война расценивалась как начало и прообраз всех катастроф XX-го века. Тоталитарные движения, о которых мы говорим – и большевизм, и национал-социализм – обязаны своим возвышением именно этой войне. Однако первая мировая война, несмотря на революцию в технике уничтожения, которая ей сопутствовала, не руководствовалась какими-либо революционными целями. Цели участников войны, этой "мировой катастрофы", не взрывали рамок традиционной великодержавной политики. И только режимам, возникшим на развалинах европейского порядка 1914 г., предстояло перевернуть все прежние представления о политике.

Классический тезис "политика – искусство возможного" был ими грубо осмеян. Искать компромисс с внутриполитическим оппонентом, как это было характерно для времен либерализма, им и в голову не приходило. Общий процесс эмансипации общества, развернувшийся после французской революции, новейшими тираниями был мгновенно свернут. Прежнего, скептического человека, доставшегося им от либеральных времен, они постарались устранить и создать вместо него нового человека. Этот новый человек должен был слепо повиноваться вышестоящим и верить в непогрешимость вождя и партии.

Тоталитарные режимы, совершая беспримерные в истории преступления, действовали как бы от ее имени, считали, что они олицетворяют смысл истории, и что они являются победителями в исторической борьбе. Однако в середине прошлого века их победоносное шествие было приостановлено, а в конце столетия они потерпели полный крах. Анализ причин и следствий их поражения будет темой последних статей сборника.

Так как статьи, вошедшие в этот сборник, публиковались ранее в разных изданиях независимо друг от друга, они содержат иногда некоторые повторения, которых полностью избежать не удалось. Кроме того хочу подчеркнуть, что тексты сборника, это, как правило, эссе и зарисовки, которые не претендуют на то, чтобы полностью исчерпать заданные темы, а пытаются лишь к ним приблизиться.

I. Идеократия или демократия? Империя или свобода? – русские дилеммы

I.1 Россия между Февральской и Октябрьской революциями 1917 года. Почему большевики пришли к власти?[1]

1. Эрозия веры в царя

Свержение последнего царя почти не вызвало в России сожаления. Страшная пустота, которая возникла вокруг трона на рубеже XIX и XX веков, привела к так называемой неудавшейся революции 1905 года. Через двенадцать лет, во время «победоносной» февральской революции, эта пустота стала очевидной для всех. У монархии не нашлось больше защитников, и она развалилась в один миг. Это произошло в стране, где вера в царя столетиями определяла мировоззрение широких слоев населения. При этом следует отметить, что неприятие автократии частью политической элиты России, проявившееся прежде всего во время деспотического правления царя Николая I (1825-1855), никоим образом не затронуло народные массы. Народ был верен царю и видел в самодержце воплощение православия и социальной справедливости. И это несмотря на тот факт, что существующий социальный строй, который русское крестьянство считало крайне несправедливым, был узаконен царским режимом. Лишь на рубеже XIX и XX веков, вследствие начавшейся модернизации страны, началась постепенная эрозия патриархальной веры в царя. Не в последнюю очередь по этой причине начала уменьшаться пропасть между революционно настроенными представителями образованной части общества и теми слоями народа, которые были недовольны своим положением.

---

1   Расширенная версия главы из моей книги «История России и Советского Союза. От Ленина до Ельцина». М., 2009.

Петербургская бюрократия была совершенно не готова к такому повороту дел. Еще в 1905 году определенная ее часть верила в царистские настроения сельского населения России. В соответствии с этим была разработана концепция избирательного закона, по которому проводились выборы в Первую Государственную Думу. Избирательный закон создавал преимущества для крестьян, считавшихся особенно верными и преданными царю.[2] Но крестьяне избрали такой парламент, в котором существенное большинство получили революционные партии. «Таков на самом деле пресловутый консерватизм русских крестьян», - саркастически заметил тогдашний российский премьер-министр Сергей Витте, который, в отличие от своих разочарованных коллег по кабинету, не питал тогда иллюзий относительно верности царю российских социальных низов. Из важнейшей опоры самодержавия социальные низы превратились в его опаснейшего противника. Свои надежды на социальную справедливость, на обладание землею помещиков, которых они считали праздными бездельниками, крестьяне все в большей степени связывали не с царем, а с революционными партиями.

Многие сторонники существовавшего строя, и не в последнюю очередь сам царь, пытались бороться с революционной угрозой при помощи шовинистических идей. Сергей Витте обвинял последнего русского монарха в слишком больших симпатиях к правым экстремистам: Николай II призывал своих подданных собраться под знаменем черной сотни, со стороны царя не последовало решительного осуждения еврейских погромов, организованных правыми группировками. Этот курс Витте считал роковым для самодержавия.[3] В действительности флирт с шовинистами не привел монархию к желаемой «близости к народу». Российское крестьянство, составлявшее подавляющее большинство населения страны, почти не воспринимало националистические идеи. Нерешенному, с их точки зрения, аграрному вопросу крестьяне уделяли значитель-

---

2   Витте, Сергей: Воспоминания. Царствование Николая II. Берлин, 1922. Т. 1. С. 296, т. 2. С. 313; Милюков, Павел: Воспоминания (1859-1917). Нью Йорк, 1955. Т. 1. С. 363-438; Маклаков, Василий: Из воспоминаний. Нью Йорк, 1954. С. 338-362; его же, Вторая Государственная Дума (Воспоминания современника). Лондон, 1991. С. 61-63; Тыркова-Вилльямс, Ариадна: На путях к свободе. Лондон, 1990. С. 233-337.

3   Витте, Воспоминания. Т. 1. С. 316, т. 2. С. 36, 75-76.

но больше внимания, чем национальному величию России. Не иначе дело обстояло и с российскими промышленными рабочими, которые, с
момента своего появления в конце XIX века, стали одними из самых радикальных противников режима. Основоположник русского марксизма
Георгий Плеханов писал в 1891 году, что промышленный пролетариат
является первой революционной силой в русской истории, которая в состоянии свергнуть самодержавие и ввести Россию в сообщество цивилизованных народов. Надежды, которые русские марксисты связывали с
промышленным пролетариатом, не были беспочвенными. Эрозия веры в
царя, представлявшая собой у российского крестьянства медленный,
продолжительный процесс, у русских пролетариев шла с молниеносной
быстротой. Робкие попытки самодержавия интегрировать рабочий класс
в существовавшую систему окончились неудачей. «Кровавое воскресе-
нье» 9 января 1905 года - расстрел мирной демонстрации рабочих
Санкт-Петербурга, которые шли с петицией к царю, - стало символом
окончательной утраты веры в царя (даты в этой и следующих главах
приводятся по юлианскому календарю, существовавшему в России до 1
февраля 1918 года). Произошедшие вследствие революции 1905 года
политические преобразования в стране (в Манифесте от 17 октября
1905 г. царь обещал своим подданным гражданские права и созыв парламента) и постепенная легализация рабочего движения почти не по-
влияли на отношение рабочих к режиму.

Таким образом, националистический угар, после начала Первой мировой войны с особой силой охвативший народы Европы, в России кос-
нулся лишь образованной части общества и мало затронул социальные
низы, но в феврале 1917 года они эйфорически приветствовали революцию. Воинствующие русские националисты не играли в событиях 1917
года почти никакой роли. «Февральская революция стала катастрофой
для русских правых», - писал Виктор Чернов, председатель партии социалистов-революционеров (эсеров). Почти никто не осмеливался в ту
пору открыто поддерживать правые идеи.

2. Военные поражения царизма

В поисках причин Февральской революции, первой успешной революции в новейшей истории России, многие авторы прежде всего называ-

ют военные поражения русской армии в Первой мировой войне. Американский советолог Бертрам Вольф ставит под сомнение этот тезис. В 1812 и в 1941 годах, во время похода Наполеона в Россию и в начале Советско-германской войны, России были нанесены катастрофические поражения, намного бо́льшие, чем в Первую мировую войну. Однако существовавшая система выдержала эти удары. На самом деле катастрофы 1812 и 1941 года никоим образом не разрушили основ существования империи. Напротив, они вызвали в стране подъем патриотизма, на волне которого произошла дополнительная легитимация существовавшего режима большинством населения. Ничего подобного не произошло в 1914 – 1917 годах.

В отличие от образованных слоев и политической элиты, российские рабочие и крестьяне не считали Первую мировую войну «Отечественной». До тех пор, пока социальные низы России придерживались традиционных взглядов, православный царь был для них олицетворением государства. Став солдатами, они сражались за «Веру, Царя и Отечество». Русский историк и философ Георгий Федотов считал не случайным, что понятие «Отечество» стояло в этой триаде на последнем месте. Отход социальных низов России от веры в царя, который наблюдался в конце XIX и в начале XX века, с неизбежностью вел к ослаблению их связей с государством. Современная национальная идея, усматривавшая в собственном государстве, независимо от религиозной легитимации, своего рода венец творения, существовала в России лишь у части образованного слоя. Таким образом, широкие народные массы России расстались с традиционными представлениями о государстве, не усвоив, однако, современной национальной идеи. Массы находились в состоянии крайней мировоззренческой неустойчивости, но именно в этой ситуации от них с началом Первой мировой войны требовали максимального самопожертвования. Без существенной самоидентификации широких народных масс с целями войны и с господствующей государственной идеей, такие жертвы в течение продолжительного времени были невозможны. Неудивительно, что царизм оказался самым слабым звеном в цепи принимавших участие в войне режимов и рухнул первым, не справившись с поставленными войной проблемами.

Положение на фронте, несмотря на некоторые чувствительные неудачи, тогда еще не было катастрофическим. Распад армии начался лишь после свержения царя. То обстоятельство, что одна из старейших монархий Европы сразу же развалилась в результате всего лишь трехдневной революционной борьбы в ее столице, связано прежде всего с тем, что царский режим потерял всякую опору в стране, как у социальных «низов», так и у «верхов». В то время как российские «низы» отошли от правившего режима прежде всего потому, что они «больше не понимали свое собственное государство, его политические цели и идеи» (Г. Федотов), национально настроенные круги политического класса России выступили против царя по совсем иным причинам. Они подозревали царскую семью в недостаточном патриотизме. Так как романовская монархия, в отличие от многих вступивших в войну наций, была не в состоянии развить общенациональную, объединяющую все народы и сословия империи идею, «верхи» без промедления позволили пасть власти непопулярного царя и ставшей непредсказуемой в своем поведении «придворной камарильи» вокруг царицы. Тот факт, что убитый в декабре 1916 года шарлатан и фаворит царицы Григорий Распутин практически был соправителем страны, также способствовал дискредитации царской семьи.

3.   «Парадокс» Февральской революции

Л. Д. Троцкий считал наибольшей проблемой Февральской революции, ее «парадоксом»,[4] тот факт, что она состояла из двух совершенно противоположных по целям революций. Во-первых, из революции образованных слоев общества, которые хотели превратить страну в парламентскую демократию западного типа и завершить начавшееся в 1905 году развитие России в направлении правового государства. Во-вторых, из революции нижних слоев российского общества, связывавших с ней совсем иные чаяния. «Низы» ждали от Февраля осуществления своих давних идеалов социальной справедливости, которые, как указывали многие авторы, прежде всего основывались на представлениях о равенстве: революцию российские «низы» связывали с отказом от иерархиче-

---

4   Trotzki, Leo: Geschichte der russischen Revolution. Berlin, 1960. C. 139-169.

ского принципа как такового. Партии, ставившие под вопрос принцип социального равенства, имели в 1917 году в обстановке угара эгалитаризма мало шансов на успех.

Пропасть между «низами» и «верхами», которая в России углублялась из поколения в поколение, достигла размеров, немыслимых в тогдашней Европе. Причем разные интересы «верхов» и «низов» были оформлены и «институционально» в первые же дни революции. Буржуазно-либеральные круги были представлены в учрежденном 27 февраля 1917 года Временном комитете Государственной Думы и в созданном этим комитетом 2 марта 1917 года Временном правительстве. Интересы нижних слоев общества отражал возникший в то же время на основе «базисной демократии» Петроградский Совет рабочих и солдатских депутатов (Петросовет). Движение за создание Советов необычайно быстро распространилось по всей стране и захватило даже русское крестьянство. Советы были организациями социальных низов, стремившихся отделить свои интересы и структуры от буржуазных учреждений.

Лишь социалистические партии или партии, отстаивавшие принцип так называемой «революционной демократии», были представлены в Советах. В первую очередь это были эсеры, меньшевики и большевики. Кроме того, в Советах были представлены анархисты и различные мелкие левые группировки. Так как Советы представляли подавляющее большинство населения, которое однозначно сделало «социалистический выбор», многие исследователи вновь и вновь задаются вопросом: почему руководство Петросовета не стремилось с самого начала взять на себя всю полноту власти в стране, почему оно вначале было готово поддержать Временное правительство, не имевшее в своих руках почти никаких инструментов власти? Часто выдвигается тезис, что умеренные социалисты (меньшевики и эсеры), до лета 1917 года имевшие большинство в Петросовете, не были готовы взять на себя ведущую роль в «буржуазной революции», каковой они считали Февральскую революцию.

4.   Страх перед «крестьянином в солдатской шинели»

Боязнь взять на себя ответственность за «буржуазную революцию» действительно играла важную роль прежде всего в политике меньшевиков. Однако не меньшим был страх, испытываемый умеренными социалистами перед волной анархии, грозившей захлестнуть Россию после роспуска прежних механизмов контроля, страх перед беспощадным крестьянским бунтом, который мог уничтожить достижения Февральской революции. Россия была классической страной мощных крестьянских восстаний, время от времени угрожавших разрушением основ русского государства. Подавление крестьянских бунтов требовало от российского правительства чрезвычайного напряжения военных сил. В итоге регулярные правительственные войска всегда побеждали плохо организованные массы доведенного до отчаяния народа.

В 1917 году намечалась совершенно иная форма Жакерии (крестьянского бунта). Недовольное русское крестьянство, стремившееся к радикальному решению аграрного вопроса, после начала Первой мировой войны получило в руки оружие. До конца 1916 года в армию было призвано около пятнадцати миллионов человек, в большинстве своем сельских жителей. К началу Февральской революции вооруженные силы России насчитывали около девяти миллионов солдат, в основном вчерашних крестьян.[5] Неповиновение Петроградского гарнизона (около 180 000 солдат)[6] и их братание с взбунтовавшимися рабочими столицы определило судьбу русской монархии. Это привело к необычайному росту самосознания «крестьян в солдатских шинелях». Под их давлением Петросовет 1 марта 1917 года принял ставший знаменитым приказ №1, содержавший среди прочих следующие постулаты: по всем политическим вопросам каждая воинская часть подчиняется Совету рабочих и солдатских депутатов и его комитетам; приказы военной комиссии Государственной Думы следует выполнять лишь в тех случаях, когда они не противоречат приказам и решениям Совета рабочих и солдатских депутатов; все виды вооружения должны находиться в руках и под контролем ротных и батальонных комитетов и ни при каких обстоятельствах не предоставляться в распоряжение офицеров, даже по их требованию.

---

5   Altrichter, Helmut: Russland 1917. Ein Land auf der Suche nach sich selbst. Paderborn, 1917. С. 102, 307; Булдаков, В.: Путь к Октябрю // Октябрь 1917: Величайшее событие века или социальная катастрофа. М., 1991. С. 27.

6   Hildermeier, Manfred: Geschichte der Sowjetunion 1917-1991. München, 1998. С. 66; Булдаков, Путь к Октябрю. С. 27.

Несмотря на то, что этот приказ распространялся только на Петроградский гарнизон и вследствие мощных протестов военного руководства 5 марта 1917 года приказом Совета №2 был немного смягчен,[7] процесс революционизации всей армии и разрыхления ее командных структур уже нельзя было остановить. С этих пор судьба Февральской революции все в большей степени зависела от отношения к ней солдат. Многие лидеры Советов из лагеря умеренных социалистов считали такое положение чрезвычайно опасным. Н. Н. Суханов, принадлежавший к левому крылу меньшевиков-интернационалистов, писал: «Непосредственное участие в революции армии было не что иное, как форма вмешательства крестьянства, форма его проникновения в недра революционного процесса. С моей точки зрения марксиста и интернационалиста это было совершенно неуместное вмешательство, глубоко вредное проникновение [... Над] самой колыбелью, у самого кормила революции неотступно, всей тяжкой массой стояло крестьянство, да еще с винтовкой в руках. Оно заявляло: я хозяин не только страны, не только российского государства, не только ближайшего периода русской истории, я хозяин революции, которая не могла быть совершена без меня ... Это было совершенно неуместно и крайне вредно».[8]

Меньшевик Ираклий Церетели, принадлежавший к центральным фигурам Совета, писал по этому же поводу: «Вездесущие солдатские массы придавали революции особый отпечаток. Своим отношением к революции солдатские массы обеспечили ей победу в Феврале 1917 года. Участие масс в революции вытекало не из их социалистических идеалов, а из элементарной ненависти к старому режиму. Недовольные солдаты смели старый режим, но не имели ясного представления о том, что, собственно, происходит. Задачей вождей революции было просветить этих людей, не имевших элементарного политического образования, объяснить им механизмы свободного демократического общества. Только таким образом можно было преодолеть ту чрезвычайную опасность, которую эти анархистские массы представляли для революции».[9]

7   Altrichter, Russland. C. 141.
8   Суханов, Николай: Записки о русской революции. М., 1991. Т. 1. С. 231.
9   Церетели, Ираклий: Воспоминания о февральской революции. Париж, 1963.

Уже однажды в XX веке часть революционной русской интеллигенции в ужасе отшатнулась от революционной действительности. Это было в 1905 году, когда восстания в городах и селах с полной очевидностью показали, какой интенсивности достигли социальные конфликты в империи. Реакция части образованных людей на эти процессы некоторым образом напоминает позицию европейских либералов в 1848 году. И у них эйфория начала революции очень быстро сменилась «большим страхом». Своим главным противником они считали теперь не столько критикуемый ими старый режим, сколько «четвертое сословие» - промышленных рабочих, не признававших основы основ общества – частной собственности. В России ставшая после 1905 года умеренной часть интеллигенции беспокоилась не столько о частной собственности, сколько о существовании культурного слоя как такового. Михаил Гершензон, один из авторов сборника «Вехи» (1909), который сурово осудил революционное кредо русской интеллигенции, писал, что после 1905 г. возникла парадоксальная ситуация: низы, за которые интеллигенция боролась, презирали образованный слой как таковой, а государство, против которого интеллигенция боролась, защищало ее «своими штыками и тюрьмами от народной ярости».[10]

В Февральскую революцию этот государственный аппарат, защищающий образованный слой от народного гнева - чиновничество, полиция - рухнул за несколько дней.

5.   Временное правительство и Советы: поиск взаимопонимания

Манифестом от 3 марта 1917 года Временное правительство объявило о замене полиции народной милицией и проведении всеобщих прямых и равных выборов при тайном голосовании.[11]

Однако в стране, одновременно находившейся и в состоянии революционного брожения и войны с превосходящими силами внешних врагов, претворить в жизнь эти принципы, а также найти замену гигантской государственной машине царизма, было весьма не просто. Чтобы пре-

---

10   Гершензон, Михаил: Творческое самосознание // Вехи. Сборник статей о русской интеллигенции. М., 1909. С. 89.
11   Hellmann, Manfred (Hrsg.): Die russische Revolution 1917. Von der Abdankung des Zaren bis zum Staatsstreich der Bolschewiki. München, 1977. С. 153.

дотвратить полный развал государства и общества и тем самым избежать цивилизационной катастрофы в стране, Временное правительство нуждалось в решительной поддержке Советов. Руководство Советов, сначала Петросовета, а после первого Всероссийского съезда Советов в июне 1917 года - на всероссийском уровне, было готово предоставить такую поддержку. При этом речь шла, однако, о поддержке на определенных условиях. Советы представляли собой своего рода наблюдательный орган «революционной демократии». Главной задачей этого органа была «борьба с остатками старого режима и происками контрреволюции». Манифест Временного правительства от 3 марта 1917 года появился под давлением вождей Советов. Манифестом, среди прочего, объявлялась полная немедленная амнистия по всем политическим и религиозным делам, включая террористические покушения и военные восстания. К этому добавлялось провозглашение свобод - слова, печати, собраний. Все сословные, конфессиональные и национальные ограничения отменялись. Манифест обещал также «немедленную подготовку к созыву Учредительного собрания».

Несмотря на свою радикальность, этот каталог прав и свобод не выходил за рамки буржуазно-демократической системы. В остальном вожди Советов не хотели предопределять будущий государственный строй России. Этот вопрос следовало решить Учредительному собранию, которое должно было быть избрано не на базе революционного классового, а на основе всеобщего демократического избирательного права.

Руководство Советов одобрило не только программу, но и состав Временного правительства. В правительстве доминировали либералы – партии конституционных демократов (кадетов) и октябристов, которые были немного правее кадетов. Лидер кадетов П. Н. Милюков возглавил министерство иностранных дел; руководитель октябристов А. И. Гучков стал военным министром. Милюков, самый влиятельный политик в новом кабинете, хотел также пригласить в правительство и некоторых вождей Советов.

Единственный из них, кто принял это приглашение, был А. Ф. Керенский, один из заместителей председателя Петросовета. Он занял пост министра юстиции.[12] Это решение Керенского не вызвало принципиальных возражений со стороны Совета. Хотя часть фракции большевиков в Совете голосовала против достижения договоренности с буржуазным правительством и призвала к созданию временного революционного правительства, однако это предложение было отклонено подавляющим большинством депутатов Совета, в том числе многими большевиками.

Складывалось впечатление, что даже большевики – самое радикальное направление российского рабочего движения – вместе с умеренными социалистами, вошли в ряды единого фронта «революционной демократии», особенно после возвращения из ссылки таких видных деятелей партии как Л. Б. Каменев и И. В. Сталин. Курс большевиков и их центрального органа газеты «Правда» начинал все больше сближаться с меньшевиками. Обсуждалась даже возможность объединения обоих враждовавших с 1903 года течений российской социал-демократии.

Однако этот процесс был прерван после возвращения 3 апреля 1917 года из швейцарской эмиграции основателя и вождя партии большевиков В. И. Ленина.

6. Возвращение Ленина в Россию и раскол в лагере революции

На следующий день после возвращения в Россию Ленин огласил свои ставшие знаменитыми «Апрельские тезисы», которые, как писали авторы изданного в Москве в 1991 году исторического труда «Наше Отечество», «примерно через полгода поистине перевернули Россию».[13] Ленин сказал: «Своеобразие текущего момента в России состоит *в переходе* от первого этапа революции, давшего власть буржуазии в силу недостаточной сознательности и организованности пролетариата, - *ко второму* ее этапу, который должен дать власть в руки пролетариата и беднейших слоев крестьянства. Этот переход характеризуется, с одной стороны, максимумом легальности (Россия *сейчас* самая свободная страна в мире из всех воюющих стран), с другой стороны, отсутствием насилия над массами и, наконец, доверчиво-бессознательным отноше-

---

12 Kerenski, Alexander: Erinnerungen. Vom Sturz des Zarentums bis zu Lenins Staatsstreich. Dresden, 1928. С. 102.

13 Наше Отечество. М., 1991. Т. 1. С. 360; см. также Волобуев, П.: Предисловие // Октябрь 1917. С. 7.

нием их к правительству капиталистов, худших врагов мира и социализма». Затем вождь большевиков объявил следующие лозунги: «3. Никакой поддержки Временному правительству... 4. <...> Разъяснение массам, что Советы рабочих депутатов есть *единственно возможная* форма революционного правительства... 5. Не парламентская республика, - возвращение к ней от Советов рабочих депутатов было бы шагом назад, - а республика Советов рабочих, батрацких и крестьянских депутатов по всей стране, снизу доверху... 6. <...> Конфискация всех помещичьих земель. Национализация *всех* земель в стране...».[14]

Не только у умеренных русских социалистов, но и у большинства большевистских вождей ленинские тезисы вызвали настоящий шок. Многие наблюдатели, в том числе и некоторые большевики, обвиняли Ленина в том, что он не знает о происходящем в стране, что он, много лет прожив в эмиграции, потерял всякую связь с русской реальностью.[15] Сталин тогда критиковал тезисы Ленина за схематизм и абстрактность. Каменев был против ленинского тезиса, что буржуазно-демократическая революция в России уже закончена.

Несмотря на многочисленную критику из собственных рядов, Ленин очень быстро добился своей цели в партии. В середине апреля ленинский курс был одобрен на петроградской, а в конце апреля – на всероссийской конференции большевиков. Это была, вероятно, одна из самых больших побед Ленина за всю его политическую карьеру. То, что Ленин сумел с такой легкостью преодолеть внутрипартийную оппозицию, очевидец этих событий Суханов объяснял так: «Ленин на практике, исторически, был монопольным, единым и нераздельным главою партии в течение долгих лет со дня ее возникновения. Большевистская партия – это дело рук Ленина, и притом его одного. Мимо него на ответственных постах проходили десятки и сотни людей, сменялись одно за другим поколения революционеров, а Ленин незыблемо оставался на своем посту, целиком определял физиономию партии и ни с кем не делил власти. [...Кроме] Ленина в партии *не было* никого и ничего. Несколько крупных «генералов» без Ленина - *ничто* как несколько необъятных планет без

---

14   Ленин В. И.: Полное собрание сочинений. М., 1958-1965. Т. 31. С. 114-115.
15   Геллер, Михаил/Некрич, Александр: Утопия у власти. История Советского Союза с 1917 года до наших дней. Лондон, 1982. Т. 1. С. 26-27.

солнца (я сейчас оставляю Троцкого, бывшего тогда еще вне рядов ордена [...]). [...] О *замене* Ленина отдельными лицами или комбинациями не могло быть речи. Ни самостоятельного идейного содержания, ни организационной базы, то есть ни целей, ни возможностей существования, у большевистской партии без Ленина быть не могло».[16]

Блок «революционной демократии», более или менее консолидированный, дал трещину, углублявшуюся на протяжении 1917 года. В конце концов произошел раскол этого блока, имевший роковые последствия для всех его участников.

Вновь и вновь в исследованиях ставится вопрос о причинах захватывающего дух триумфа большевиков. Их восхождение к власти за восемь месяцев, прошедших после Февральской революции, когда большевики с обочины политической жизни поднялись к вершинам господства в одном из самых больших государств мира, принадлежит к самым удивительным феноменам новейшей истории.

В «Апрельских тезисах» Ленин требовал «всей власти Советам», однако в то же время он был вынужден признать, что «в большинстве Советов рабочих депутатов наша партия [партия большевиков. – Л.Л.] в меньшинстве, и пока в слабом меньшинстве».

На первом Всероссийском съезде рабочих и солдатских депутатов в июне 1917 года подавляющее большинство принадлежало умеренным социалистам. Из 822 делегатов 285 были из фракции эсеров и 248 - меньшевиков. Большевики имели лишь 105 мандатов. Соотношение сил на первом Всероссийском съезде крестьянских депутатов в мае 1917 года было еще более невыгодным для большевиков: из 1115 делегатов большевиков представляли лишь 14, в то время как эсеров – 573.[17] Казалось, что умеренные социалисты по крайней мере до середины 1917 года контролировали развитие страны.

7. Радикализация масс

Как справедливо отмечал Ленин в «Апрельских тезисах», после Февральской революции Россия стала самой свободной страной в мире

---

16 Суханов, Записки. Т. 2. С. 21-22.
17 Наше Отечество. Т. 1. С. 363; Hildermeier, Manfred: Die Russische Revolution. Frankfurt am Main, 1989. С. 174, 201.

из всех воюющих стран. Если иметь в виду, что перед свержением самодержавия страна управлялась строгой рукой, становится понятным значение Февраля 1917 года. В стране веял свежий ветер свободы. «Свободы» в западном смысле – имеющей определенные границы и уважаю-
щей права других людей. Но был и дух русской «воли» - анархии, раз-
гульной и безграничной. Насколько широко этот дух распространился по
стране после краха царской власти и власти разного рода «начальства»? Среди наблюдателей нет единства в ответе на этот вопрос. Однако
ясно одно: к голосу «разумных» социалистов, призывавших население к
умеренным и ответственным действиям, прислушивались все меньше и
меньше. Почему до созыва Учредительного собрания крестьяне должны
были ждать с разделом помещичьей земли, а рабочие – с установлением рабочего контроля на производстве, если их «классовые враги» безо-
ружны и слабы как никогда ранее? Статистика крестьянских волнений
показывает, что их число в марте – июле 1917 года неудержимо росло.

Март	Апрель	Май	Июнь	Июль
16	193	253	562	1100

Показателен также и тот факт, что форма аграрных беспорядков со
временем радикально менялась. Если в марте в основном жгли помещичьи усадьбы, то в дальнейшем эта форма насилия сокращалась. Все чаще самочинно захватывалась земельная собственность помещиков, а их
самих изгоняли. Это видно на следующей таблице, показывающей число
зарегистрированных в сельской местности правонарушений:[18]

1917 г.	Март	Апрель	Май	Июнь	Июль
Разрушения	51,3 %	8 %	6,7 %	3,6 %	4,3 %
Захват земли	2,6 %	24,9 %	34,3 %	37 %	34,5 %

---

18   Altrichter, Russland. С. 347; Keep, John L.H.: The Russian Revolution. A Study in
Mass Mobilization. New York, 1976. С. 200-206.

Вместо того, чтобы ждать обещанную сверху аграрную реформу, крестьяне на практике начали осуществление своей давней мечты о «черном переделе» земли, то есть полном захвате помещичьих владений.

Настроения рабочих также становились все радикальнее. Впереди здесь шли фабричные и заводские комитеты (фабзавкомы), которые при решении спорных вопросов с хозяевами и руководителями предприятий были особенно воинственными. Они боролись не только за повышение зарплаты и улучшение условий жизни и труда, но и пытались установить контроль над предприятиями. На многих из них, особенно на государственных военных заводах, им на время удалось достичь этой цели. Фабзавкомы Петрограда были среди тех организаций страны, куда раньше всего сумели проникнуть большевики. На первой конференции фабзавкомов, состоявшейся в конце мая 1917 года, на большевистских позициях стояли 2/3 делегатов этих комитетов.[19]

Не только рабочие и крестьяне, но и солдаты становились все более нетерпеливыми. Об их настроениях Керенский писал: «После трех лет суровых испытаний миллионы уставших от войны солдат спрашивают: почему я должен умереть именно теперь, когда на родине начинается новая, свободная жизнь?»[20]

То, что русские солдаты были больше не готовы защищать от внешних врагов плоды вновь завоеванной свободы, стало для представителей национально ориентированных либеральных кругов полной неожиданностью. Они были убеждены в том, что отношение населения к войне после свержения непопулярной романовской династии в корне изменится. Они ждали взрыва революционного воодушевления в стране, сравнимого с тем, что был в революционной Франции после начала войны с коалицией «старого порядка». Но ничего подобного не произошло. Февральская революция не смогла заполнить мировоззренческий вакуум, образовавшийся в сознании «низов» вследствие эрозии веры в царя. В связи с этим следует добавить следующее: отказ русских «низов» от царистского идеала никоим образом не привел к тому, что они полно-

---

19   Pipes, Richard: Die Russische Revolution. Berlin, 1992. Т. 2. С. 128-129; Keep, op.cit. C. 82-84.
20   Pipes, op.cit. C. 136.

стью изменили свои традиционные представления о стиле политического руководства. По этой традиции государственная власть должна быть сильной, независимой и неделимой. Двоевластие, установившееся вследствие Февральской революции, не обладало ни одним из этих качеств. Поэтому в народе считали, что новое государство не настоящее, а какое-то временное. Это настроение отразилось в некоторых высказываниях русских крестьян, приводимых в воспоминаниях Милюкова. Так крестьяне, например, уклонялись от уплаты налогов, аргументируя это тем, что они не знают, кому теперь надо платить. Не было, с их точки зрения, ни настоящего правительства, ни настоящих законов. И меньше всего крестьяне и их сыновья были готовы отдавать свои жизни за ту власть, которая в их глазах ничего собой не представляла. Совет, который выражал интересы этих людей, должен был учитывать их стремление к миру. 14 марта 1917 года Петросовет направил воззвание «Народам всего мира», в котором говорилось: « В сознании своей революционной силы российская демократия заявляет, что она будет всеми мерами противодействовать захватнической политике своих господствующих классов и призывает народы Европы к совместным решительным выступлениям в пользу мира». [21]

Западные союзники, начавшие сомневаться в том, что Россия имеет волю продолжать сопротивление, требовали от Временного правительства, прежде всего от его министра иностранных дел Милюкова, однозначного заявления о войне. Когда Милюков пытался объяснить французскому послу Морису Палеологу сложное положение Временного правительства, зависимого от благосклонности Советов, он не встретил понимания со стороны французского дипломата. Французское правительство не было готово терпеть какой-либо двусмысленности в вопросе о продолжении войны Россией. [22] И британский посол в Петрограде, Джордж Бьюкенен был возмущен тем, что Временное правительство не выступает решительно против распространения пацифистских настроений в России. Однако не давление союзников было самой важной причиной появления 27 марта ноты Милюкова, в которой речь шла о намере-

---

21   Суханов, Записки. Т. 1. С. 268.
22   Милюков, Павел: Воспоминания (1859-1917). Нью Йорк, 1955. Т. 2. С. 347-349.

нии России продолжать войну до победного конца.[23] Милюков действовал и по внутреннему убеждению. Продолжение войны на стороне Антанты он, как и национально мыслящие либеральные круги России, считал делом чести нации. Для него вообще, ни по каким причинам, не мог встать вопрос о том, бросать ли союзников в беде. Однако революция постепенно формировала новый кодекс чести, в котором понятия о национальном достоинстве считались устаревшими. Лишь радикальная переоценка ценностей, новый революционный кодекс чести сделали возможным ту ситуацию, в которой политик, доказательно обвиненный в сотрудничестве с врагом, не только не понес в этой связи почти никакого урона, но в итоге стал и «самодержавным» правителем страны.

8. Сотрудничество Ленина с немцами

Факт сотрудничества Ленина с германскими властями и верховным командованием кайзеровских сухопутных сил (ОХЛ) всегда ставил советских историков в весьма щекотливое положение. Даже в ранее упомянутом нами изданном в 1991 году обстоятельном труде «Наше отечество», в создании которого участвовала элита советской исторической науки, тезис о сотрудничестве Ленина и большевиков с немцами представляется как сомнительный и не вполне доказанный. При этом авторы самокритично признавали, что этот вопрос еще не изучен в советской историографии.[24]

После распада СССР сомнения многих российских авторов рассеялись. Наряду с немецкими источниками, историками были дополнительно проанализированы разные документы из российских архивов, которые предоставляли доказательства сотрудничества большевиков с внешнеполитическими и военными противниками России. На этом основании биограф Ленина Дмитрий Волкогонов говорит о беспримерной государственной измене Ленина и называет его «историческим преступником».[25]

---

23   Altrichter, Russland. C. 152-155.
24   Наше Отечество. Т. 1. С. 359-360.
25   Волкогонов, Дмитрий: Семь вождей. Галерея лидеров СССР в 2-х книгах. Книга 1. Владимир Ленин, Иосиф Сталин, Никита Хрущев. М., 1995. С. 58; см. также Kerenski, Erinnerungen. C. 292-301.

Особенно много разговоров, как известно, возникло вокруг начала сотрудничества Ленина с германскими властями – его поездки из швейцарской эмиграции в Россию через Германию. Но и до этого случая были эпизодические контакты между большевиками и немцами. Посредником между сторонами был в первую очередь русско-германский социал-демократ Александр Парвус (Гельфанд). Парвус, одна из самых спорных фигур русского и немецкого рабочего движения, в марте 1915 года был даже назначен советником германского правительства по вопросам русской революции.

Когда весть о свержении царя достигла Швейцарии, Ленин изъявил желание немедленно вернуться на Родину. Но выполнить это намерение было не так то просто. Правительства стран Антанты и Временное правительство стремились не допустить возвращения Ленина в Россию: они понимали, какую опасность может иметь ленинская пораженческая и революционная пропаганда для боеготовности России. 17 марта 1917 года Ленин писал своему товарищу по партии Ганецкому: «Вы можете себе представить, какая пытка для всех нас сидеть здесь в такое время».[26]

Троцкий в «Истории русской революции» отмечал, что Ленин неистово стремился выбраться из своей швейцарской клетки.[27] Так что Ленин, в конце концов, решил прямо договориться с немцами о проезде через германскую территорию. Этого ждали в Берлине. Германское правительство и ОХЛ дали свое согласие. 23 марта 1917 года младший государственный статс-секретарь Министерства иностранных дел Циммерман телеграфировал представителю Министерства иностранных дел в ОХЛ Лерснеру: «Так как мы заинтересованы в росте влияния радикального крыла русских революционеров, мне представляется возможным разрешить их проезд через Германию. Я бы ходатайствовал об исполнении этого». Лерснер ответил: «ОХЛ телеграфирует: Против проезда русских революционеров возражений нет».[28]

---

26   Ленин, ПСС. Т. 49. С. 419.
27   Trotzki, Geschichte der russischen Revolution. С. 235.
28   Hahlweg, Werner: Lenins Rückkehr nach Russland. Die deutschen Akten. Leiden, 1957. С. 65-66.

27 марта 1917 года поезд с Лениным и его приближенными отправился в путь из Берна. «Даже среди военных грузов это был груз особой взрывной силы», - писал позже Троцкий.[29] Ленин без всяких колебаний принял предложение немцев о сотрудничестве. Но обвинения, предъявленные ему политическими противниками в том, что он немецкий агент, были в высшей степени наивными. Ленин не был ничьим агентом. Он работал только на себя и для достижения своей цели – мировой пролетарской революции. Он хотел разрушить господствующий строй как в России, так и в Германии. Но неуверенное в себе и слабое послереволюционное правительство России свалить было намного легче, чем германский военный режим. Верный своему девизу «разорвать цепь империализма в ее самом слабом звене», Ленин хотел сосредоточить все свои усилия на России.

Троцкий так резюмировал суть соглашения между Лениным и Людендорфом, самым влиятельным человеком в ОХЛ, а значит и в Германской империи: «Людендорф надеялся, что революция в России деморализует царскую армию... Со стороны Людендорфа это была авантюра, вызванная тяжелым военным положением Германии. Ленин использовал расчет Людендорфа, но при этом он имел и свой расчет. Людендорф сказал себе: Ленин свергнет патриотов, а потом приду я и задушу его и его друзей. Ленин сказал себе: я поеду в его железнодорожном вагоне... и по-своему отплачу ему за эту службу».[30]

Поездка Ленина через Германию была лишь началом сотрудничества большевиков с германским руководством. Последнее, после свержения царя, стремилось заключить сепаратный мир с Временным правительством, а также пыталось установить контакты с антивоенно настроенными членами Петросовета. Но все эти попытки провалились. Временное правительство хотело продолжать войну, и поэтому немцы решили его устранить. В этом решении они были едины с Лениным. Широкая антивоенная пропаганда, которую Ленин вел после возвращения в Россию, была бы невозможна без немецких денег. Многие документы однозначно указывают на то, что сотрудничество Ленина с германским

29   Trotzki, Geschichte der russischen Revolution. C. 237.
30   Trotzki, Leo: Mein Leben. Berlin, 1961. C. 287.

правительством было до Октябрьской революции очень интенсивным. Так, германский посол в Берне Ромберг в письме канцлеру Бетман-Гольвегу 30 апреля 1917 года сообщал о своем разговоре с ближайшим соратником Ленина швейцарским социал-демократом Фрицем Платтеном: «Господин Платен, <...> сопровождавший Ленина в его поездке через Германию, сегодня посетил меня, чтобы от имени русских поблагодарить за оказанное содействие. Путешествие прошло превосходно... Ленину был его сторонниками оказан блестящий прием. Можно сказать, что за него ¾ рабочих Санкт-Петербурга... Из замечаний Платтена следовало, что эмигрантам очень не хватает средств на пропаганду, в то время как их противники, естественно, располагают неограниченными средствами».[31]

Чтобы по крайней мере частично устранить этот дисбаланс, германское руководство нашло множество каналов финансирования большевиков. Этот факт полностью доказывается многими немецкими и русскими документами.[32]

Большевикам было ясно, что дальнейшая судьба революции зависит от позиции армии. Они также знали, каким лозунгом можно было привлечь уставшие от войны солдатские массы. Это был призыв к «немедленному окончанию разбойничьей империалистической войны». Аргумент умеренных руководителей Советов, считавших, что Февральскую революцию нужно защищать от внешних врагов, вызывал возмущение Ленина. В «Апрельских тезисах» он объявлял недопустимыми малейшие уступки «революционному оборончеству».

Даже учитывая широко распространившуюся в России жажду мира, Ленин с его открыто пораженческим курсом зашел, как тогда казалось, слишком далеко. Поэтому Милюков и заверял британского посла Бьюке-

---

31   Hahlweg, op.cit. C. 115.
32   Zeman, Zbynek: Germany and the Revolution in Russia 1915-1918. Documents from the archives of the German Foreign Ministry. London, 1958; Zeman, Zbynek/ Scharlau, Winfried: Freibeuter der Revolution. Parvus-Helphand. Eine politische Biographie. Köln, 1964; Pipes, op.cit.; Wolkogonow, Dmitrij: Lenin. Düsseldorf, 1994. C. 110-129; Heresch, Elisabeth: Geheimakte Parvus. Die gekaufte Revolution. Biographie. München, 2000; Chavkin, Boris: Alexander Parvus – Financier der Weltrevolution // Forum für osteuropäische Ideen- und Zeitgeschichte, 11, 2007, Heft 2. C. 31-57.

нена, что Ленина в народе презирают, что солдаты ждут первого же сигнала правительства, чтобы схватить вождя большевиков.[33]

На самом же деле не Ленину, а Милюкову пришлось уступить взрыву народного гнева. Заявление Милюкова от 27 марта 1917 года о войне до победного конца 20 апреля стало известно общественности и вызвало возмущение левых. 20 и 21 апреля в Петрограде прошли антиправительственные демонстрации. Но и сторонники правительства осмелились в те дни выйти на улицы. В результате уличных столкновений погибли три человека. Правительство непременно нуждалось в поддержке руководства Советов, чтобы успокоить страсти. Но за эту поддержку ему пришлось заплатить очень высокую цену. Политики, которые однозначно выступали за продолжение войны – Милюков и военный министр Гучков – должны были покинуть кабинет.[34] Так были созданы предпосылки для создания коалиционного правительства представителей «буржуазного» лагеря с одной стороны и Советов с другой. 1 мая 1917 года большинство членов руководящего органа Петросовета – Центрального исполнительного комитета (ЦИК) – высказалось (44 голоса - за, 19 - против, 2 - воздержались) за вхождение своих членов во Временное правительство.[35]

9. Первое коалиционное правительство: конец двоевластия?

Некоторые авторы считают, что с созданием коалиционного «буржуазно-социалистического» правительства, когда Петросовет из органа революционного контроля превратился в часть правящей системы, завершился период двоевластия, существовавшего с февраля 1917 года. «Низы», становившиеся все радикальнее, уже не видели в центральных советских учреждениях своих представителей.

Стиль работы Советов также очень изменился. Их заседания проходили не столь беспорядочно, как в первые дни революции. Но, выиграв в эффективности, центральные органы Советов проиграли в популярно-

---

33 Buchanan, Sir George: My Mission to Russia and Other Diplomatic Memories. Boston, 1923. Vol. 2. С. 119.

34 Милюков, Воспоминания. С. 336-371; Altrichter, Russland. С. 152-160; Pipes, op.cit. C.113-125; Kerenski, Erinnerungen. С. 190-193.

35 Pipes, op.cit. С. 122; Altrichter, Russland. С. 158-159.

сти. Русский философ и участник тех событий Федор Степун писал: «Душою революции был хаос, оттого и авторитетом для революционных масс мог быть только хаотический Совет. Подтверждением этого предположения служит то, что по мере организации Совета, массы начали заметно отходить от него. В момент, когда Исполнительный комитет обрел власть над самим собою и Советом, он потерял всякую власть над массами».[36] Наблюдение Степуна подтверждают многие историки.

Тем не менее было бы неверно рассматривать образование коалиционного «буржуазно-социалистического» правительства как знак окончания двоевластия. Министры-социалисты Временного правительства продолжали ощущать себя связанными обязательствами по отношению к рабочим и крестьянам и считать себя представителями солидарного социалистического сообщества, включавшего также и большевиков. Это обстоятельство имело решающее значение для дальнейшей судьбы Февральской революции.

Несмотря на то, что сторонники Ленина клеймили умеренных социалистов как «приспешников буржуазии» и «предателей трудящихся», большевики взывали к социалистическому сознанию и чувству солидарности министров-социалистов, когда Временное правительство пыталось более решительно выступить против их антиправительственных акций. Когда буржуазная пресса обвинила Ленина, вскоре после его проезда через Германию, в сотрудничестве с немцами, что соответствовало фактам, Ленин появился в Совете и попросил о помощи. Социалисты – противники Ленина были готовы положительно отнестись к этой просьбе. ЦИК Советов взял Ленина под защиту. Суханов, принадлежавший тогда к ведущим критикам большевиков внутри Совета, в своих воспоминаниях отмечал, что этот шаг был самим собой разумеющимся: долгом социалиста было защитить Ленина от «дикой травли буржуазии».[37]

К немногим сторонникам жесткой линии в отношении большевиков принадлежал меньшевик Церетели. Когда 9 июня руководство Совета узнало, что большевики без консультации с большинством Совета планируют на следующий день крупную антиправительственную демонстра-

---

36   Степун, Федор: Бывшее и несбывшееся. Лондон, 1990. Т. 2. С. 48.
37   Suchanov, N.: 1917. Tagebuch der russischen Revolution. München, 1967. C. 308.

цию, Церетели потребовал разоружения большевиков. «То, чем теперь занимаются большевики – это не распространение идей, а конспирация. Вместо оружия критики - критика с оружием в руках. Пусть большевики нас простят, но с этого момента мы будем применять другие методы борьбы. Революционеры, недостойные носить оружие, должны его сдать. Большевиков следует разоружить».

По мнению Церетели, самая большая опасность для русской революции исходила не справа, как считали многие представители большинства в Совете, а слева: «Контрреволюция может проникнуть только через одни двери – через большевиков».[38]

Эти слова были для умеренных социалистов святотатством. Они рассматривали большевиков как неотъемлемую составную часть «революционно-демократического фронта». Поэтому разоружение большевиков казалось им ослаблением своего собственного лагеря, изменой делу революции. Ю. О. Мартов, один из вождей меньшевиков, сказал, что в том случае, если руководители Советов применят против большевиков силу, они, по примеру генерала Кавеньяка, превратятся в «преторианцев» буржуазии.[39] (В 1848 году Кавеньяк был военным министром революционного правительства Франции и в июне 1848 года жестоко подавил восстание парижских рабочих).

Церетели беспощадно критиковал эту позицию Мартова и других левых социалистов. В своих воспоминаниях он писал, что небольшевистское большинство Совета не желало власти, чтобы не быть вынужденным не на словах, а на деле применять ее против большевиков. Небольшевистские левые считали аксиомой, что «революция не знает врагов слева». Призрак генерала Кавеньяка удерживал социалистов – противников большевиков от энергичной борьбы против левого экстремизма, ставшего главной угрозой для Февральской революции.[40]

38   Pipes, op.cit. C. 141.
39   Церетели, Воспоминания. С. 214.
40   Там же. С. 214, 409-412; Таким образом демократически настроенные русские социалисты стали жертвами «кумира революции», о котором русский философ Семен Франк писал следующее: «Не только критика социализма и радикализма была (в России) неслыханной ересью ... – но даже открытое исповедание политической умеренности требовало такого гражданского мужества, которое мало у кого находилось. Ибо не только «консерватор», «правый» было бранным словом; таким же бранным словом было и «умеренный» ... «умеренный» – это

Тезисы Церетели все же требуют некоторого уточнения. В течение 1917 года были ситуации, когда русская демократия пыталась противостоять вызову левого экстремизма, и не без успеха. Так было прежде всего во время попытки леворадикального путча 3 - 5 июля 1917 года.

10. «Июльские дни»: поражение большевиков

События 3 - 5 июля 1917 года были вызваны активизацией боевых действий на русско-австрийском фронте в Галиции, где 16 июня русская армия начала крупное наступление, которое прежде всего служило достижению не военных, а внутриполитических целей. Керенский, ставший в мае 1917 года военным министром и центральной фигурой Временного правительства, пытался с помощью наступления на фронте вызвать патриотические настроения в стране, чтобы таким образом придать правительству дополнительную легитимацию. За несколько недель до начала наступления Керенский отправился на фронт и пламенными речами пытался поднять боевой дух уставших от войны солдат и призвать их к защите революционного отечества. Так как старые командные структуры армии разваливались, у правительства было мало способов воздействовать на армию. Оно пыталось теперь убедить солдат с помощью аргументов, уговорить их. Поэтому Керенский и получил среди офицеров прозвище «главноуговаривающий».

Керенский, используя все свое красноречие, пытался воодушевить солдат, но этого воодушевления хватило не надолго. Наступление на австрийском фронте после первых успехов захлебнулось. В начале июля развернулось германо-австрийское контрнаступление, закончившееся разгромом русских войск. Русские «крестьяне в солдатских шинелях», которые в основном так и не смогли понять, ради чего они воюют, не хотели больше сражаться и в массовом порядке покидали фронт. Об этом Керенский позже писал: «Разъяренные толпы вооруженных людей бро-

---

был обыватель, робкий, лишенный героизма, из трусости или нерешительности желавший примирить непримиримое ... Сами «умеренные» не имели в этом отношении чистой совести; чувствовали себя не совсем свободными от этих пороков; в огромном большинстве случаев они смотрели на революционеров, как церковно-настроенные миряне смотрят на святых и подвижников – именно как на недосягаемые образцы совершенства. Ибо чем левее, тем лучше, выше, святее» (Франк, Семен: Крушение кумиров. Берлин, 1924. С. 15-16).

сились с фронта в глубокий тыл, сметая на своем пути всякую государственность и всякую культуру».[41]

После начала масштабного наступления правительство намеревалось отправить на фронт некоторые полки Петроградского гарнизона. Это прежде всего должен был быть Первый пулеметный полк, который из-за своей радикальной пробольшевистской позиции все время доставлял проблемы правительству. Когда новость об отправке на фронт достигла соответствующих воинских частей, солдаты отреагировали на нее с беспримерным возмущением, которое дополнительно подогревалось большевистскими пропагандистами. Так 3 июля 1917 года начались антиправительственные демонстрации вооруженных солдат, которых поддержали радикально настроенные рабочие Петрограда. Это был опаснейший вызов, брошенный молодой демократии за все время ее существования. Тот факт, что она с этим вызовом первоначально справилась, показывает, что тогда в России имелись зачатки «защищающей себя демократии».

В событиях 3 - 5 июля особенно четко отразился вышеназванный «парадокс» Февральской революции. Взбунтовавшиеся солдаты и рабочие, которые через день после начала восстания полностью контролировали столицу, выступали под лозунгом «Вся власть Советам!». Они шли к Таврическому дворцу – резиденции как Петроградского, так и Всероссийского Совета, чтобы заставить руководителей Советов взять всю власть в стране в свои руки. Умеренные социалисты, которые тогда доминировали в Советах, отклонили это требование. Их позиция не изменилась с начала Февральской революции. Они не были готовы взять на себя всю ответственность за судьбы воюющей и мятежной страны и считали свой союз с буржуазными демократами необходимым и обязательным.

Поведение большевиков во время июльских событий было двойственным. Они выступили и как ведущие, и как ведомые, приспосабливающиеся к настроениям взбушевавшейся радикальной массы. Большевики тогда еще не отваживались требовать полноты власти для одной своей партии и выступили вместе с восставшими солдатами и рабочими под

---

41 Волкогонов, Дмитрий: Ленин. Политический портрет в двух книгах. Книга 1. М.,

лозунгом «Вся власть Советам!». Хотя Ленин, за несколько недель до этого выступая на I Всероссийском съезде Советов рабочих и солдатских депутатов, объявил, что большевистская партия в любой момент готова взять в свои руки всю власть в России, это заявление лишь вызвало смех большинства депутатов.[42]

Но и Ленин во время событий 3 - 5 июля испугался собственной отваги. Он объявил, что цель восстания против Временного правительства – «передача всей власти Советам рабочих и солдатских депутатов», то есть тому учреждению, которое ни в коем случае не хотело брать эту власть. Противоречия и колебания большевиков обеспечили правительству и демократически настроенному большинству Советов определенную паузу, дали перевести дыхание. Эта пауза была использована для мобилизации верных правительству сил. Уже при первом их появлении повстанцы были обращены в бегство. Июльские события показали, что молодая русская демократия была в состоянии защитить себя от радикальных противников, и что ее решительные действия против экстремистов действовали на них парализующе. В этой связи Церетели сообщает о своем разговоре со Сталиным, который предупреждал правительство от занятия штаба большевиков, так как это могло бы привести к кровопролитию. Церетели ответил, что кровопролития не будет. «Итак, правительство не будет занимать штаб большевиков?», – радостно отреагировал Сталин. «Нет, оно займет его, но кровопролития все равно не будет», - ответил Церетели. И в самом деле, большевики не оказали никакого сопротивления захватившим их штаб правительственным войскам. Лидеры повстанцев были арестованы, среди них – многие большевики. Пробольшевистски настроенные воинские части были разоружены.[43] Чтобы избежать ареста, Ленин тайно покинул столицу и прятался на финской территории до момента захвата власти в октябре 1917 года.

Дискредитации большевиков дополнительно способствовал тот факт, что правительство сделало доступными общественности некото-

1994. С. 257.
42   Волкогонов, Ленин. Т. 1. С. 258; Геллер/Некрич, Утопия у власти. Т. 1. С. 29.
43   Наше Отечество. Т. 1. С. 367; Pipes, op.cit.. С. 170; Hildermeier, Die Russische Revolution. С. 178-179; Altrichter, Russland. С. 191.

рые документы об их сотрудничестве с немцами. Ленину угрожал суд: его обвиняли в государственной измене.

Почему же, несмотря на сокрушительный удар, полученный в июле 1917 года, большевикам примерно через четыре месяца удалось захватить власть? Чтобы ответить на этот вопрос, сначала следует рассмотреть позицию, занимаемую небольшевистскими левыми силами после июльских событий 1917 года.

То обстоятельство, что большевики во время июльских событий пытались свергнуть существовавший порядок, не привело к их исключению из лагеря так называемой «революционной демократии». Социалистические противники большевиков и в дальнейшем рассматривали их в качестве неотъемлемой составной части солидарного социалистического сообщества. Не в последнюю очередь именно поэтому представители большинства в Советах отказывались от слишком жесткого обращения с большевиками. Так как Временное правительство и в дальнейшем нуждалось в поддержке Советов, его буржуазные министры были вынуждены учитывать соображения социалистов - своих партнеров по коалиции. ЦИК Советов непрерывно клеймил позором кампанию травли, развязанную буржуазной прессой против большевиков, и выступал против утверждений об их сотрудничестве с немцами. Многие арестованные большевики уже через несколько недель были освобождены. Несмотря на их участие в попытке путча в июле 1917 года, они не были обвинены в антигосударственной деятельности. Относительную терпимость демократического государства по отношению к его радикальным врагам большевики воспринимали как проявление его слабости. Позже Ленин сказал, что в июле 1917 года большевики сделали ряд ошибок. Их противники вполне могли бы использовать эти ошибки в своей борьбе, но они «тогда не имели для этого ни последовательности, ни решительности».[44]

Судьба большевиков после их неудачной попытки в июле 1917 года совершить государственный переворот поразительным образом напоминает судьбу Адольфа Гитлера после провала Мюнхенского путча в ноябре 1923 года. Вожди национал-социалистов также были удивлены мягкостью, проявленной к ним со стороны победителей.

---

44 Pipes, op.cit. С. 177.

Большевики, также как и национал-социалисты, использовали в своих интересах то обстоятельство, что политические силы, определявшие политическую жизнь как в революционной России 1917 года, так и в Веймарской республике, считали их заблуждающимися братьями и идейными товарищами. В то время как умеренные социалисты рассматривали большевиков в качестве своеобразного резерва революционного фронта, национал-социалисты и их боевые отряды были для немецких консерваторов, контролировавших ключевые позиции в Веймарской республике, своего рода резервом национального фронта, дополнением к стотысячной армии, иметь которую побежденной Германии было разрешено Версальским договором. Кроме того Национал-социалистической германской рабочей партии (НСДАП) пошел на пользу преувеличенный страх, испытываемый немецкими консерваторами перед коммунистической революцией. Здесь также прослеживается поразительная параллель с развитием России в 1917 году. Так же как русские меньшевики и эсеры видели в большевиках своих союзников против так называемой «контрреволюции», веймарские консерваторы рассматривали национал-социалистов как возможных партнеров в борьбе против коммунистов. То, что коммунисты были не в состоянии нанести серьезный урон существовавшему в Германии порядку, показал послевоенный кризис 1918-1923 годов. Коммунистическая угроза свелась тогда к нескольким плохо подготовленным попыткам восстания, которые потерпели полную неудачу (январь 1919 года, март 1921 года, октябрь 1923 года).

А как обстояли дела в революционной России 1917 года с так называемой контрреволюционной «правой опасностью»? Действительно ли для ее преодоления требовалась мобилизация всех левых сил, даже таких агрессивных антидемократов, как большевики?

Каким на самом деле было соотношение сил, можно проследить на примере так называемого «дела генерала Корнилова».

11. Корниловский мятеж: крушение «правых»

Генерал Л. Г. Корнилов, один из популярнейших и энергичнейших военачальников России, в июле 1917 года был назначен Керенским Верховным главнокомандующим русской армии. 9 июля Керенский, наряду с должностями военного и военно-морского министра, возложил на себя и обязанности премьер-министра, сменив на этом посту ушедшего в отставку князя Г. Львова. В результате такой концентрации сил Временное правительство все больше превращалось в правительство одного человека и приобретало некоторые авторитарные черты. При этом многие умеренные социалисты были готовы согласиться с таким положением дел. В образованное Керенским коалиционное правительство, в котором он доминировал, 21 июля вошли восемь социалистов. Федор Дан, один из самых влиятельных руководителей меньшевиков, сказал: «Мы не должны закрывать глаза на то, что Россия стоит на пороге военной диктатуры. Наш долг вырвать оружие из ее рук... Временное правительство <...> должно получить от нас чрезвычайные полномочия, чтобы оно могло искоренить как левую анархию, так и правую контрреволюцию... Спасение России – лишь в единстве действий революционной демократии и правительства».[45]

В отличие от умеренных социалистов, буржуазные защитники принципов «законности и порядка» связывали свои надежды не с Керенским, а с генералом Корниловым. Последний хотел вновь подчинить армию железной дисциплине, прекратить вмешательство Советов в военные дела и возобновить смертную казнь, причем не только на фронте, но и в тылу. Для Керенского, связанного необходимостью опираться на поддержку Советов, эти требования Корнилова, открыто отклоненные Советом 18 августа, были неприемлемы.

Растущая популярность Корнилова в буржуазных кругах стала для Керенского источником раздражения. Так, Корнилов в середине августа стал по существу героем созванного в Москве Государственного совещания, в котором участвовали более двух тысяч представителей политической, экономической и культурной элиты России. Государственное совещание было созвано правительством за неимением лучшего выхода, так как последнее было не в состоянии быстро организовать выборы в Учредительное собрание, уже обещанные в начале марта 1917 года. Дата выборов снова и снова переносилась; в итоге выборы были назначены на 12 ноября 1917 года. Однако это означало, что Временное правительство на оставшийся до созыва Учредительного собрания срок не

---

45   Suchanov, 1917. С. 481.

имело достаточной демократической легитимности. «Запоздание с созывом Учредительного собрания» Церетели считал одной из самых больших ошибок Февральской революции.[46]

Созванное Керенским московское Государственное совещание должно было стать своего рода временной заменой Учредительного собрания. Однако Государственное совещание не было достаточно представительным, кроме того его работа ясно продемонстрировала, что Временное правительство, а значит и Керенский, уже утратили поддержку значительной части состоятельных и привилегированных слоев общества.

Корнилов, новая надежда буржуазных группировок, исходил из того, что Керенский согласится с его программой наведения порядка в стране и установления строгой дисциплины в армии. Однако Керенский чувствовал себя связанным не только принципом «закона и порядка», но и революционными установками. Реставрация дореволюционных механизмов власти в прежних формах была для него немыслима. Так как Керенский и Корнилов говорили на разных политических языках, между ними постоянно возникали недоразумения и взаимные подозрения. 27 августа 1917 года Керенский, вероятно безосновательно, обвинил Корнилова в мятеже и снял его с должности Верховного главнокомандующего. Корнилов отказался подчиниться этому решению, так как считал, что премьер-министр более не владеет ситуацией и действует под влиянием радикальных сил Советов. В «Манифесте к русскому народу» Корнилов заявил: «Русские люди! Великая родина наша умирает. Близок час кончины. Вынужденный выступить открыто, я, генерал Корнилов, заявляю, что Временное правительство под давлением большевистского большинства Советов действует в полном согласии с планами германского генерального штаба. Тяжелое сознание неминуемой гибели повелевает мне призвать всех русских людей к спасению умирающей родины... Я, генерал Корнилов, сын казака-крестьянина, заявляю всем и каждому, что мне ничего не надо, кроме сохранения Великой России, и клянусь привести народ - путем победы над врагами - до Учредительного собрания,

46   Церетели, Воспоминания. С. 403.

на котором он сам решит свои судьбы и выберет уклад своей новой государственной жизни».[47]

3-й конный корпус, две казачьих и одна кавказская дивизия под командованием генерала А. Крымова уже двигались на Петроград. Катастрофа, которую с момента свержения царя предрекали русские социалисты, казалось, наступила. «Контрреволюция» подняла голову и угрожала занять революционную столицу.

27 августа 1917 года ЦИК Советов создал чрезвычайный орган – «Комитет борьбы с контрреволюцией». В него вошли члены всех партий, представленных в Совете, в том числе и большевики. Вместо того, чтобы вести борьбу на два фронта – и против правых, и против левых экстремистов, - русские демократы прекратили военные действия на одном из них и попросили крайних противников демократии о помощи. Правительство раздало сорок тысяч винтовок рабочим, среди которых преобладали сторонники большевиков.[48]

Мнимая контрреволюционная опасность в итоге обернулась фарсом. Войска 3-го конного корпуса «растаяли» по дороге или же начали брататься с петроградскими рабочими, выступившими им на встречу. Генерал Крымов, которого Керенский хотел отдать под трибунал, застрелился.[49]

Таков был итог «Корниловского мятежа», который никогда не являлся угрозой для русской демократии. Провал путча однозначно подтвердил тезис, что армия больше не годится для борьбы против собственного народа. Так что русская демократия никоим образом не нуждалась в помощи левых экстремистов, чтобы успешно отразить опасность справа. Однако страх умеренных социалистов перед контрреволюцией был так велик, что они совершенно недооценивали свои силы и переоценивали силы противника. Не в последнюю очередь поэтому они и вернули оружие большевикам, разоруженным после провала июльского путча.

---

47   Волкогонов, Ленин. Т. 1. С. 243.
48   Мельгунов, Сергей: Как большевики захватили власть. Октябрьский переворот 1917 года. Лондон, 1983. С. 13.
49   Pipes, op.cit. С. 217.

Это, вероятно, было самое значительное и роковое последствие «Корниловского мятежа».[50]

12. Октябрьский путч 1917 года, или Искусство восстания

После «Корниловского мятежа» Временное правительство и связанные с ним умеренные социалисты почти полностью утратили политическую инициативу. Они, будто парализованные, наблюдали за решительными и целеустремленными действиями большевиков, которые мастерски показали, как следует использовать демократические свободы для устранения демократии. Большевистская партия получила возможность диктовать правила игры. Британский посол в Петербурге Бьюкенен в сентябре 1917 года писал: «Одни лишь большевики, составляющее компактное меньшинство, имели определенную политическую программу. Они деятельны и организованы лучше других групп... Если правительство не окажется достаточно сильным, чтобы подавить большевиков силой, остается только одна возможность - приход большевиков к власти».[51]

Большевики выигрывали от того, что Временное правительство не имело мужества быстро разрешить такие срочные политические, экономические и социальные вопросы, как окончание войны, аграрная реформа, рабочий контроль, право национальных меньшинств на самоопределение и многие другие. С решением всех этих вопросов правительство намеревалось подождать до созыва Учредительного собрания, а социальные «низы» России становились тем временем все нетерпеливее и радикальнее.

Многие политические мыслители, к примеру, Жозеф де Местр (1753-1821), отмечали, что большие революции неизбежным образом радикализируются. Милюков писал об этом: «У масс существует инстинктивное опасение, что революция окончится слишком рано. У них есть чувство, что революция закончится поражением, если победа достанется одним лишь умеренным элементам. Какими бы ни были имена политиков, или программы политических партий, находящиеся в состоя-

---

50   См. Мельгунов, Как большевики захватили власть. С. 12-14; Kerenski, Erinnerungen. С. 370-392.
51   Buchanan, op.cit. Vol. 2. С. 188-189.

нии революции массы избирали из них лишь тех, что выступали с экстремистскими лозунгами. Напротив, такие группы, которые пытались направить революцию в умеренное русло <...> обвинялись в контрреволюционных устремлениях и отбрасывались в сторону устремляющимся вперед революционным движением».[52]

Так что процесс радикализации и углубления русской революции наверняка состоялся бы и без содействия большевиков. Однако большевики были единственной значительной политической силой России, которую этот процесс радикализации не беспокоил, которая даже пыталась подстегнуть его. Степун писал: «Быть может Ленин был на Съезде [Советов] единственным человеком, не боявшимся никаких последствий революции и ничего не требовавшим от нее, кроме дальнейшего углубления. Этою открытостью души навстречу всем вихрям революции, Ленин до конца сливался с самыми темными, разрушительными инстинктами народных масс».[53]

Растущая популярность большевиков проявилась уже накануне «Корниловского мятежа». На выборах в городскую думу Петрограда 20 августа 1917 года число поданных за них голосов возросло с 20,4 % (май 1917 года) до 33,3 % . После мятежа процесс «большевизации масс» ускорился. На московских коммунальных выборах в сентябре 1917 г. число полученных большевиками мест увеличилось с 11,5 % (июнь) до 50,9 %. Драматические потери на этих выборах понесли умеренные социалисты. Так, число мест, полученных эсерами, сократилось с 56,2 % до 14,4 %, а меньшевиков – с 12,6 % до 4,1 %.[54]

И в Советах политических центров страны, Петрограда и Москвы, большевики шли от успеха к успеху. Так, 1 сентября 1917 года в Петросовете большинство голосов получила большевистская резолюция, требовавшая, среди прочего, ликвидировать частную собственность, опубликовать все секретные договоры с западными державами и немедлен-

---

52   Miljukov, Pavel: Russlands Zusammenbruch. Stuttgart, 1925-1926. Bd.1. C. 25.
53   Степун, Бывшее и несбывшееся. Т. 2. C. 104.
54   Altrichter, Russland. C. 218; Hildermeier, Die Russische Revolution. C. 226-227.

но созвать Учредительное собрание. В Московском Совете с сентября 1917 года большевики также выигрывали все больше голосований.[55]

25 сентября Троцкий, лишь в июле вступивший в партию большевиков, был избран председателем Петросовета. С момента раскола русской социал-демократии в 1903 года он принадлежал к самым острым критикам большевиков. Троцкий разоблачал олигархическую структуру ленинской партии, в которой меньшинство – Центральный Комитет - почти диктаторски пыталось управлять большинством. Для Ленина же была неприемлема революционная теория Троцкого, в которой недооценивалась роль русского крестьянства. Но в 1917 году оба политика прекратили свой многолетний спор. Они, как считает американский советолог Бертрам Вольф, как бы реабилитировали друг друга. Ленин и Троцкий в революционном 1917 году просто не могли обойтись друг без друга. Троцкий, ярко выраженный индивидуалист, в споре между двумя ветвями русской социал-демократии представлял свою собственную точку зрения и сначала не хотел идентифицировать себя ни с меньшевиками, ни с большевиками. С 1913-1914 года он был членом маленькой леворадикальной группы, так называемых «межрайонцев». Отсутствие собственной организационной базы Троцкий компенсировал необычным ораторским и публицистическим талантом. Уже в революции 1905 года он, тогда двадцатишестилетний молодой человек, приобрел широкую популярность как один из центральных деятелей Петербургского Совета рабочих депутатов. Еще больших успехов он достиг в 1917 году. Не только поклонники Троцкого, но и многие его противники считали его, пожалуй, самым влиятельным оратором революции. Но одного лишь ораторского таланта было недостаточно, чтобы играть в тогдашних событиях значительную роль. Для этого нужна была дисциплинированная партия профессиональных революционеров, которой располагал лишь Ленин. Не в последнюю очередь поэтому Троцкий, вернувшись в Россию из американской эмиграции в мае 1917 года, сразу же объявил о своей готовности сотрудничать с большевиками.

---

55   Altrichter, Russland. С. 217; его же: Staat und Revolution in Sowjetrussland 1917-1922/23. Darmstadt, 1981. С. 48-49; Hildermeier, Die Russische Revolution. С. 227-228; Keep, op.cit. С. 150.

Но и для Ленина было в высшей степени важно иметь Троцкого в качестве своего союзника. Руководство большевистской партии в основном состояло из ленинских учеников, мало известных за пределами партии. Хотя это были своевольные ученики, которые не раз бунтовали против своего учителя, без Ленина они мало что собой представляли. Троцкий же, напротив, был самостоятельной политической фигурой сравнимой с Лениным величины. Троцкий сам многократно указывал на то, что он – не ученик, а равноправный партнер Ленина. В равноправном партнере, имевшем значительное влияние на небольшевистские революционные круги, Ленин и нуждался, в особенности после поражения 3-5 июля, когда вождь большевиков, чтобы избежать ареста, отказался от публичных выступлений и вплоть до большевистского государственного переворота в октябре 1917 года находился в подполье. Троцкий же, напротив, стал, несмотря на свое столь позднее вступление в большевистскую партию, публичным символом ее стремления к захвату власти.

Николай Суханов, обычно не сентиментальный, с пафосом пишет о характере союза Троцкого с Лениным: «В этой монументальной игре [Ленина – Л.Л.] Троцкий был монументальным партнером».[56]

Троцкий, который, как и многие вожди большевиков, был арестован после июльских событий, сразу же после «Корниловского мятежа» был освобожден. Это произошло 3 сентября 1917 года. Он возглавил руководство большевистской фракцией Совета и стал наряду с Лениным движущей силой готовившегося большевистского переворота.

Несмотря на легкость, с которой Временному правительству удалось подавить «корниловский мятеж», положение правительства становилось все более сложным. Представители «высшего общества» отвернулись от Керенского, так как он, по их мнению, не хотел спасать Россию от анархии. Но и в Совете правительство утратило прежнюю опору. Число сторонников альянса буржуазии с социалистами начало драматическим образом сокращаться. Небольшевистские левые также переживали процесс радикализации, который вел к тому, что сила противников компромисса с «буржуазией» росла. В партии меньшевиков это были «ин-

---

56 Suchanov, 1917. C. 404.

тернационалисты» во главе с Мартовым, в партии эсеров – ее левора-
дикальное крыло во главе с М. А. Спиридоновой и Борисом Камковым.[57]

Во время «Корниловского мятежа» в России начался новый прави-
тельственный кризис. Все министры ушли в отставку. Была образована
временная «Директория», собрание из пяти человек – аналог Директо-
рии Великой Французской революции. Во главе этого органа встал Керенский, получивший особые полномочия и возглавивший вооруженные
силы в качестве Верховного главнокомандующего. Официально провоз-
гласив 3 сентября 1917 года Россию республикой, Керенский хотел подчеркнуть, что русская революция движется влево.[58] Этим решением правительство потеряло оставшиеся симпатии правых, но и не стало более
популярным в глазах левых. То, что лагерю революционной демократии
надоели компромиссы с «буржуазией», отразилось на работе Демократической конференции, созванной правительством 14 сентября в Петрограде. На этой конференции, представлявшей левый спектр российской
общественности, большевики никоим образом не доминировали. Из
1582 ее делегатов лишь 134 принадлежали к фракции большевиков.[59]
Несмотря на это, большинство делегатов проголосовало против продолжения союза социалистов с кадетами. Умеренным социалистам, в первую очередь Церетели, в конце концов все же удалось убедить конфе-
ренцию передать решение вопроса о коалиции новому собранию – Демократическому совещанию, или же предпарламенту, который должны
были избрать из своих рядов делегаты Демократической конференции.
Предпарламент должен был быть дополнен представителями «буржуазного лагеря».

25 сентября 1917 года Керенский образовал третье коалиционное
буржуазно-социалистическое правительство, которое, несмотря на его
признание предпарламентом, находилось в подвешенном состоянии.
Социальные и политические противоречия обострялись, страна шла к
кризису, а правительство больше не было в состоянии контролировать
его развитие. Ввиду происходившего в стране сдвига влево и возрас-
тающей опасности гражданской войны, некоторые левые социалисты,

---

57   Наше Отечество. Т. 1. С. 377-378.
58   Altrichter, Russland. С. 214.
59   Там же. С. 210-211; Наше Отечество. Т. 1. С. 380-381.

такие, как меньшевик Мартов и вождь эсеров Чернов, выступали за образование чисто социалистического правительства, которое должно было опираться на Советы и другие органы так называемой «революционной демократии». Эта концепция имела много сторонников и внутри большевистской партии. К ним принадлежали ближайшие соратники Ленина Каменев, Г. Е. Зиновьев, А. И. Рыков и В. П. Ногин.[60] Эти умеренные большевики выступили против жесткого и неуклонного ленинского курса на взятие всей власти в стране. 14 сентября Ленин писал в ЦК партии: «Получив большинство в обоих столичных Советах рабочих и солдатских депутатов, большевики могут и *должны* взять государственную власть в свои руки».[61]

Ленин насмехался теперь над противниками немедленного восстания внутри своей партии. Аргумент оппонентов, что большевики еще не имеют поддержки большинства населения, он назвал наивным, «ни одна революция *этого* не ждет». Революция не может ждать, пока за нее выскажется ровно 51 % населения. Такого рода голосования в момент революционной ситуации ничего не значат. Победа в революции принадлежит не тем партиям, которые имеют парламентское большинство, а тем, кто действует решительнее других и имеет сильные позиции в важнейших центрах страны. На аргумент своих противников внутри партии, прежде всего Зиновьева и Каменева, что марксистская партия не должна превращать революцию в военный заговор, Ленин отвечал, что марксизм - это многослойное учение, и теория восстания является составной его частью. В ситуации, когда революционная активность масс достигает кульминации, а защитники существующего строя деморализованы и нерешительны, отказ от восстания означает предательство марксизма.[62]

10 октября 1917 года в Петрограде состоялось конспиративное заседание ЦК большевиков, в котором участвовал Ленин. После острых споров собрание высшего руководства партии приняло по его настоянию следующую резолюцию: «Признавая таким образом, что вооруженное

---

60   Наше Отечество. Т. 1. С. 380-381; Pipes, op.cit. С. 252.
61   Ленин, ПСС. Т. 34. С. 239.
62   Там же. Т. 34. С. 242-247, 399, 408-409, 413-414; см. также Мельгунов, Как большевики захватили власть. С. 14-20.

восстание неизбежно и вполне назрело, ЦК предлагает всем организациям партии руководствоваться этим».[63]

Из двенадцати присутствовавших членов ЦК десять заявило о своем согласии с этой резолюцией. Лишь Зиновьев и Каменев голосовали против. На следующий день они направили большевистским организациям доверительное письмо, в котором пытались предостеречь партию от авантюрного курса. Они были убеждены в том, что восстание, начатое в назначенный для него срок, закончится поражением, аналогичным тому, которое партия потерпела в июле 1917 года. Партия потеряет все свои позиции, завоеванные со времени разгрома корниловщины. Восстание ставит под удар не только судьбу большевиков, но и будущее всей русской и мировой революции.

Каменев нарушил запрет, налагаемый большевистской дисциплиной, и обратился к общественности. 18 октября 1917 года в издаваемой Максимом Горьким левой газете «Новая жизнь» он во всех подробностях представил свою и Зиновьева точку зрения. Его вывод гласил: захват власти вооруженным путем будет иметь роковые последствия для революции.[64]

Тот факт, что Каменев выдал тайные планы партии, чрезвычайно возмутил Ленина. Он назвал поведение Каменева и Зиновьева «штрейкбрехерством».[65]

Но противникам большевиков мало помогли действия Каменева и Зиновьева. Подготовка к государственному перевороту шла почти открыто. Не только Каменев, но и многие противники большевиков предостерегали от большевистского путча, однако – без ощутимых последствий. 7 октября 1917 года большевистская фракция демонстративно вышла из предпарламента, состав которого отражал компромисс, достигнутый к началу Февральской революции. Здесь были представлены как буржуазные, так и социалистические группировки. Этот компромисс большевики считали полностью себя изжившим. Центром их деятельно-

---

63   Ленин, ПСС. Т. 34. С. 393.
64   Наше Отечество. Т. 1. С. 380; Мельгунов, Как большевики захватили власть. С. 20-22.
65   Наше Отечество. Т. 1. С. 380; Мельгунов, Как большевики захватили власть. С. 29.

сти был Петросовет, в котором они доминировали с сентября 1917 года.

В этой связи все большее значение приобретал Военно-революционный комитет (ВРК), созданный 9 октября 1917 года по предложению одного депутата-меньшевика.[66] Целью его создания первоначально была защита Петрограда от внешнего врага – немецких войск, которые после захвата Риги (21 августа 1917 года) и эстонских островов Сааремаа (Эзель) и Хийумаа (Даго) (8 октября 1917 года) все ближе подходили к столице России. Но большевики превратили ВРК в инструмент захвата власти. 22 октября 1917 года ВРК предъявил командующему войсками Петроградского военного округа Георгию Полковникову своего рода ультиматум, согласно которому все приказы Петроградского военного округа должны были выполняться лишь после их утверждения ВРК.[67] Полковников отклонил это требование. Таким образом, гарнизон Петрограда одновременно был подчинен двум разным центрам – командующему округом и ВРК, которые не признавали друг друга. Двоевластие проявляло теперь полностью свою сущность, состоявшую в разрушении монополии государства на власть, в создании двух различных военных и управленческих структур, которые парализовали друг друга. Этот паралич всех механизмов государства однозначно шел на пользу большевикам. Действуя практически в одиночку, наперекор воле важнейших политических группировок страны и даже против воли части собственной партии, они смогли захватить единоличное господство в стране. Ленин, ссылаясь на Карла Маркса, многократно повторял, что пролетарской революции должен предшествовать слом буржуазной государственной машины, прежде всего – военного аппарата государства. Позже, в ноябре 1918 года, он писал: «Без «дезорганизации» армии ни одна великая революция не обходилась и обойтись не может. Ибо армия есть самый закостенелый инструмент поддержки старого строя, наиболее отвердевший оплот буржуазной дисциплины».[68]

Ликвидация русской государственной машины представляла собой процесс, имевший собственную динамику. Большевики ускорили этот процесс, но не послужили его причиной. В итоге этот процесс привел к

66   Altrichter, Russland. C. 220.
67   Там же. C. 221.
68   Ленин, ПСС. Т. 37. C. 295.

тому, что власть в России «валялась на улице». Но ни одна партия, кроме большевиков, не отважилась поднять ее, взять в свои руки всю тяжесть ответственности за судьбу разваливающейся страны.

Когда Ленин в июне 1917 года, выступая на I Всероссийском съезде Советов, объявил, что «наша партия... в любой момент готова взять на себя всю власть», эти слова, как было сказано, лишь вызвали смех большинства депутатов. Через четыре с половиной месяца раскрылось их роковое значение.

Поначалу Ленин возражал даже против предложенного Троцким маскировочного маневра – отложить государственный переворот до созыва II Всероссийского съезда Советов, назначенного на 25 октября. Этим маневром Троцкий хотел придать путчу вид легитимности: захват власти должен был произойти от имени Советов, а не только от имени большевиков. Ленин считал это пустой тратой времени. 29 сентября 1917 года он писал: «Ждать съезда Советов – полный идиотизм, так как это значит пропустить *недели... Это значит трусливо отречься от взятия власти».[69] Ленин даже угрожал ЦК своей отставкой, если партия согласится с позицией Троцкого.

В конце концов действия большевиков явили собой своего рода синтез представлений Троцкого и Ленина. Государственный переворот состоялся в день созыва II Всероссийского съезда Советов, как того хотел Троцкий. Но съезд, в полном соответствии с ленинской тактикой, был поставлен перед уже свершившимся фактом. Когда он, незадолго до полуночи 25 октября, открылся, русская столица в основном находилась под контролем большевиков. Исключением был Зимний дворец, в котором укрылось Временное правительство. 26 октября 1917 года примерно в два часа ночи пал и этот последний бастион Февральской революции. Штурм Зимнего дворца происходил на самом деле совсем не так, как это изображалось в многочисленных произведениях советских художников, поэтов и кинорежиссеров. Временное правительство сдалось практически без боя, так как почти не имело в своем распоряжении верных ему войск. Так, почти бескровно, произошел большевистский государствен-

---

69   Там же. Т. 34. С. 281; см. также Мельгунов, Как большевики захватили власть. С. 32, 77-78.

ный переворот, ознаменовавший одну из самых радикальных революций в истории, переворот, с которого началось становление первого тоталитарного режима современности.

13. Бегство от ответственности

Свидетели тех событий, такие как Суханов, полагают, что военный комендант Петрограда Полковников, имея в распоряжении примерно полтысячи солдат и юнкеров, был в состоянии занять Петросовет и ВРК, где доминировали большевики, и тем самым парализовать центр планируемого восстания. Другие авторы также считают, что одного или двух дисциплинированных и верных правительству полков было бы достаточно для того, чтобы сорвать путч. Троцкий, наряду с Лениным важнейший организатор государственного переворота, тоже был согласен с этим утверждением.[70] То, что полков так и не нашлось, до сих пор представляет загадку для исследователей тех событий. Керенский в день большевистского переворота тайно покинул Петроград и направился в Псков – в штаб войск русского Северного фронта.[71] Здесь он безуспешно пытался уговорить командующего фронтом генерала Черемисова направить войска в Петроград. Лишь небольшая воинская часть, около шестисот казаков под командованием атамана Краснова, была готова следовать за ним. 30 октября казаки Краснова достигли пригорода Петрограда Пулково. На Пулковских высотах их встретили и заставили отступить плохо организованные, но численно превосходящие силы большевиков.[72] Это было практически последнее сражение Временного правительства, вынужденного окончательно покинуть политическую сцену.

Почему же большевистский государственный переворот в Петрограде, против которого выступал почти весь политический класс России и даже многие большевики, прошел беспрепятственно? Чтобы нам легче было ответить на этот вопрос, следует провести параллель с другим событием, также имевшим роковые последствия, а именно с захватом власти национал-социалистами в Германии в 1933 году. Он тоже прошел

---

70   Trotzki, Geschichte der russischen Revolution. C. 634, 718.
71   Мельгунов, Как большевики захватили власть. C. 100-102, 145-157
72   Kerenski, Erinnerungen. C. 406-439; Суханов, Записки. Т. 3. C. 371-375; Мельгунов, Как большевики захватили власть. C. 157-165.

почти беспрепятственно, пожалуй, даже еще более гладко, чем захват власти большевиками в России. Национал-социалисты, в отличие от большевиков, имели сильных союзников – немецких консерваторов, которые контролировали многие ключевые позиции в Веймарской республике и практически передали власть в руки НСДАП. Консерваторы передали государство, которое они же и должны были защищать, его непримиримым врагам. Это беспримерное «предательство элит» Эрнст Никиш, один из острейших критиков национал-социалистической диктатуры, который в Веймарские времена принадлежал к лагерю так называемой «консервативной революции», объясняет так: «[Немецкие буржуазные слои] были сыты по горло господством безличного закона и презирали свободу, которую он гарантировал; они хотели служить человеку, авторитету личности, диктатору, вождю... Они предпочитали колебания настроения и взрывы произвола вождя строгой предсказуемости и установленным правилам неприкосновенного законного порядка».[73]

Социал-демократ Конрад Хейден говорит в связи с триумфом национал-социализма о бегстве политического класса Германии от ответственности, о «веке безответственности».[74] Но и в связи с триумфом большевиков в России можно говорить о бегстве от политической ответственности, своего рода дезертирстве, на сей раз - российской политической элиты. Тщетный поиск войск, которые были бы готовы защищать русскую демократию от ее смертельных врагов последним демократическим премьер-министром страны, наглядно свидетельствует об этом дезертирстве.

Как же обстояло дело с теми социалистами в Советах, что были против большевиков? На открывшемся 25 октября 1917 года II Всероссийском съезде Советов, в отличие от прошедшего в июне 1917 года I Всероссийского съезда Советов, они были в меньшинстве. На II съезде, в работе которого принимали участие около 670 депутатов, однозначно доминировали большевики; их фракция насчитывала более 300 членов. Левые эсеры, по своим политическим взглядам ближе всех стоявшие к большевикам, были представлены более чем 90 депутатами. 505 депу-

73   Niekisch, Ernst: Das Reich der niederen Dämonen. Hamburg, 1953. C. 87.
74   Heiden, Konrad: Das Zeitalter der Verantwortungslosigkeit. Zürich, 1936.

татов поддерживали лозунг «Вся власть Советам», т.е. выступали за свержение Временного правительства.[75]

Противостоявшие им умеренные социалисты - меньшевики и правые эсеры – осудили большевистский государственный переворот как акт крайнего произвола, который ввергнет страну в гражданскую войну, и после этого заявления покинули зал заседаний. Когда противники большевиков покидали зал и, тем самым, политическую сцену, Троцкий прокричал им вдогонку: «Восстание народных масс не нуждается в оправдании. То, что произошло – это восстание, а не заговор… Народные массы шли под нашим знаменем, и наше восстание победило. И теперь нам предлагают: откажитесь от своей победы, идите на уступки, заключите соглашение. С кем? Я спрашиваю: с кем мы должны заключить соглашение? С теми жалкими кучками, которые ушли отсюда или которые делают это предложение? Но ведь мы видели их целиком. Больше за ними нет никого в России … Нет, тут соглашение не годится. Тем, кто отсюда ушел <...>, мы должны сказать: Вы – жалкие единицы, вы – банкроты, ваша роль сыграна и отправляйтесь туда, где вам отныне надлежит быть: в мусорную корзину истории».[76]

Протест противников путча являлся, без сомнения, лишь красивым символическим жестом, призванным показать приверженность демократическим ценностям, над которыми совершившие государственный переворот большевики публично надругались. Этот жест напоминает отказ фракции Социал-демократической партии Германии в Рейхстаге одобрить Закон о чрезвычайных полномочиях от 24 марта 1933 года, когда германский парламент передал свои прерогативы в руки Гитлера. Оба эти жеста никак не могли предотвратить диктатуру; они явно запоздали. Такого рода протесты не в состоянии поколебать тоталитарные режимы, которые стремятся достичь своих целей прежде всего с помощью безграничного насилия. Они отказываются от политики в классическом смысле этого слова как «искусства возможного» и ликвидируют своих политических противников.

75 Hildermeier, Die Russische Revolution. C. 240.
76 Суханов, Записки. Т. 3. С. 337.

14. Национальный вопрос в многонациональном государстве

В 1917 году в России обострились не только социальные и политические, но и национальные противоречия. Паралич механизмов государственной власти России, наступивший вследствие двоевластия и радикализации масс, дал национальным меньшинствам страны шанс добиться равноправия по отношению к центру. Становящиеся все сильнее национальные движения были не в последнюю очередь реакцией на усиленную русификацию, проводимую в стране со времен Александра III (1881-1894).

Несмотря на то, что доля русского населения империи на рубеже XIX- XX веков составляла около 44 %,[77] русские консерваторы считали русский народ, в сущности, единственной опорой империи. Влиятельный советник двух последних русских царей, Александра III и Николая II, Константин Победоносцев, стремившийся к гармонии между самодержавием и народом, рассматривал национальные меньшинства империи, составлявшие более половины ее населения, как угрозу государству. Он считал немыслимым ставить на одну ступень с русскими или же с православной верой другие народы, религии и конфессии империи, так как эти народы или религиозные сообщества не имели тех идеальных представлений о царе, которые якобы были присущи русскому народу.[78]

Несмотря на то, что Победоносцев был воинственным противником модернизации, его крайне националистический курс соответствовал тогдашнему европейскому духу времени. Другие великие европейские державы нередко крайне неблагосклонно относились к своим национальным меньшинствам. Особенно наглядный пример тому – достигшие своей кульминации на рубеже XIX-XX веков попытки Берлина германизировать польское национальное меньшинство в Германской империи.[79] Разумеется, националистический курс был чреват особой опасностью для Российской империи, которая, в отличие от Германии, с самого своего основания была многонациональным государством. На протяжении ве-

---

77   Kappeler, Andreas: Russland als Vielvölkerreich. Entstehung, Geschichte, Zerfall. München, 1992. C. 233

78   См. Golczewski, Frank/Pickhan, Gertrud: Russischer Nationalismus. Die russische Idee im 19. und 20. Jahrhundert. Darstellung und Texte. Göttingen, 1998. C. 50-53.

79   Nipperdey, Thomas: Deutsche Geschichte 1866-1918. Zweiter Band. Machtstaat vor der Demokratie. München, 1992. C. 266-281.

ков русское самодержавие пыталось интегрировать в существовавшую систему высшие слои населения завоеванных им нерусских или же неправославных земель. К началу Нового времени это были мусульмане-татары, затем прибалтийские немцы - почти полностью протестанты, и поляки-католики. Так, например, русский генералитет в 1862 году состоял на 28 % из протестантов и примерно на 9 % - из католиков. Усилившаяся в восьмидесятые годы русификация начала постепенно влиять и на национальный состав правящей элиты царизма. Так, число протестантов среди русских генералов сократилось с 1862 по 1903 год с 28 % до 10 %, а католиков - с 9 % до 4 %.[80]

И после тех глубоких преобразований, которые происходили в России вследствие революции 1905 года, русский народ и православная церковь сохранили свое особое положение. Статья 3 «Основных законов Российской империи» 1906 года гласила, что «русский язык есть язык общегосударственный и обязателен в армии, во флоте и во всех государственных и общественных установлениях». Статья 62 закрепляла господствующую роль православия в Российской империи; статья 1 определяла государство Российское как «единое и неделимое».

В разные периоды истории некоторые территории империи имели определенную автономию, которая в отдельных случаях приближалась к суверенитету: королевство польское в 1815-1831 годах, великое княжество Финляндское в 1809-1899 годах. Но эти исключения лишь подтверждали правило. В основном российское многонациональное государство было унитарным, принцип федерализма до 1917 года здесь не осуществлялся. В конечном итоге многие народы империи не желали мириться с опекой имперского центра. Революция 1905 года уже содержала, наряду с социальным и политическим, национальный компонент. Конфликт с существовавшей системой был особенно острым на периферии империи, где жили нерусские народы – в Польше, Прибалтике, Финляндии, Закавказье. Однако судьба империи решалась в итоге не на ее национальных окраинах, а в центре. Когда революционное движение в сердце империи – центральной России – было подавлено, регионы не

---

80 Beyrau, Dietrich: Der deutsche Komplex: Russland zur Zeit der Reichsgründung // Kolb, Eberhard (Hrsg.): Europa und die Reichsgründung // Historische Zeitschrift. Beiheft 6. München, 1980. C. 94.

имели шансов на успешное продолжение своего противостояния режиму.

Революция 1905 года выявила определенную закономерность, которой суждено было не раз повториться в XX веке. Вопреки взрывной силе национальных движений, которые дважды, в 1917 году и в 1991 году, способствовали развалу империи, одни нерусские ее народы едва ли были в состоянии довести ее до распада. Им был нужен сильный союзник, которым мог быть лишь тот народ, на ком, в сущности, и держалась империя – сами русские. Без отхода наиболее активной части русского общества от собственного государства и господствовавшей в нем доктрины освобождение нерусских окраин от центра было бы невозможным ни в году 1917, ни в 1991 году.

Непосредственно после свержения царя Временное правительство обратилось к тем двум народам России, чье национальное самосознание и стремление к независимости были особенно ярко выражены – к полякам и финнам. В манифесте по польскому вопросу от 16 марта 1917 года правительство призвало «братский польский народ» к тому, чтобы совместно бороться против «воинственного германства» и обещало создание независимого польского государства в составе всех тех областей, где поляки составляют большинство населения. Это государство должен был связывать с Россией свободный союз.[81] Петросовет пошел еще дальше и заявил, что Польша имеет право быть полностью независимой в государственных и международных отношениях. Финскому народу Временное правительство 7 марта 1917 года обещало осуществление его внутренней независимости и учет его языковых, национальных, культурных и законодательных прав.[82]

Эти заявления Временного правительства соответствовали духу времени, царившему в тогдашней Европе. Право на самоопределение народов представляло своего рода фетиш мировой войны. Так, попытка империи Габсбургов покорить маленький самостоятельный народ – сербов, стала непосредственным поводом к ее развязыванию. Вступление Великобритании в войну, превратившее европейский конфликт в настоя-

---

81 Hellmann, Die russische Revolution. C. 184; Altrichter, Russland. C. 458-459.
82 Altrichter, Russland. C. 432; см. также Kappeler, Russland als Vielvölkerreich. C. 288-299.

щую мировую схватку, было официально мотивировано нарушением суверенитета другой небольшой страны – Бельгии. Но и Германская империя стремилась произвести впечатление борца за освобождение народов – народов России от ига царизма. Историк Людвиг Дехио указывал
на то, что Германия пыталась «свое стремление к распространению
влияния на Востоке представить как выполнение своей защитной функции бастиона Запада против восточного варварства».[83]

Конечно, державам германского блока, чьи войска оккупировали
Бельгию, Сербию, Польшу, Румынию и часть Прибалтики, было непросто убедить мировую общественность в том, что они борются за право
наций на самоопределение. Положение стран Антанты в этом плане выглядело лучше. Антанта отступала по всей Европе, так что лозунг, что
она ведет войну за свободу малых народов, выглядел правдоподобнее.

Однако не только кайзеровская Германия, но и либеральная Россия
имела существенные проблемы с толкованием права наций на самоопределение. Буквальное выполнение этого права означало отказ от большей части земель, присоединенных к основной территории России с начала нового времени, отказ от империи. Временное правительство было
готово сделать далеко идущие уступки лишь в отношении Польши и
Финляндии. Но даже и здесь высказывалась надежда, что эти народы
останутся связанными с Россией «свободным союзом».[84] При этом другие народы империи, хотя и наделенные значительными правами авто-
номии, должны были остаться в составе Российского государства. В
этой связи показательно отношение Петрограда к проявившемуся с
особой силой в 1917 году стремлению украинцев к независимости. 4
марта 1917 года в столице Украины Киеве был образован Украинский
Центральный Совет – Рада, состоявшая из представителей либеральных и умеренно социалистических кругов украинской общественности.
Рада пыталась осуществить право на независимость Украины. Причем,
чем слабее была центральная власть в Петрограде, тем радикальнее
были требования Рады. Ее манифест от 10 июня 1917 года, означавший
своего рода объявление независимости Украины, вызвал в Петрограде

---

83 Dehio, Ludwig: Deutschland und die Weltpolitik im 20. Jahrhundert. München, 1955.
    C. 100
84 Hellmann, Die russische Revolution. C. 184; Altrichter, Russland. C. 432, 458-459.

настоящий шок.[85] Временное правительство и Петросовет направили в Киев совместную делегацию, которая должна была найти компромиссное решение. Компромисс был найден, но он не устраивал националистов ни в России, ни в Украине. В знак протеста против киевских договоренностей в Петрограде национально настроенные кадеты в начале июля 1917 года вышли из Временного правительства. Но и умеренные русские социалисты в своем большинстве являлись сторонниками государственного единства и хотели отложить окончательное решение национального вопроса до созыва Учредительного собрания.

Ленин принадлежал к тем немногим русским политикам, которые в 1917 году со всей решительностью требовали осуществления права национальных меньшинств на самоопределение. Ленин призывал национальные меньшинства страны к немедленному выходу из российского государства, так же, как он призывал крестьян к самовольному переделу помещичьих земель, рабочих - к захвату собственности предпринимателей, солдат – к немедленному окончанию боевых действий на фронте. VII Всероссийская конференция большевиков, проходившая в апреле-мае 1917 года, приняла «Резолюцию по национальному вопросу», в которой говорилось: «За всеми нациями, входящими в состав России, должно быть признано право на свободное отделение и на образование самостоятельного государства. Отрицание такого права и непринятие мер, гарантирующих его практическую осуществимость, равносильно поддержке политики захватов или аннексий».[86]

Учитывая эти лозунги, большевики в глазах многих сепаратистов с окраин империи выглядели как единственные в политических кругах России последовательные сторонники права наций на самоопределение. Не в последнюю очередь поэтому некоторые сепаратистские движения приветствовали свержение большевиками Временного правительства. Украинская Рада даже помогла большевикам изгнать из Киева войска Временного правительства.[87] Тот факт, что имперский центр в Петрограде больше не контролировался готовыми к компромиссам демократами, а был захвачен воинствующими противниками демократии, в первые дни

---

85   Hellmann, Die russische Revolution. С. 237-245; Altrichter, Russland. С. 471-473.
86   Ленин, ПСС. Т. 31. С. 439.
87   Altrichter, Russland. С. 474.

после большевистского переворота не вызывал у непримиримых противников «русского империализма» особых опасений. Однако более внимательное чтение ленинских текстов, написанных до захвата власти большевиками, должно было заставить противников «русского империализма» задуматься. Так, в 1916 году Ленин писал, что цель социализма – не только упразднение малых государств и всякого обособления наций, но и их полное объединение. А в упоминавшейся нами майской «Резолюции по национальному вопросу» 1917 года есть и такие слова: «Вопрос о праве наций на свободное отделение непозволительно смешивать с вопросом о целесообразности отделения той или другой нации в тот или иной момент. Этот последний вопрос партия пролетариата должна решать в каждом отдельном случае совершенно самостоятельно, с точки зрения интересов всего общественного развития и интересов классовой борьбы пролетариата за социализм».[88]

Авторизованный перевод с немецкого Бориса Хавкина

---

88   Ленин, ПСС. Т. 31. С. 440.

I.2 Распад царской и советской империй: причины и следствия*

I.

В 20-ом веке Россия дважды пережила крушение государственности и крах тех доктрин, которые лежали в её основе. В этой статье я хотел бы рассмотреть причины и прямые последствия обоих крушений. Вначале я напомню известные слова Алексиса де Токвиля (1835). В своей книге «Демократия в Америке» он писал: «Сегодня на земле живут два великих народа, чьи исходные пункты хотя и различны, но которые, кажется, стремятся к одной и той же цели: русские и англоамериканцы [...] Все другие народы вроде бы достигли отведенных им природой границ, но эти еще растут [...] Американец борется с препятствиями, которые природа ставит ему на пути; русский сражается с окружающими его народами [...] Высший принцип действия для одного — свобода, для другого — рабство. Их исходные пункты различны, их пути расходятся друг с другом, но не в меньшей степени каждый из них кажется — посредством некоего тайного плана провидения — призванным к тому, чтобы держать в руках судьбы чуть ли не половины мира.»[1]

Те, кто восхищаются Токвилем, как правило не замечают, что этот действительно глубокий мыслитель чрезвычайно переоценил силы России. Вопреки предсказаниям Токвиля, царская империя в ходе последующих десятилетий переживала не подъем, а непрерывный упадок своей мощи. Однако взгляды Токвиля были чрезвычайно широко распространены на Западе в первой половине 19 столетия. Нередко российские планы мирового господства считались более опасными, нежели подобные планы наполеоновской Франции, так как в случае России речь шла о не-западной державе. Для Запада в этом заключался не только военный и политический, но и культурный вызов. Вновь и вновь повторя-

---

* В этом тексте речь идет о значительно расширенной и обновленной редакции доклада, который первоначально был прочитан в рамках симпозиума мюнхенского общества по изучению международной политики, проходившего под девизом «Ретроспективный взгляд на 20 столетие».

1 Цит. по Tschizewskij, Dmitrij/Groh, Dieter: Europa und Russland. Texte zum Problem des westeuropäischen und russischen Selbstverständnisses. Darmstadt, 1959. С. 107 и сл.

лось и подчеркивалось, что Россия угрожает западному типу культуры как таковому.[2] Промышленную революцию, которая охватила западные страны к середине 19 столетия, многие мыслители не рассматривали как источник будущей мощи, скорее наоборот, в ней видели ослабляющий фактор. Социальные вопросы казались тогда неразрешимыми. Жестоко подавленное восстание парижского пролетариата в июне 1848 года представлялось лишь предвестником будущих классовых боев. В России же, напротив, не было пролетариата, и промышленная революция ее почти не затронула. Так что этот внутренне однородный колосс казался тем большей угрозой Западу, раздираемому внутренними противоречиями.

В 1853-1854 годах началось, казалось бы, решительное и судьбоносное сражение между Западом и Востоком, которое многие предсказывали - Крымская война. Это была борьба за восстановление европейского равновесия, борьба против силы, которой приписывали планы мирового господства. Английский историк Льюис Немье писал, что такого рода войны ведут обычно до победного конца.[3] Тем более что речь в этой войне шла не только о восстановлении политического равновесия, но и о защите «священных ценностей западноевропейской цивилизации». Николай I воспринимался на Западе как восточный варвар, который не имеет никакого отношения к европейским традициям. Английский историк Мартин Кингсли иронично замечает, что война в защиту восточного деспота на Босфоре, то есть турецкого султана, была преподнесена как война в защиту христианских ценностей.[4]

2   См.: Gleason, John H: The Genesis of Russophobia in Great Britain. A Study of the Interaction of Policy and Public Opinion. Cambridge. Mass., 1950; Hammen, Oscar J.: Free Europe versus Russia 1830-1854// The American Slavic and East European Review 1, 1952. С. 27-41; Groh, Dieter: Russland und das Selbstverständnis Europas. Ein Beitrag zur europäischen Geistesgeschichte. Neuwied, 1961; Müller, Lore: Das Rußlandbild der deutschen politischen Flugschriften, Reisewerke, Nachschlagewerke und einiger führender Zeitschriften und Zeitungen während der Jahre 1832-1853. Diss. München, 1953; McNally, Raymond T.: Das Russlandbild der französischen Publizistik zwischen 1814 und 1843// Forschungen zur osteuropäischen Geschichte 6, 1958. С. 82-169.
3   Namier, Sir Lewis: Conflicts. London, 1942. С. 54.
4   Martin, Kingsley: The Triumph of Lord Palmerston. A Study of Public Opinion in England before the Crimean War. London, 1963. С. 17, 20, 25.

Но вопреки всем этим апокалиптическим ожиданиям, Крымская война оказалась конвенциональной, ограниченной войной, в которой ни одна сторона не была готова «идти до конца». Ее сопровождали постоян-
ные дипломатические переговоры, обе стороны придерживались тех же
критериев международного права. За весь период между наполеонов-
скими войнами и второй мировой ни одна война за восстановление европейского равновесия не обошлась такой малой кровью. Противникам
державы-гегемона удалось справиться с ней без тотальной мобилизации своего потенциала, введя в действие только незначительную часть
своих сил. Великобритания даже не ввела закон о всеобщей воинской
повинности. В отличие от Наполеона или немецкого руководства во время первой и второй мировой войны, царское правительство не мыслило
в рамках альтернативы: все или ничего, оно не сжигало за собой мостов.
Правда, Крымская война была вызвана нетипичными для тогдашней
русской внешней политики слишком неосторожными действиями. Но как
только Петербургу стало ясно, насколько неверно он оценивал реакцию
Запада, он попытался за счёт уступок по крайней мере не осложнять
своей ситуации.

Непосредственно после падения Севастополя, который ознамено-
вал поражение России в Крымской войне, Токвиль заявил, что этот удар
не имеет для России особого значения. Ее подъём будет с неизбежностью продолжаться. В доказательство он привел в пример мощную русскую экспансию на Дальнем Востоке, которая продолжалась несмотря
на поражение в Крымской войне.[5] Многие историки соглашаются сегодня
с Токвилем. Они тоже считают, что русское поражение в Крымской войне
лишь прикрывало реальные возможности страны. Мощь России не по-
несла в этой войне ощутимых потерь.[6]

Но на самом деле всё было не так. В противоположность приведенным здесь мнениям, Россия переживала после Крымской войны не про-

---

5   См.: Simpson, M.S.M. (ed.): Correspondence and Conversations of Alexis de
    Tocqueville with Nassau William Senior from 1834 to 1859, Band 1-2. London, 1872
    (New York, 1968). Vol. 2. С. 128 и сл.

6   См. Groh, Russland. С. 175; Barraclough, Geoffrey: Europa, Amerika und Rußland
    in Vorstellungen und Denken des 19. Jahrhunderts // Historische Zeitschrift, 203,
    1966. С. 280-315; Rich, Norman: Why the Crimean War? A Cautionary Tale.
    Hannover, 1985. С. 4, 201.

сто кажущийся, но действительный упадок своих сил[7]. Распространение на Центральную Азию и на Дальний Восток вряд ли укрепило царскую империю относительно Запада, потому что в это же самое время и Запад переживал период интенсивного распространения своего мирового господства. В начале 20 столетия Россия потерпела сокрушительные поражения в войне с Японией и в первой мировой войне. То есть, ее политический упадок неудержимо продолжался. Этот процесс не в последнюю очередь был обусловлен раздиравшими страну внутриполитическими противоречиями и постоянно нарастающей изоляцией царского режима в обществе. В конце 19-го и в начале 20 века Россия относилась к немногим европейским странам, где социальная напряженность постоянно усиливалась. В Западной и Восточной Европе социальные проблемы, напротив, теряли свою прежнюю остроту. После разгрома революции 1848 года революционная эпоха там однозначно шла к концу. Европейские правительства, которые до 1848 года постоянно испытывали страх перед революцией, теперь могли перевести дух. После событий 1848-1849 годов в западных странах усиливался процесс интеграции и консолидации. Националистическая идеология становилась при этом своего рода цементирующей силой, отвлекающей внимание значительных слоев общества от политических конфликтов[8]. Рабочие партии, которые дольше всех сопротивлялись «микробу национализма», тоже в конце концов прекратили свое принципиальное сопротивление этому так называемому «буржуазному предрассудку» и в 1914 году поплыли в общем потоке. Путём включения пролетариата в «национальный фронт» — Италия принадлежала здесь к немногим исключениям — были созданы важнейшие предпосылки к развязыванию первой мировой войны, так называемой «войны народов».

---

7   См. Wohlforth, William: The Perception of Power: Russia in the Pre-1914 Balance // World Politics 39, 1986/87. C. 353-381.

8   См. Mosse, George L.: Die Nationalisierung der Massen. Politische Symbolik und Massenbewegungen in Deutschland von den Napoleonischen Kriegen bis zum Dritten Reich. Frankfurt/Main, 1976; Hayes, Carlton J. H.: The Historical Evolution of Modern Nationalism. New York, 1950; Anderson, M. S.: The Ascendancy of Europe. Aspects of European History 1815-1914. London, 1972. C. 140-173; Namier, Sir Lewis B.: Nationality and Liberty//Namier, L.: Avenues of History. London, 1952. C. 20-44.

Насколько иначе развивалась Россия! События 1848-1849 годов практически не затронули страну, поэтому здесь и не наступило разочарование в идее революции. На Западе многие прежние радикалы все чаще связывали свои упования и надежды с националистической идеей, а в России в это же время только начал в полную силу выражаться революционный идеал. Семен Франк писал в 1924 году, что всякая критика этого идеала рассматривалась российской революционной интеллигенцией как предательство. В предреволюционной России нужно было иметь исключительное гражданское мужество, чтобы открыто «исповедовать политическую умеренность».[9] Как отмечает историк Теодор Шидер, Западу были практически незнакомы безоговорочность и беззаветность, отличавшие революционную веру русской интеллигенции.[10] На свой особый революционный путь Россия вступила вскоре после восшествия на престол Александра II, который в 1855 году сменил своего деспотичного отца. То есть интеллигенция радикализировалась именно в период правления монарха, который своими реформами начал настоящую революцию сверху и вошел в русскую историю как «царь-освободитель». Многие требования, выдвигавшиеся поколениями русских критиков самодержавия, были теперь, одно за другим, выполнены: отмена крепостного права, ослабление цензуры, судебная реформа, создание относительно независимого самоуправления. Однако все это мало интересовало революционную интеллигенцию. Она полностью отвергала поддержку этих реформ. Таким образом, как указывает историк В. Леонтович, интеллигенция выключила себя из практической деятельности, которая только и могла бы быть для неё школой политического мышления и действия.[11]

Деятельность интеллигенции была нацелена на тотальный разрыв с русской традицией, она беспощадно крушила все российские святыни. Единственное, что избежало этого всеобщего ниспровержения и стало предметом пылкого поклонения, был простой русский народ. Он считал-

9   Франк Семен: Крушение кумиров. Берлин, 1924. С. 15-16.
10   Schieder, Theodor: Das Problem der Revolution im 19. Jahrhundert// Schieder, Th.: Staat und Gesellschaft im Wandel unserer Zeit. Studien zur Geschichte des 19. und 20. Jahrhunderts. München, 1970.
11   Leontovitsch, Viktor: Geschichte des Liberalismus in Russland. Frankfurt/Main, 1957. C. 40.

ся воплощением добра. Все понятия и культурные институты, недоступные пониманию низших слоев населения, осуждались как излишние и безнравственные. Николай Бердяев писал: «Долгое время у нас считалось почти безнравственным отдаваться философскому творчеству. Человек слишком погруженный в философские проблемы, подозревался в равнодушии к интересам   крестьян и рабочих.»[12] Несмотря на такое крайнее самоотрицание и радикально эгалитаристскую позицию, интеллигенция не могла изменить тот факт, что сама она в действительности принадлежала к привилегированному и образованному сословию, к элите. Для крестьян она, подобно помещикам, была частью ненавистного европеизированного правящего класса, чьи идеи и язык оставались для них совершенно непонятными.[13] Таким образом, препятствием на пути к объединению низших слоев с революционной интеллигенцией был прежде всего глубоко укоренившийся политический консерватизм крестьянства. И эту пропасть консервативные защитники самодержавия пытались сохранить навсегда. Им было ясно, что судьба режима зависит от того, кто выиграет борьбу за «душу народа». Интеллигенцию они считали уже потерянной. Их единственным методом полемики с ней были жесткость и репрессии. Но консерваторы желали любой ценой не допустить, чтобы низшие слои вступили на путь, уже пройденный частью элиты. Поэтому они считали необходимым уберечь от внутренней порчи тот мир допетровских представлений, в котором всё еще жило крестьянство. Одним из самых последовательных приверженцев этой концепции был влиятельный советник двух последних царей и Оберпрокурор Священного синода Константин Победоносцев. Он был убежден в том, что низшие слои, в противоположность интеллигенции, абсолютно верны царю, и что эта верность и есть в принципе важнейшая опора самодержавия. Чтобы традиционный мир низших слоев смог выстоять под напором современности, Победоносцев пытался отгородить русское крестьянство от всех новых идей, прежде всего западных. Простому народу не нужны

12 Бердяев, Николай: Философская истина и интеллигентская правда // Вехи. Сборник статей о русской интеллигенции. М., 1909. С. 2.
13 Ср. Гершензон, Михаил: Творческое самосознание // Вехи. С. 85-89; Venturi, Franco: Roots of Revolution. A History of the Populist and Socialist Movements in Nineteenth Century Russia. Chicago, 1960. С. 505; Pipes, Richard: Russland vor der Revolution. Staat und Gesellschaft im Zarenreich. München, 1977. С. 279 и сл.

никакие теоретические знания, полагал Оберпрокурор. Они лишь порождают смятение и подогревают недовольство отдельных лиц своим положением в обществе, а также усиливают индивидуалистические и эгоистические тенденции. Образование должно сосредоточиваться прежде всего на элементарных знаниях и практических навыках.[14] Свой идеал образования Победоносцев стремился осуществить через энергично создаваемую им систему церковно-приходских школ, которые пытались укрепить патерналистскую опеку светского и церковного начальства над низшими слоями населения.

Однако низшие слои русского народа, которые петербургский сановник считал важнейшей опорой самодержавия, оказались для него в конечном итоге величайшей угрозой. С пятидесятилетним опозданием народные слои начали на рубеже веков включаться в процесс развития, уже пройденный интеллигенцией. Долгая борьба «за душу народа» между оппозицией и автократией решалась постепенно в пользу первой. Отмена крепостного права в 1861 году принесла теперь свои плоды. Целое крестьянское поколение выросло в новой свободной атмосфере и не поддавалась уже патриархальной опеке в такой степени, как их отцы. Программа же Победоносцева делала ставку на их политическую незрелость; но стремление крестьянства к эмансипации должно было неминуемо привести к краху этой концепции.

Этот крах был обусловлен, помимо прочего, ещё и тем, что намерение оберпрокурора «заморозить» Россию не было поддержано всем Петербургским кабинетом. Победоносцев имел в нем могущественных противников, которые хотели бороться с революционной угрозой совершенно иными, в корне противоположными методами. К ним принадлежал в первую очередь министр финансов Сергей Витте, который в отличие от своего оппонента, не боялся будущего. Он считал Россию страной с неисчерпаемыми возможностями, нуждающейся, однако, в принципиальной модернизации. Только в этом случае она могла бы, по его мнению, сохранить свой статус великой державы и решить неотложные социальные проблемы. Его концепция образования диаметрально отли-

---

14 Победоносцев, Константин: Московский сборник. Москва, 1896. С. 67-75, 149 и сл.,182 и сл.; Флоровский, Георгий: Пути русского богословия. III изд. Париж, 1983. С. 412.

чалась от идей Победоносцева. Чтобы реформировать страну, монархии, по его мнению, нужны были просвещенные, динамичные, не закосневшие в предрассудках подданные[15]. И всё же большой слабостью проекта модернизации России, предложенного Витте, было то, что для его осуществления он не мог опереться ни на один сколько-нибудь значительный общественный слой. Пролетариат, численность которого возросла как раз в результате реформ Витте, тотчас превратился в яростного противника режима. Крестьяне не желали и слышать об индустриализации. Их не интересовало величие России, в центре их интересов стоял нерешенный, по их мнению, аграрный вопрос. А индустриализация в тот момент ничем не способствовала его решению. Она, напротив, предполагала некоторый период «затягивания поясов», поскольку ее нельзя было финансировать без повышения налогообложения самых широких масс населения[16]. Витте не смог привлечь на свою сторону и либеральные группировки — потенциальных союзников, которые также как и он стремились преодолеть российскую отсталость. Непреодолимым препятствием между ними стояла догма о неограниченной царской власти[17]. Таким образом, на рубеже веков русская автократия оказалась не в состоянии играть роль демиурга-модернизатора. Курс Витте лишь усилил внутриполитические проблемы, вместо того чтобы их решить. В России тогда одновременно обострились три конфликта, которые на Западе уже были разрешены: это были конституционный, рабочий и аграрный вопросы. Самодержавие лишилось социальных корней, и страшная пустота, которая его окружала, открылась во время русско-японской войны. Военные поражения царской армии были восприняты обществом почти равнодушно, а некоторой частью интеллигенции даже с неприкрытой злорадностью.

---

15 Витте, граф Сергей Ю.: Воспоминания. Т. 1-3. Берлин, 1922, здесь т. 2. С. 441 и сл., 467-472, т. 3. С. 272 и сл.

16 von Laue, Theodor: Sergej Witte and the Industrialisation of Russia. Columbia, 1963. С. 101 и сл., 170 и сл., 222; Thalheim, Karl: Die wirtschaftliche Entwicklung Rußlands// George Katkov/Erwin Oberländer/Nikolaus Poppe/Georg von Rauch (Hgg.): Russlands Aufbruch ins 20. Jahrhundert. Politik-Gesellschaft-Kultur 1894-1917. Freiburg, 1970. С. 101.

17 Витте, Сергей: Самодержавие и земство. С.-Петербург, 1908. С. 44 и сл., 203-211; Кони Анатолий Ф.: Сергей Юльевич Витте. Отрывочные воспоминания. Москва, 1925. С. 24 и сл.; Милюков Павел: Воспоминания. Нью Йорк, 1955. Т. 1. С. 241 и сл.; von Laue, Witte. С. 161 и сл., 305.

Оказавшись в полной внутренней изоляции, автократия не могла уже сохраняться в своей прежней форме. Она вынуждена была пойти на компромисс с обществом. Царский манифест 17 октября 1905 года обещал подданным основные гражданские права и созыв парламента. Это было концом неограниченного самодержавия. В апреле 1906 года Россия получила конституцию — первую в своей истории.

Виктор Леонтович пишет, что конституция 1905/1906 гг. была вызвана к жизни силами, которые не были в ней заинтересованы, силами, чьей единственной целью была дальнейшее углубление революции. Но невзирая на это — и здесь Леонтович присоединяется к мнению либерального политика В. Маклакова — конституция постепенно начала оказывать воспитательное воздействие как на правительство, так и на общественность.[18]

И в самом деле, после революции 1905 года Россия сделала большой рывок в сторону плюралистического государства с гражданскими свободами, в том числе свободой прессы и собраний, а также партийным плюрализмом. Революция 1905 года, по мнению левых потерпевшая крушение, в действительности создала весьма благоприятные предпосылки для постепенного высвобождения общества из-под государственной опеки. Эти ростки гражданского общества, пробившиеся на свет в преддверие крушения царской монархии, вызывают удивление, если вспомнить, насколько велик был всегда перевес государства над обществом в российской истории.

Все же эти изменения коснулись в первую очередь только русских образованных кругов. Народные слои почти не принимали в них участие. Они не интересовались политическими целями так называемых «имущих классов» (Zensusgesellschaft). В центре интересов русского крестьянства — подавляющей части населения — даже после принятия конституции стоял аграрный вопрос, а не укрепление правого государства в России. Они мечтали о полной экспроприации землевладельцев, о «черном переделе» и потому не желали признавать принцип частной собственности, гарантированный 77-ой статьей конституции.

---

18   Leontovitsch, Geschichte. С. 339, 416.

Пропасть между русскими образованными слоями и народными массами открылась во всей своей глубине с началом первой мировой войны. В России война лишь усилила центробежные силы и углубила социальные конфликты, поскольку династия Романовых не смогла выработать популярную, объединяющую все народы империи идею. Только лояльность по отношению к царю могла подвигнуть русских крестьян, несших основное бремя войны, на необычайное терпение во все более затягивающемся конфликте. Но с началом нового столетия эта лояльность была поколеблена. Уже во время русско-японской войны можно было видеть, насколько низко упал престиж монархии в глазах населения. Однако в этой связи нужно отметить следующее. Радикальное отрицание войны было характерно только для народных слоев России. В образованных кругах преобладали патриотические эмоции, стремление вести войну до победного конца. Даже некоторые оппозиционные группировки, настроенные во время русско-японской войны пораженчески, в 1914 году говорили о защите отечества. К немногим исключениям принадлежали большевики. Но они со своим радикальным отрицанием «защиты отечества» были аутсайдерами в политическом ландшафте России. Однако со временем (особенно после февральской революции 1917 года) этот факт должен был усилить, а не ослабить партию, потому что у миллионов русских крестьян и рабочих было такое же отрицательное отношение к войне.[19]

После свержения царя в феврале-марте 1917 года Россия переживала процесс радикализации и углубления революции. Этот процесс проходил бы и без участия большевиков. Почти каждая революция переживает процесс радикализации. Однако, в 1917 году большевики были единственной значительной политической силой в России, не боявшейся радикализации масс. Наоборот, они стремились стать во главе этого

---

19 См. Милюков, Павел: Россия на переломе. Париж, 1927. Т. 1. С. 11-28; Suchanov, Nikolaj: 1917. Tagebuch der russischen Revolution. München, 1967; Федотов, Георгий: Революция идет//Современные записки, 39, 1929. С. 306-359; его же: Проблемы будущей России// Современные записки, 43, 1931. С. 406-437; Wheeler-Bennett, John W.: Brest-Litovsk. The Forgotten Peace. March 1918. London, 1956. С. 6; Kochan, Lionel: Russia in Revolution 1890-1918. London, 1966, С. 167-185; Geyer, Dietrich: Die Russische Revolution. Historische Probleme und Perspektiven, 2. Aufl. Göttingen, 1977. С. 65; Бурджалов, Эдуард: Вторая русская революция. Восстание в Петрограде. Москва, 1967. С. 26-42.

процесса. И поэтому все более широкие слои населения стали воспринимать большевиков как символ революции. Постепенно большевикам удалось внушить большой части русских народных масс, что всякая борьба против большевизма практически означает борьбу против революции. Федор Степун замечает: в 1917 году Ленин понял, что в некоторых ситуациях вождь, чтобы победить, должен последовать устремлениям масс. И хотя Ленин был человеком необычайной силы воли, он двинулся в избранном массами направлении.[20]

И после захвата власти большевики смогли выжить и преодолеть многие почти безысходные кризисы благодаря тому, что они умели сочетать доктринальный утопизм с исключительной гибкостью. Те исследователи, которые упрекали большевизм в догматической косности, видели только одну сторону этого политического феномена и недооценивали его чувство реальности, его способность к радикальным изменениям курса, когда этого требовали обстоятельства. Но и те, кто восхищался прагматизмом большевиков, поддавались иллюзиям. Они, в свою очередь, недооценивали догматическую сторону большевизма, потому что и тогда, когда большевистская партия делала уступки прагматическому курсу, она не отказывалась от своей цели осуществить марксистскую утопию. Вскоре после захвата власти большевики ввели в России систему, воплощавшую большевистский утопизм и волюнтаризм: систему военного коммунизма, которая основывалась на безграничном терроре. Военный коммунизм означал распространение государственного контроля на все важнейшие сферы жизни, на политические, социальные и экономические процессы в целом. Русское общество, которое в 1905 году частично, а в 1917 году полностью освободилось от государственной опеки, вновь оказалось порабощенным и причем так, как не было даже до отмены крепостного права в 1861 году.[21]

20   Степун, Федор: Мысли о России// Современные записки, 33, 1927. С. 346 и сл.
21   Chamberlin, William H.: Die Russische Revolution 1917-1921. Frankfurt/Main, 1958. Band 2; Schapiro, Leonard: The Origin of the Communist Autocracy. Political Opposition in the Soviet State. First Phase 1917-1922. London, 1955; Carr, Edward H.: A History of Soviet Russia. The Bolshevik Revolution 1917-1923. London, 1966. T. 2. С. 151-268; Broido, Vera: Lenin and the Mensheviks. The Persecution of Socialists Under Bolshevism. Worcester, 1987. С. 63 и сл.; Luks, Leonid: Geschichte Russlands und der Sowjetunion. Von Lenin bis Jelzin. Regensburg, 2000. С. 100-112.

Подавляющее большинство населения теперь отвернулось от большевиков, боролось с ними или оказывало пассивное сопротивление. Выживание партии в условиях такой изоляции, которая в известной степени напоминает изоляцию царского режима начала 20 века, является почти политическим чудом. Однако: если бы большевики в самом деле утратили свою коренную связь с народными слоями, как это часто утверждают, то они вряд ли были бы в состоянии пережить гражданскую войну. Правда, верно и то, что большинство населения решительно не приняло введённый тогда большевистский террор. Тем не менее новая диктатура извлекла выгоду из настроений, которые были характерны для этого большинства. Так например, разочарование в большевиках никоим образом не означало отказа от веры в революцию. Ненависть к прежнему режиму, ко всем его проявлениям и в дальнейшем была всеподавляющим чувством русских народных слоев. Все политические группировки, которые подозревались в стремлении реставрировать дореволюционные порядки, не имели никаких шансов в настроенной на революцию стране.[22] Поэтому Белые армии — самые решительные и самые организованные противники большевиков — по сути находились на утраченных позициях. Федор Дан, один из вождей меньшевиков говорил в 1920 году: несмотря на глубокое недовольство советской властью, крестьяне стремились любой ценой не допустить восстановления старого режима, который олицетворяли белые. Это было решающим фактором для победы большевиков.[23]

В октябре 1917 года большевики захватили власть в России — так называемом «слабом звене в цепи мирового капитала»—с целью уничтожить всю эту цепь силами мировой революции. Свою борьбу за власть в России они рассматривали исключительно как служение мировой революции, а не как самоцель. Кроме того, они были убеждены в том, что без помощи революции в развитых индустриальных странах большевистский режим в России не сможет выдержать противостояние с «мировым капиталом». Фактическое развитие событий в 1918-1920 годах опро-

---

22 Schapiro, The Origin, S. 348 и сл.; Abramovitsch, Raphael: Die Sowjetrevolution. Hannover, 1963. С. 179 и сл.; Федотов, Георгий: Народ и власть// Вестник РСХД, 94, 1969. С. 79-95.
23 Цит. по: Кулешов, С. и др.: Наше отечество. Москва, 1991. Т. 2. С. 67.

вергло прогнозы и ожидания большевиков. Они смогли утвердить свою власть в России без прямой поддержки революции на Западе. Однако, их власть оставалась ограниченной той самой страной, которая прежде рассматривалась ими всего лишь как стартовая площадка мировой революции. Таким образом они должны были во все возрастающем масштабе приспосабливаться к внешнеполитической и геополитической действительности управляемой ими империи. Советская внешняя политика была из-за этого явно амбивалентной. С одной стороны, Москва была столицей великой державы, а с другой стороны, — центром мирового коммунистического движения, центром победоносной пролетарской революции. Конечно, со временем акценты в советской внешней политике сдвинулись. Страна постепенно начала возвращаться к традиционной великодержавной политике и подчинять стратегию мирового коммунистического движения интересам советского государства. Но несмотря на это изменение акцентов, компонент мировой революции никогда не исчезал из советской внешней политики. Напряженные отношения между обоими полюсами, двойственность внешней политики сохранялись практически до распада Советского Союза. Именно такая биполярность советской политики часто затрудняла ее правильную оценку извне. Это не в последнюю очередь касалось национально ориентированных кругов в антибольшевистском лагере, которые были готовы капитулировать после победы большевиков в гражданской войне только «из благодарности» за восстановление почти полной территориальной целостности российской империи советским руководством. Представители этих кругов считали, что тем самым «белые идеи» победили, хотя бы и окольным путем. Большевики начали свою политическую борьбу как непримиримые враги российской империи, как поборники ее дезинтеграции. Но в конце концов они оказались ее восстановителями. Правда, большевистское государство было по форме «красным», международным и революционным, но его содержание было «белым»: патриотическим и национальным. С особой отчетливостью этот тезис был представлен движением «Смена вех», которое стало оформляться в русском изгнании к началу двадцатых годов. Николай Устрялов, крупнейший представитель этого движения — позднее охарактеризованного как «национал-большевизм» — писал в феврале 1920 года, что как бы парадоксально это не звучало, но объединение России свершается сейчас под большевистским знаком. Из фактора, вызвавшего распад империи, революция превратилась в творческую национальную силу, которая объединяет Россию.[24]

В то время состоялся парадоксальный обмен ролями большевиков и их «белых» противников. Белые, которые вели борьбу против большевиков за восстановление «единой и неделимой» России в ее прежних границах, зависели в этом от помощи иностранных держав. Большевики, напротив, смирившиеся в марте 1918 в Брест-Литовске с беспримерным унижением России, в своей борьбе против «белых» и против иностранных интервентов опирались исключительно на внутренние силы и резервы России. Таким образом, они казались не только защитниками «завоеваний революции», но и защитниками интересов русской нации. Члены возникшего в 1921 году в эмиграции евразийского движения считали даже, что русский народ использовал большевизм, чтобы спасти территориальную целостность России и чтобы восстановить ее внешнеполитическую мощь.[25]

Все эти высказывания свидетельствуют о непонимании двойственности и двухполярности большевизма. Он был одновременно национальным и интернациональным, партикулярным и универсальным явлением. Ни с одним из этих полюсов он не идентифицировал себя полностью. Он был склонен к тому, чтобы просто использовать для себя как национально настроенные, так и революционно ориентированные течения. И потому он почти с неизбежностью должен был разочаровывать своих союзников, которые постоянно упрекали его то в измене священным национальным целям, то идеям мировой революции.

II.

Почти через семьдесят лет после восстановления русской империи большевиками она распалась вновь. И этот второй распад по сей день вызывает удивление. Не в последнюю очередь потому, что даже еще в

24 Устрялов Николай: Под знаком революции. 2 изд. Харбин, 1927. С. 5 и сл.
25 Евразийство, Опыт систематического изложения. Париж, 1926. С. 6.

начале 80-ых годов почти не были заметны знаки грядущего быстрого крушения советской империи. Этим распад СССР отличается от распада русской империи в 1917 году, имевшего чрезвычайно долгую предысторию. В 1927 году Марк Алданов писал: «Сто лет русское общество грозило монархии революцией. Быть может Николай и не верил предостережениям оттого, что их было так много.»[26] Распад советской империи, напротив, последовал без долгого пролога. И он совершился именно в то время, когда мировой коммунистический лагерь казался в глазах даже самых тонких наблюдателей, за немногими исключениями — совершенно стабильным, почти непобедимым.

В семидесятые годы он достиг военно-стратегического паритета с Соединенными Штатами. А западные демократии в ходе Конференции по безопасности и разоружению в Хельсинки согласились с послевоенной расстановкой сил, то есть, с разделом Европы. Коммунистические идеи, казалось, неудержимо распространялись тогда и в третьем мире. В 1975 году, после поражения Америки во Вьетнаме, Александр Солженицын охарактеризовал мировое политическое состояние после 1945 года как третью мировую войну, которая теперь, после поражения Запада, в сущности, подошла к концу. По его словам, еще два-три десятилетия такого рода славного мирного сосуществования — и понятия «Запад» больше не будет.[27]

И внутри империи правящая команда казалось, окончательно обеспечила свою власть. Возникшее в шестидесятые годы правозащитное движение к концу семидесятых практически перестало существовать. Символический характер имела ссылка в Горький Андрея Сахарова, олицетворявшего это движение, в 1980 году, через несколько дней после советского вторжения в Афганистан. Сразу после ссылки Сахарова зам. председателя КГБ генерал Цвигун заявил, что диссидентского движения в Советском Союзе больше нет, эта проблема решена.

Однако стабильность брежневской системы была обманчивой. Страна вновь начала и экономически и технологически безнадежно отставать. Гиперцентрализованные структуры плановой экономики усили-

---

26   Цит. по: Московские Новости. 27.09.1992. С. 21.
27   Солженицын, Александр: Публицистика. Статьи и речи. Вермонт-Париж, 1989. С. 203 и сл.// Собрание сочинений. Т. 9.

вали бюрократическую окостенелость режима, дух инноваций все больше подавлялся. Эти явления вели к резкому замедлению темпов хозяйственного роста. В 1966-1970 гг. среднегодовой рост национального дохода составил 7,7 %, а в 1979-1982 — только 3,1%.[28] Был достигнут предел так называемого «экстенсивного роста» — без повышения производительности труда и капитала. Советская экономика теперь должна была перейти к «интенсивному росту», чтобы остаться конкурентоспособной на уровне отношений Восток-Запад. Между тем существующая система оказывалась все менее способной к такого рода качественному скачку. И ей было все труднее мобилизовать население на энергичную деятельность во имя коммунистических идеалов, поскольку в период так называемого застоя почти никто не принимал всерьез коммунистические идеи — ни правящий слой, ни подчиненные. Вначале западные исследователи не замечали в таком развитии опасности для стабильности коммунистического режима. Некоторые, наоборот, даже исходили из того, что теперь коммунизм под натиском современности становится все более технократичным и прагматичным и тем самым приобретает сходство с современными западными индустриальными обществами. Так родилась теория конвергенции. Но сторонники этой теории упустили из виду, что в случае коммунистических режимов речь шла об идеократиях, сердцем которых является изощрённая идеологическая система, которая вынуждена непрерывно приспособляться к требованиям времени. Радикальное изменение этой системы казалось неизбежным, но господствующая бюрократия панически этого боялась. Ни одно предыдущее московское руководство не воплощало принцип status-quo в таком масштабе, как брежневская команда. В эпоху электроники и глобальной коммуникации Советский Союз превратился в живой анахронизм, в бюрократический «рай», основанный на всепроникающей регламентации и опеке. Брежнев был серьезно болен с 1974 года, и введённый им аппаратный стиль руководства полностью соответствовал желаниям властвующей элиты. Ей нужен был не руководитель, а рупор ее собственных

---

28 Hildermeier, Manfred: Geschichte der Sowjetunion. 1917-1991. Entstehung und Niedergang des ersten sozialistischen Staates. München, 1998. С. 886; Гайдар, Егор, Гибель империи. Уроки для современной России. С. 145, 259.

интересов, и в таковом качестве Брежнев ее полностью устраивал.[29] Федор Бурлацкий позднее писал, что люди, которые находились в окружении Брежнева, желали единственного — чтобы он жил вечно.[30]

Такой чрезвычайно активный генеральный секретарь, каким оказался преемник Брежнева Андропов только мешал правящей элите. Дисциплинарные мероприятия Андропова, который сместил 18 министров и 37 региональных партийных руководителей, вызвали недовольство бюрократической номенклатуры.[31] Поэтому в марте 1984 года, после смерти Андропова, который половину своего срока руководил с больничной койки, она с облегчением восприняла избрание генеральным секретарем безвольного и престарелого Константина Черненко.

Как показатель страха партийной олигархии перед принципиальным изменением системы весьма символичен тот факт, что во главе сверхдержавы в первой половине восьмидесятых годов стояли три смертельно больных лидера, которые были более озабочены борьбой с собственными недугами, чем проблемами руководства. Только с третьего захода Политбюро решилось на смену поколений — проголосовало за самого молодого члена, тогда 54-летнего Михаила Горбачева.

Контуры горбачевской программы выявились достаточно рано. Уже из его речи на пленуме ЦК, с которой он выступил через месяц после прихода к власти, в апреле 1985 года, а также из его высказываний в мае и июне того же года можно было понять, что его главной целью является борьба с консерватизмом брежневской системы. После полуторадесятилетнего «застоя» Советский Союз в значительной степени утратил экономическую и технологическую связь с Западом. Правда, генеральный секретарь с гордостью подчеркивал достигнутое в этот период военно-стратегическое равновесие с Соединенными Штатами. Но и это достижение, как считал Горбачев, могло со временем оказаться под угрозой из-за неразвитой инфраструктуры страны. Таким образом, горба-

29 Breslauer, G. W.: Khrushchev and Brezhnev as Leaders. Building Authority in Soviet Politics. London, 1982. C. 12; Gill, G.: Khrushchev and Systematic Development// McCauley, M. (Hg.): Khrushchev and Khrushchevism. Bloomington/Indianopolis, 1987. C. 30-45.
30 Бурлацкий, Федор: Брежнев: крушение оттепели. Размышления о природе политического лидерства// Литературная газета, 14.09.1988.
31 Кулешов и др.: Наше отечество. Т. 2. С. 535-541; Пихоя, Р.: Советский Союз. История власти 1945-1991. М., 1998. С. 417-435.

чевское руководство столкнулось с исконной русской проблемой, драматически обострившейся к началу восьмидесятых годов — как догнать быстро развивающийся и уходящий вперед Запад? Подобно всем предшествующим реформаторам, Горбачев имел своё собственное видение современной, экономически мощной России. Но в его программе бросается в глаза ее преимущественно технократический характер. Пропагандистский стиль Брежнева, рассчитанный на зрелищность, теперь осуждался, от партии и общества стали требовать больше эффективности, деловитости и дисциплины.[32] На начальном этапе новая линия была своеобразным возрождением андроповского курса. Это была попытка модернизации страны без ее либерализации. Партия должна была сосредоточить всё свое внимание на решении современных и будущих задач, но в принципиальной полемике об ошибках прошлого она не была заинтересована. Ее самокритика ограничивалась главным образом экономическими недостатками системы и её бюрократическими извращениями.[33] Конечно, подобными заявлениями она не могла произвести большого впечатления на советских граждан, привыкших к такого рода жалобам практически со времен Ленина. Разного рода дисциплинарные меры тоже не представляли для них ничего нового, и они умели прекрасно с ними управляться, то есть, уклоняться от них. Самым очевидным образом это проявилось в период кампании «Против пьянства и алкоголизма», начатой Горбачевым в мае 1985 года. Это не привело к существенному спаду алкоголизма, зато весьма сократило государственный доход, причем, на миллиарды рублей.[34] В 1988 году кампания была без особой огласки закончена. Итак, дисциплинарные меры на прежний советский манер вряд ли годились для того, чтобы существенно реформировать страну. То, что команда Горбачева относительно быстро это поняла, говорит о ее способности учиться на собственном опыте. Роль ускорителя в этом процессе переосмысления сыграла катастрофа в Чернобыле. Только после этой катастрофы, которая символизировала безнадежное состояние советской системы как таковой, программа пе-

---

32 Горбачев, Михаил: Избранные речи и статьи. М., 1985. С. 9 и сл., 18 и сл., 69-81, 109 и сл.
33 См. Политический отчет Горбачева на 27 съезде КПСС// Правда, 26.02.1986.
34 Пихоя, Советский Союз. С. 457 и сл.

рестройки начала наполняться новым содержанием. Но и здесь дело шло, скорее, об импровизированных решениях, значение и последствия которых вряд ли были очевидны для их инициатора. Пример - революционное по сути решение Горбачева апеллировать прямо к общественности. Общественность должна была оказывать постоянное давление на партийный аппарат, не желающий проводить реформы, должна была контролировать его. В июне 1986 года Генеральный секретарь заявил: «Между народом, который стремится к изменениям, который мечтает о них, и государственным руководством находится руководящая прослойка, [...] которая не желает никаких преобразований.»[35]

В системе, которая до сих пор базировалась на сплошном государственном контроле и на государственной опеке над гражданами, Горбачев хотел опереться на новый тип человека. Это должны были быть не просто исполнители приказов, а «инициативные, думающие, энергичные [люди...], которые способны самокритично оценивать состояние дел, избавляться от формализма и шаблона в работе, находить новые, неординарные решения.»[36]

Не должно быть больше неприкосновенных авторитетов и табу — заявил в 1987 году Горбачев и тем поверг страну, особенно интеллектуалов, в своего рода эйфорическое состояние. Однако он наивно надеялся подчинить им же начатое иконоборчество партийному контролю. Иллюзией оказалась и другая надежда Генсека. А именно, он исходил из того, что можно обновить коммунистическую идеологию с помощью постулированного им «нового мышления». Но в действительности «мораль классовой борьбы», составляющая ядро коммунистического мировоззрения, не может сочетаться с тезисом «приоритета общечеловеческих ценностей», который провозгласил Горбачев.[37]

В поисках причин крушения советской власти многие авторы указывают на взрывоопасную силу национальных движений. Но одни только нерусские народы вряд ли могли эту власть существенно расшатать. В борьбе против коммунистической империи они нуждались в сильном со-

---

35   См. «Nur durch Kritik und Selbstkritik können wir uns kontrollieren»// Frankfurter Rundschau, 18.09.1986.

36   Горбачев, М.С.: Перестройка и новое мышление для нашей страны и для всего мира. Москва, 1987. С. 123-124.

37   Там же. С. 149.

юзнике и им, по сути, могла быть только сама же Россия — сердце империи. Отпадение нерусской периферии от центра было бы почти невозможным без противостояния самой активной части русского общества
собственному государству и без отказа от царящей в нем коммунистической доктрины. Процессы 1989-1991 годов напоминают в этом отношении процессы 1917 года. Распад царской империи тоже произошел лишь
потому, что значительная часть русского населения отвернулась тогда
от господствующей системы. Когда Михаил Горбачев отважился отказаться от догмы непогрешимости партии, обнаружилось, что коммунистическая идея в глазах большинства населения так же дискредитирова-
на, как и идея царской власти к началу 20 столетия. Советская олигар-
хия в начале перестройки оказалась так же плохо информированной в
отношении действительного состояния нации, как это было с петербургской бюрократией в начале 20 века. Тогда некоторые представители
русского правительства вплоть до революции 1905 года считали, что
русское население страны сохраняет верность царю. Исходя из этого в
пользу крестьянства был принят закон о выборах в первую Государственную думу. В результате крестьяне проголосовали за парламент, в котором у революционных партий был явный перевес. По этому поводу
Сергей Витте саркастически заметил: Так выглядит столь превозноси-
мый консерватизм русского крестьянства![38] В противоположность своим
ошарашенным и перепуганным коллегам-министрам, Витте не питал тогда никаких иллюзий относительно мнимой верности царю русского народа.

И с таким же ужасом реагировала советская номенклатура на сокрушительные поражения, которые потерпели её руководящие представители на выборах на Съезд народных депутатов весной 1989 года.[39]

До сих пор профессиональная карьера и политическое благополу-
чие партийных функционеров зависели только от их непосредственного
начальства. А тут появился новый фактор – отношение избирателей. От
функционеров требовалось теперь умение убеждать. Поражение многих
представителей номенклатуры на выборах весной 1989 года ясно пока-

---

38 Витте, граф С. Ю.: Воспоминания. Царствование Николая II. Т. 2. Берлин, 1922.
    С. 313 и сл.
39 Gorbatschow, Michail: Erinnerungen. Berlin, 1995. С. 416 и сл.

зало неумение правящей бюрократии приспособиться к новым услови-ям.[40]

На заседании Политбюро 28 марта 1989 года, посвященном анализу результатов выборов, Лигачев заявил: «Перестройка вызвала в обществе противоречивые реакции, именно этим объясняется то обстоятельство, что избиратели проголосовали против партийных и хозяйственных работников, а также и военных. Главной причиной этого, с моей точки зрения, послужили средства массовой информации – людям буквально вдалбливали, что надо выступать против партии; а это очень опасно. В Венгрии и в Чехословакии в 1968 году тоже все начиналось со средств массовой информации».[41]

Лигачеву возразил горячий сторонник перестройки А. Яковлев: «О поражении вообще не может быть и речи. 84% избирателей пришли к урнам, а 85% избранных – коммунисты. Это стало референдумом перестройки».[42] Однако это вряд ли успокоило правящую элиту, утратившую почву под ногами.

Еще большим ударом, чем результаты выборов, явились для властных структур двухнедельные дебаты на Съезде народных депутатов в мае – июне 1989 года. Миллионы граждан, неотрывно следивших за ходом этих дебатов по телевидению, так много узнали о реальной ситуации в государстве и о недостатках существующей системы, что управлять ими как раньше стало уже невозможно.

Массовый террор, по крайней мере, на поздних стадиях развития большевистского режима, не был обязательным условием его сохранения. Классики теории тоталитаризма в этом отношении ошибались. Тотальный контроль над средствами производства также не был необходимой предпосылкой для выживания системы. Наличие сильного частного сектора в экономике во времена нэпа в 20-е годы не препятствовало единовластию большевиков. Но с чем система не могла справиться, так это с правдой о самой себе.

40   См. В политбюро ЦК КПСС ... По записям Анатолия Черняева, Вадима Медведева, Георгия Шахназарова (1985-1991). М., 2006, С. 460-464; Пихоя, Советский Союз. С. 560; Altrichter, Helmut: Rußland 1989. Der Untergang des sowjetischen Imperiums. München, 2009. С. 151-153;
41   В политбюро. С. 463; Gorbatschow, Erinnerungen. С. 416.
42   Gorbatschow, Erinnerungen. С. 417; В политбюро. С. 464.

Сопротивление правящей партбюрократии курсу Горбачева постоянно росло. Реформаторы объясняли это живучестью сталинского наследия. Московский историк Гефтер писал в середине 1988 года: «Сталин умер [только] вчера».[43] Однако не только бюрократический аппарат препятствовал перестройке. Многие сталинские нормы мышления и поведения были распространены не только среди представителей правящей элиты, но и в широких кругах населения. Некоторые авторы в связи с этим говорили о вульгарном или наивном сталинизме. Публицист Л. Карпинский в середине 1988 года объяснял этот феномен следующими причинами: «Здесь и искреннее отождествление Сталина с идеалами социализма, <...> здесь и ностальгия по своей боевой молодости, <...> здесь <...> и потребность в защите, верховной «отеческой» силе, которая накажет порок, вознаградит добродетель и все расставит по своим местам».[44]

По мнению реформаторов, самым действенным средством в борьбе со сталинской мифологией была правда о прежних преступлениях, причем правда в полном объеме, а не осторожно дозированная. Литературный критик И. Виноградов писал: «[Правда] о реальности так же неделима и целостна, как и сама реальность. «Порционная» или «поэтапная» правда о ней – это всего лишь в лучшем случае полуправда, <...> то есть правда, соединенная с какой-то дополняющей ее ложью. А правда *приправленная ложью*, это уже, простите, что угодно, но только не п р а в д а».[45]

Но из-за этого стремления к «полной правде» те сторонники перестройки, которые пытались бороться со сталинизмом при помощи ленинских идей, оказались перед серьезной дилеммой, так как эйфорические поиски правды, охватившие всю страну, начали расшатывать и ленинский монумент. Постепенно становилось ясно, что плюрализм и открытое общество несовместимы с ленинскими принципами, поскольку сущностью ленинизма было пренебрежение элементарными демократическими нормами. Возвращение к Ленину едва ли можно было связать с

---

43 Гефтер, Михаил: «Сталин умер вчера ...» // Иного не дано. М., 1988. С. 297-329.
44 Карпинский, Лен: Почему сталинизм не сходит со сцены? // Иного не дано. С. 654.
45 Виноградов, Игорь: Может ли правда быть поэтапной? // Иного не дано. С. 279.

долгожданной свободой. Эйфория, связанная с именем Ленина, в публицистике времен перестройки постепенно сходила на нет. Все чаще созданная Лениным в ходе гражданской войны в России система военного коммунизма воспринималась как предтеча сталинской командной системы. Экономист В. Селюнин писал, например, в мае 1988 года: «Факты неопровержимо доказывают, что ликвидация кулачества состоялась именно в годы «военного коммунизма», а не на рубеже 20-х – 30-х годов».[46]

Такого рода высказывания чрезвычайно беспокоили консервативные силы в партии, реакция которых на разоблачение преступлений большевизма представляла собой смесь возмущения и паники: «Антиленинские идеи в последнее время широко стали распространяться в нашей партии и стране, – сетовал директор института марксизма-ленинизма при ЦК КПСС Г. Смирнов на заседании Идеологической комиссии ЦК от 26 января 1990 года. – Хождение получила так называемая «доктринальная концепция», согласно которой все бедствия, пережитые страной, <...> имеют общие причины – гипертрофию классовой борьбы и утопический характер социалистических устремлений Маркса и Ленина».[47]

А председатель Госкомитета СССР по телевидению и радиовещанию М. Ненашев на этом же заседании добавил: «[Мы] стоим сегодня в идейном противостоянии с противниками партии и социализма, по сути, у последней черты, где самый последний рубеж – Владимир Ильич Ленин». Поэтому он считал ту «удивительную идеологическую пассивность и беспомощность», с которой партия реагировала на критику ленинизма, крайне опасной.[48]

Защитники Ленина теперь постоянно вынуждены были оправдываться, тем более что нападки на Ленина становились все острее. Один из приверженцев перестройки, философ А. Бутенко писал в «Правде» в

---

46   Селюнин, Василий: Истоки // Новый мир. 5, 1988. С. 167, 169.

47   См. Советская Россия, 1 февраля 1990.

48   Там же; см. также Волобуев, П.: К вопросу о закономерности Октябрьской революции // Октябрь 1917: Величайшее событие века или социальная катастрофа? М., 1991. С. 13-18; Булдаков, В.: Путь к Октябрю // там же. С. 19-49; Поляков, Ю.: Наше непредсказуемое прошлое. М., 1995. С. 28, 35-36, 169; Черняев, Анатолий: Шесть лет с Горбачевым. По дневниковым записям. М., 1993. С. 342-343.

феврале 1990 года: «[В большевистском наследии] нет того образца партии, который нам сегодня необходим... [Ведь] ленинская партия, партия нового типа, была и осталась инструментом борьбы за политическую власть, <...> других задач [она] не решала... У советских коммунистов никогда не было не только опыта демократического управления страной, но и практики конкурентной борьбы с другими партиями».[49] Через месяц историк Ю. Афанасьев выступил против Ленина еще более беспощадно: «Если наш вождь и основатель действительно заложил основу чего-то, так это возведение в принцип государственной политики массового насилия и террора».[50]

Примерно в то же время Горбачев, в конце концов, решил изменить первоначальную формулировку 6 статьи Конституции, которая закрепляла руководящую роль КПСС. Сначала это произошло на Пленуме ЦК в феврале 1990 года, а затем, уже окончательно, на III Съезде народных депутатов в марте 1990 года.[51]

Накануне распада Советского Союза среди российского общества разгорелась острая борьба вокруг наследия дискредитированной коммунистической идеи. Она велась с такой остротой, что в Москве ее даже окрестили «духовной гражданской войной». Важнейшими противоборствующими сторонами в этой полемике были, с одной стороны, «национал-патриотические» силы, а с другой — прозападно настроенные реформаторы. Основной целью реформаторов, как они заявляли, была «нормализация страны, ее возвращение в Европу». Для них главным было не сохранение гегемониальных позиций России в Европе и мире, а ее демократическое обновление. По мнению же национал-патриотов это противоречило фундаментным интересам страны. Один из ведущих идеологов «национально-патриотического лагеря», Александр Проханов, писал в 1990 году: «Впервые не только в истории отечества, но и мира, мы видим, как государство рушится не в результате внешних уда-

---

49 Правда, 28 февраля 1990.
50 Известия, 14 марта 1990.
51 См. В политбюро. С. 566, 576-577; Пихоя, Советский Союз. С. 578-580; Simon, Gerhard/Simon, Nadja: Verfall und Untergang des sowjetischen Imperiums. München, 1993. С. 79.

ров [...], или стихийных бедствий, а в результате целенаправленных действий [его] вождей.»[52]

Несмотря на страстные выступления в защиту русских интересов, воинствующим националистам все же не удалось достичь большого успеха. Подавляющее большинство населения дало им резкий отпор. Это с особой силой показали президентские выборы 12 июня 1991 года, когда Борис Ельцин сразу в первом же туре получил 57% голосов.[53] То есть нация, которая в глазах многих наблюдателей была по определению имперской, выбрала своим первым демократически легитимированным главой политика, совершенно четко отказавшегося от имперской идеи. Гегемонистские структуры советской империи оказались подорванными в самом чувствительном месте — в Центре. От этого удара они не смогли больше оправиться. Накануне распада Советского Союза российские демократы стали важнейшими союзниками республик, стремящихся к независимости. После кровавых событий в Вильнюсе и Риге в январе 1991 года, когда советские догматики попытались повернуть колесо истории вспять, сотни тысяч москвичей вышли с протестом на улицы. Достаточно вспомнить, как после насильственного подавления демократического движения в Праге в августе 1968 года всего семь советских правозащитников отважились появиться на Красной площади, чтобы продемонстрировать свое несогласие с действиями правительства. Борис Ельцин, выбранный в середине 1990 года председателем российского парламента, поспешно отправился в январе 1991 года в Прибалтику, чтобы заявить о своей солидарности с малыми соседями России.

Весной 1991 года польский публицист Йозеф Кусмерек направил Борису Ельцину открытое письмо со словами: «Для поляков Вы — первый российский политик, который говорит от имени России, а не от имени российской империи [...] Для меня Вы символизируете Россию, которую я, как поляк, не должен опасаться.»[54]

---

52   Наш современник. 3, 1990.
53   Ельцин, Борис: Записки президента. М., 1994. С. 50-52; Пихоя, Советский Союз. С. 644; Colton, Tymothy J.: Yeltsin. A Life. New York, 2008. С. 192.
54   Kuśmierek, Józef: Szanowny panie Jelcyn // Gazeta Wyborcza, 2.04.1991. С. 12.

От этой эйфории в сегодняшней Варшаве осталось не так уж много. В отношении восточного соседа преобладает скепсис. Отрицательное отношение Москвы к распространению НАТО на территории Восточной Европы воспринимается и в Варшаве и в других столицах региона как своего рода возвращение к прежней советской доктрине ограниченного суверенитета восточноевропейских государств.

Когда Борис Ельцин и его единомышленники в августе 1991 года упраздняли коммунистическую диктатуру, а в декабре 1991 — советскую империю, они боролись не только под флагом демократии, но и под национально-российским флагом. Эйфорическое настроение, которое распространилось в Москве сразу после подавления коммунистического путча в августе 1991 года, чрезвычайно напоминало атмосферу, царившую во Франкфуртской Паульскирхе в 1848 году, когда идея свободы и идея нации образовали некий симбиоз. Однако не стоит забывать, в каком направлении развивалось дальше немецкое национальное движение. Для изменения его тенденции показательны знаменитые дебаты по польскому вопросу в Паульскирхе в июле 1848 года. До того момента солидарность с угнетенными поляками была своего рода лакмусовой бумажкой для либеральных, точнее, революционных убеждений в Европе и Германии. Но сразу после победы в 1848 году эта солидарность явно охладилась. Национально ориентированные революционные группировки, поставленные перед выбором между так называемой политикой принципов и политикой интересов, как правило, выбирали последнее. Перспектива восстановления независимого польского государства влекла за собой территориальные потери для Германии, и поэтому польский энтузиазм немецкой революции быстро сошёл на нет. Во время упомянутых дебатов по польскому вопросу большинство депутатов приняло решение в пользу «здорового национального эгоизма», и против «сентиментального космополитического идеализма», то есть, против Польши.[55]

---

55   См. Nipperdey, Thomas: Deutsche Geschichte 1800-1866. Bürgerwelt und starker Staat. München, 1983. С. 627-630; Gollwitzer, Heinz: Europabild und Europagedanke. Beiträge zur deutschen Geistesgeschichte des 18. und 19. Jahrhunderts. München, 1964. С. 262; Wehler, Hans-Ulrich: Deutsche Gesellschaftsgeschichte. Zweiter Band. Von der Reformära bis zur industriellen und politischen «Deutschen Doppelrevolution». München, 1987. С. 743 и сл.

Похожие процессы начались в России после устранения КПСС от власти. Победившие демократы начали все чаще говорить о национальных интересах России и все реже — о солидарности с малыми народами. Многие демократы, выступавшие в августе 1991 года за «возвращение России в Европу», после подавления коммунистического путча вспомнили об «особом русском пути развития». Защитники прозападного курса, в первую очередь министр иностранных дел Андрей Козырев, изображались их оппонентами как беспочвенные политики, оторванные от традиций собственной страны. Вскоре после устранения КПСС от власти один из ближайших соратников Ельцина, Евгений Кожокин, сказал: «Придя к власти, западники должны перестать быть западниками. Западником можно быть только в оппозиции»[56]

Экономические идеи прозападных кругов в правящем лагере тоже все сильнее подвергались критике со стороны поборников национального возрождения в руководящей элите. Это прежде всего относилось к экономической «шоковой терапии», которая за короткий срок сократила прожиточный уровень населения почти наполовину. Ее инициаторов, объединившихся вокруг министра финансов Гайдара, упрекали в механическом заимствовании западной экономической модели. Как выразился один критик, возникает впечатление, что те российские политики, которые определяют сейчас ход реформ, игнорируют само собой разумеющуюся истину, а именно, что любой реформатор должен учитывать не только экономические законы, но и нравственные представления общества.

Итак, непосредственно после окончания холодной войны, возникла угроза новой конфронтации Восток-Запад. В Москве начали почти в прежней манере говорить об агрессивности Североатлантического альянса, на Западе, в свою очередь, вновь заклинали русскую угрозу. Это возобновление конфликта Восток-Запад по сути не имело идеологических причин. После распада коммунистической диктатуры в августе 1991 в России так или иначе стали внедряться многие западные ценности. Подавленные в советское время принципы рыночной экономики и открытого общества все больше укоренялись в России. Всё это является важ-

---

56   Московские Новости, 16.08.1992.

ной причиной, почему ельцинская система так радикально отвергалась коммунистически-националистической оппозицией. Правда, новая Россия была крайне неустойчивой и подверженной кризисам, но не могло быть никакого сомнения в том, что политическая, экономическая и общественная система в стране принципиально изменилась с августа 1991 года. Даже начавшаяся в декабре 1994 года «первая» чеченская война, вопреки многим опасениям, не привела к реставрации прежнего режима. Правозащитник Сергей Ковалев, который принадлежал к непримиримейшим противникам чеченской войны, и который многими на Востоке и на Западе воспринимается как «совесть России», сказал в мае 1995 года — то есть, через полгода после начала войны: «Мы говорим, что хотим, [...] читаем тоже, что хотим. А это, поверьте, совсем немало.»[57]

Итак, в основе нового конфликта между Востоком и Западом лежали не идеологические различия, а совершенно иные причины. Не в последнюю очередь тот факт, что Запад с одной стороны, а Россия с другой пошли в конце 20-го столетия противоположными политическими путями. На Западе постоянно углублялась интеграция, Россия же, напротив, уходила во все бóльшую изоляцию. Разрушительный опыт двух мировых войн привел Запад к сущностному изменению политической культуры. Здесь, наконец, осознали, что «обожествление» национальных интересов, присущее мировоззрению 19 столетия, ведет в тупик. Этот опыт лёг в основу европейских процессов интеграции. С началом горбачевской перестройки эта европейская идея оказала глубочайшее воздействие и на русских демократов. Относительно мирный — ко всеобщему изумлению мировой общественности — распад Восточного блока и Советской империи не в последнюю очередь объясняется тем, что русские реформаторы отказались от брежневской доктрины и желали себя вести согласно действующим на Западе нормам. Но скоро оказалось, что принятие России в «общеевропейский дом» вовсе не стояло в повестке дня. Она была лишь частично интегрирована в экономические и политические структуры континента. Мало к чему обязывающая НАТОвская программа «Партнерство ради мира» была не в состоянии вывести Россию из положения аутсайдера. В то время как Запад стоит на пороге постна-

---

57 Литературная газета, 31.05.1995.

ционалистической эпохи, изолированная Россия почти возвращается в 19 век и говорит о приоритете «национальных интересов». Отчасти поэтому московское руководство вплоть до недавнего времени так раздраженно реагировало на процесс распространения НАТО на Восток. Оно опасалось оказаться в окружении новой буферной или «санитарной» зоны.

Еще недавно на Востоке и на Западе подчеркивалось, что в холодной войне не было победителей и побежденных. Но теперь в России распространяется ощущение проигрыша в этой войне. Неудивительно, что здесь сейчас возникает синдром «побежденной великой державы», который напоминает «Версальский синдром» немцев после проигранной первой мировой войны. В России, также как в свое время в Веймарской республике, начинаются поиски виновных в поражении, а это в обоих случаях — прозападно настроенные группировки.

За свою мнимую уступчивость Западу команда Ельцина непрерывно выслушивала обвинения национал-патриотической оппозиции в измене интересам страны. Так было и во время войны в Косово. Сразу после начала НАТОвских бомбардировок один из лидеров национал-патриотов, Сергей Бабурин, призвал страну к действиям. По его мнению, время словесных баталий с НАТО прошло: «Бомбардировки Белграда означают переворот в мировом порядке. Это не просто разрушение Потсдамской системы европейской безопасности. Это начало заката Европы, это крах США как мирового морального лидера [...] 50 лет мира в Европе — это заслуга Варшавского Договора. Когда он существовал, Европа, даже несмотря на «холодную войну», была мирной. [...] Пора действовать. Ведь сегодня в Югославии происходит то, что будет завтра в России. Если мы не хотим, чтобы натовские ракеты взрывались на Кавказе или в Поволжье, нам нужно пресечь их полет на Балканах».[58]

Газета «Завтра» же считала войну в Косово своеобразной генеральной репетицией предстоящего похода НАТО на Россию: «Многим нашим обывателям казалось, что отодвинув Россию из Европы в Скифию, западные страны о ней забыли. Продырявленная грызунами система со-

---

58   Московские Новости 30.03.1999. С. 4.

циализма рухнула и началось движение цивилизованных гуннов на Восток. [...Лишь] Югославия этому движению мешает.»[59]

Эти примеры, которые можно умножать, наглядно свидетельствуют, под каким нажимом находилось в конце 90х годов московское руководство. Авторитетные оппозиционные круги не были заинтересованы в продолжении диалога с Западом. Они, наоборот, мечтали о реванше и хотели отомстить победителям в холодной войне за все унижения, перенесенные Россией в последние годы. В качестве одного из важнейших идеологов русского реванша выступает публицист Александр Дугин, чей журнал «Элементы» (1992-1998) оказывал большее влияние на национал-патриотический лагерь. Здесь в концентрированной форме формулировались стратегии возмездия, которые в других оппозиционных печатных изданиях подаются, так сказать, в разжиженном виде. Издатели журнала не желали примириться с окончательной победой своих западных соперников. Они призывали к реваншу, чтобы смыть позор победой над всеми западными противниками. Журнал идеализировал войну и насилие. Он перенял концепцию веймарского правоведа и радикального врага демократии Карла Шмитта, для которого важнейшим политическим критерием было разделение на друзей и врагов. «Элементы» тоже считали такое разделение альфой и омегой политики. К врагам они относят: «...новый мировой порядок, открытое общество, мировое правительство, планетарный рынок, общечеловеческие ценности».[60]

Все противники этих «врагов» переводятся в категорию «друзей». Примирение между обоими лагерями невозможно: «Между ними только вражда, ненависть, жесточайшая борьба по правилам и без правил, на уничтожение, до последней капли крови. Между ними горы трупов [...] Кто скажет последнее слово? [...] Кто всадит последнюю пулю в плоть поверженного врага? Они или мы? [...] Это решит война. «Отец всех вещей»».[61]

По мнению издателей журнала, перед Россией стоит альтернатива: или она превратится в придаток другой сверхдержавы, или восстановит

---

59   Хайрюзов, Валерий: Тьма над Балканами // Завтра. 21,1999. С. 5.
60   Рука так и тянется к кобуре // Элементы. 7, 1996. С. 2.
61   Там же; см. также: Дугин, Александр: Парадигма конца // Элементы. 9, 1998. С. 69.

свой прежний статус гегемона. Но в отличие от бесчисленных имперских мечтателей в сегодняшней России, издатели журнала не хотели удовлетвориться только возрождением бывшего состояния. Реставрация прежних границ российской империи представляла для них лишь первую ступень стратегического плана. Потому что подлинной целью восстановленной империи должна быть борьба с мировой гегемонией Америки, то есть борьба за мировое господство, последний и решительный бой. Эта позиция сильно напоминает установки радикального крыла веймарской «консервативной революции» представители которого считали мировое господство единственным средством, способным компенсировать страдания немцев: «Для народа перенаселенной страны завоевание земельного пространства [есть] единственная возможность реально осуществить свою жизнь», — писал один из влиятельнейших мыслителей «консервативной революции», Меллер ван ден Брук, в своей книге «Третий Рейх» (1923).[62] Десятью годами позже «реально существующий» третий рейх начал осуществлять эту программу. Итак, в случае с идейным багажом «Элементов» речь однозначно идет об импортном продукте.

Как реагируют представители политического истеблишмента современной России на такого рода идеи? Понимают ли они их деструктивный характер? Представляется, что не все. Научным консультантом книги Александра Дугина «Основы геополитики», которая содержит вышеупомянутые идейные заявления, был заведующий кафедрой стратегии Военной Академии Генштаба Российской Федерации Н. П. Клокотов. Это сочинение издатели даже возводят в ранг учебника, который будет «незаменимым справочником для всех тех, кто принимает решения в важнейших сферах российской политической жизни...».[63]

Соседям и партнерам России становится все труднее разделять высказывания руководящей элиты и лидеров «национально-патриотической» оппозиции. Почти все политические группировки страны взывают к национальным интересам России и говорят о ведущей роли Москвы в границах прежнего Советского Союза.

---

62   Moeller van den Bruck, Arthur: Das Dritte Reich. Hamburg, 1931. С. 63, 71 и сл.
63   Дугин, Александр: Основы геополитики. Геополитическое будущее России. М., 1997.

Но нельзя забывать и того, что политические круги, которые с августа 1991 года находятся в России у власти, несмотря на свою антизападную риторику, способны и к прагматическим внешнеполитическим действиям. Они доказали это во время кризиса в Косово, но более всего — после апокалиптических терактов 11 сентября в Нью-Йорке и Вашингтоне. Через две недели после этих событий «Независимая газета» писала, что в своей готовности оказать конкретную поддержку США в борьбе с терроризмом российский президент Владимир Путин пошел дальше, чем многие члены НАТО. Путин здесь даже превзошел ближайших союзников Вашингтона, англичан.[64] Но именно этот курс российского руководства вызвал возмущение национал-патриотической оппозиции. Культуролог и публицист Александр Панарин считал, что российская власть изменяет национальным интересам и проявляет совершенно излишнюю солидарность с победителями в «холодной войне».[65] А глава компартии Зюганов добавил, что Запад хотел бы втянуть Россию в войну со всем исламским миром. Американцы, по его словам, могут в любую минуту покинуть этот регион. А для России это невозможно. Она геополитически прикована к исламскому миру. И тотальная конфронтация с ним может привести к катастрофическим последствиям для страны.[66] Вопреки всем этим предостережениям, политический истеблишмент в Москве осторожно-опасливо проводил непосредственно после терактов 11-го сентября 2001 г. прозападный курс. Председатель внешнеполитического комитета Государственной Думы Дмитрий Рогозин и бывший министр иностранных дел Андрей Козырев даже выступили за возобновление российско-западного альянса времен Второй мировой войны. Перед лицом смертельной угрозы, исходящей от международного терроризма, такого рода консолидация сил была бы вне всякого сомнения необходимой. По сравнению с этой опасностью противостояние Востока и Запада отходит, скорее, на второй план, утверждали они.[67]

Хотя несколько лет спустя, особенно после победы «цветных революций» в Грузии и в Украине и после русско-грузинской войны августа

---

64   Волкова, Марина // Независимая газета, 26.09.2001.
65   Панарин, Александр: Раскол // Литературная газета, 19.09.2001.
66   Независимая газета, 25.09.2001.
67   Литературная газета, 19.09.2001. С. 2; Московские новости, 2.10.2001. С. 9.

2008 года отношения между Россией и Западом вновь обострились, обе стороны отдают себе отчет в том, что только совместно они в состоянии решать самые насущные проблемы мировой экономики и безопасности и что обе части Европы, точнее, северного полушария, вынуждены постепенно срастаться, несмотря на взаимное недоверие. Однажды России уже удалось прорвать свою изоляцию и стать полноправным членом европейского сообщества. Это произошло в начале 18 столетия, вследствие реформ Петра Первого. Но в 1917 году она выпала из этого сообщества на семь десятилетий — если не считать краткого, четырехлетнего периода антигитлеровской коалиции. Будет ли начатое Горбачевым «возвращение страны в Европу» длительным процессом, станет ли новая встреча Востока и Запада для европейской культуры в целом столь же плодотворной, как в эпоху Достоевского и Толстого — это пока открытый вопрос.

Авторизованный перевод с немецкого Натальи
Бросовой и Ларисы Лисюткиной

I.3 Была ли русская революция «русской»? О книге Александра Солженицына «Двести лет вместе (1795-1995)». 2 тт. М.: «Русский Путь», 2001-2002.

Отождествление русской революции и большевизма с еврейством — один из излюбленных тезисов русских правых. При помощи этого тезиса стараются «дерусифицировать» 1917 год. Крушение царской монархии истолковывается как результат злокозненных действий «ненавистников России», прежде всего евреев. Это они будто бы отравили богобоязненный русский народ революционной пропагандой, подстрекательски настроили его против начальства. Добро и зло, таким образом, тщательно разграничены по расовому критерию.

Какую же роль на самом деле играли евреи в русской революции? Насколько велико было их участие в свержении царского режима, насколько тесной - связь еврейства с большевизмом? Все эти вопросы находятся в центре внимания автора этой двухтомной монографии.

Книга представляет собой нечто вроде гибрида защиты и обвинения. В первом томе Солженицын страстно защищает «униженную и оскорблённую» империю Романовых от «предвзятости» тех, кто её критикует, причём с особым пылом клеймит еврейских критиков. Во втором томе автор занят главным образом обвинением евреев.

В апологетической части книги автор вновь и вновь старается релятивировать политику притеснений, которую царские правительства последовательно проводили в отношении еврейского населения страны. Он стремится представить эту политику как можно безобидней. Даже в изображении еврейских погромов прослеживается всё та же релятивирующая тенденция. Так, например, Солженицын решительно выступает против часто выдвигаемого в литературе тезиса о том, что погромы подогревались некоторыми представителями царских властей с целью переключить недовольство социально ущемлённых низших слоёв на старинного и традиционного козла отпущения. Мысль эта, по мнению автора монографии, не имеет ничего общего с действительностью. Это попросту выдумка ненавистников России разного пошиба, и прежде всего - самих евреев. На самом деле, утверждает он, еврейские погромы были выражением стихийного народного недовольства. Первая большая волна погромов, прокатившаяся после убийства либерального царя Александра II, - убийцами были члены террористической организации «Народная Воля», в которой евреи не играли сколько-нибудь заметной роли, - была якобы вызвана яростью крестьян в западных губерниях России, где крестьянство, по мнению автора, издавна угнетали евреи-арендаторы. Без всяких комментариев Солженицын цитирует в этой связи высказывание писателя Глеба Успенского: «Евреи были избиты именно потому, что наживались чужою нуждой, чужим трудом, а не вырабатывали хлеб своими руками» (т. 1, с. 193).

Исключительно жестокий кишинёвский погром 1903 года, согласно Солженицыну, был тоже результатом внезапной вспышки народного гнева. Поводом якобы послужил слух о «ритуальном еврейском убийстве». Что касается погромов в Киеве и Одессе (1905 г.), то тут народную душу всколыхнуло, как утверждает автор, то обстоятельство, что евреи, настроенные революционно, оскорбили священные для народа религиозные и политические символы.

Итак, для каждого погрома у Солженицына находится объяснение.

Он даже считает необходимым подчеркнуть, что после убийства председателя Совета министров Петра Столыпина не было ни одного еврейского погрома. То, что еврейские газеты не отметили этот факт достойным образом, автор считает непростительным упущением.

Правительственным силам общественного порядка Солженицын даёт весьма снисходительную оценку. Он может их от случая к случаю упрекнуть в несостоятельности - но уж никак не в злой воле. А те, кто это делает, кто обвиняет власти в злонамеренности, зачисляются в категорию «ненавидящих Россию».

Но постепенно тон Солженицына меняется. В главах, описывающих предысторию русской революции, апология сменяется гневным обвинением. Жертвенная участь евреев в империи Романовых ставится автором вновь и вновь под сомнение. Но тем настойчивей подчеркивается их якобы особая роль разрушителей основ, на которых покоилась дореволюционная Россия.

Уже в своём анализе погромов в Киеве и Одессе автор монографии рисует картину верноподданных и богобоязненных народных масс, которые с возмущением реагируют на святотатство еврейских революционеров, замахнувшихся на священные для народа религиозно-политические ценности. Отвечает ли эта картина действительности? Едва ли. Революция 1905 г. показала, что династия Романовых в значительной степени утратила свою укоренённость в сознании беднейших слоёв общества. Теперь эти массы двинулись по пути, которым шли уже несколько поколений образованных слоёв России. Вера в царя оказалась подорванной и в простом народе; образовался вакуум, который заполнила квазирелигиозная вера в целительную силу революции. От революции, а не от царя ожидало теперь большинство русских крестьян устранения всех социальных несправедливостей и прежде всего решения аграрного вопроса. На выборах в Первую, а ещё больше - во Вторую Государственную Думу (1906 и 1907 годы) крестьяне, якобы преданные трону, чуть ли не сплочёнными рядами отдали свои голоса революционным партиям, а вовсе не консервативным. Опьянение революционной идеей охватило в начале XX века широкие слои русского населения. Охранительные силы стремительно теряли поддержку в обществе.

Почему же Солженицын, невзирая на все эти факты, всё внимание сосредоточил в первую очередь на еврейскую составляющую русской революции? Почему внутрироссийские причины революции упоминаются лишь мимоходом? Ответ на этот вопрос даёт сам автор. Он жалуется на безграничный идеализм наивной русской интеллигенции, на её чрезмерное чувство солидарности с евреями, населяющими империю: «Не получили евреи равноправия при царе, но – отчасти именно поэтому – получили руку и верность русской интеллигенции. Сила их развития, напора, таланта *вселилась* в русское общественное сознание. Понятия о наших целях, о наших интересах ... мы слили с их понятиями» (т. 1, с. 475).

Иначе говоря, речь идёт у Солженицына не об обрусении еврейской интеллигенции, не об ее увлечении идеями Чернышевского, Писарева,

Андрея Желябова, а о том, что объевреилась русская интеллигенция. В то же время полное отождествление евреев с русским народом, с русскостью для него, по-видимому невозможно: «Могли ли они чувствовать себя вполне, без остатка русскими по духу?» - задает он риторический вопрос и добавляет: «Могли ли интересы государственной России в полном объеме и глубине – стать для них сердечно близки?» (т. 1, с. 454).

Правда, время от времени Солженицын отступает от упомянутых выше постулатов. Например, он указывает, что из семи авторов сборника «Вехи» (1909 г.), сыгравшего ключевую роль в духовной истории России, трое были евреями. Но подобные высказывания мало что меняют в основном направлении книги - отношении автора к российским евреям как к чужеродному телу, по существу не поддающемуся интеграции. Вот почему он выставляет мнимое самоотождествление русской интеллигенции с евреями как своего рода измену национальным интересам России.

Солженицына не смущает тот факт, что, по убеждению таких русских мыслителей, как Бердяев, Федотов, Степун, равно как и преобладающего большинства западных историков, подлинная драма русской революции разыгралась внутри основного населения - русского народа. Вообще книга «Двести лет вместе» - не «классическое» научное исследование, но скорее идеологическое выступление, цель которого, видимо, прежде всего - обосновать некоторое умозрительное построение. С помощью частичной «дерусификации» русской трагедии, переложив главную вину на инородцев, автор хочет, судя по всему, укрепить потрясённое самосознание нации. Сомнительно, достигнет ли этой цели созданная им схема, чрезвычайно упрощающая весьма сложные исторические процессы.

Во втором томе своей монографии Солженицын ещё энергичней старается представить русскую революцию как «нерусскую». Он согласен называть русской только демократическую фазу начавшегося в 1917 году переворота - Февральскую революцию. Но и в этой ранней фазе он констатирует зловещую роль евреев-социалистов, будто бы использовавших могущественный Центральный Исполнительный комитет Петроградского совета (ЦИК) для того, чтобы повернуть революцию на путь растущего радикализма. Он подчеркивает, что наряду с евреями в комитете заняли непропорциональное место другие инородцы - кавказцы, литовцы и поляки. Губительную для России радикальность этого органа власти Солженицын объясняет преимущественно нерусским составом руководства советами.

Это утверждение автора книги ставит реальное положение вещей с ног на голову. Ведь именно этот, якобы нерусский ЦИК в первые месяцы Февральской революции прилагал усилия к тому, чтобы утихомирить радикально-революционный порыв, который охватил тогда широкие слои именно русского народа. Ради того, чтобы, действуя совместно с буржуазно-либеральными силами, ввести в определённые рамки эту волну анархии, умеренные руководители советов даже вступили в начале мая 1917 г. во Временное правительство. Потому-то Петроградский совет и утратил популярность в массах. Они всё меньше прислушивались к уговорам умеренных социалистов, призывавших к сдержанности. «Массы испытывают нечто вроде инстинктивного страха, что революция окончится слишком рано, - пишет в этой связи первый министр иностранных дел Временного правительства Павел Милюков. - У них такое чувство, что революция окончится ничем, если верх одержат одни лишь умеренные элементы».[1] И отнюдь не случайно такие ленинские призывы, как «грабь награбленное» или «немедленно прекратить империалистическую войну», нашли у русских крестьян и солдат куда более сочувственный отклик, чем предостережения умеренного руководства советов от чересчур радикальных требований, от слишком радикальной тактики.

«Открытостью души навстречу всем вихрям революции, Ленин до конца слился с самыми темными, разрушительными инстинктами народных масс», - пишет философ, активный участник тогдашних событий Фёдор Степун.[2] Это наблюдение Степуна совпадает с высказываниями многочисленных свидетелей той поры. Оно показывает, что «русской», вопреки тезису Солженицына, следует называть не только Февральскую революцию, но и Октябрьскую.

---

1   Miljukov, Pavel: Rußlands Zusammenbruch. 2 тома. Stuttgart, 1925-1926. Т. 1. С. 25.
2   Степун, Федор: Сбывшееся и несбывшееся. 2 тома. New York, 1956. Т. 2. С. 104.

После захвата власти большевиками ситуация, по-видимому, основательно изменилась. Под лозунгом «пролетарского интернационализма» большевистское руководство установило режим жестокого террора. От этой политики отшатнулось подавляющее большинство населения страны. Но почему же тогда большевики оказались в конечном счёте бесспорными победителями в Гражданской войне, почему им удалось сломить сопротивление «белых», боровшихся от имени России с «красной» диктатурой? Убедительное объяснение такого исхода событий дал один из лидеров меньшевиков Федор Дан непосредственно после окончания гражданской войны: Вопреки глубокому недовольству советской властью, «[крестьяне] все силы отдают на то, чтобы отразить самую возможность возвращения старого помещика и старого царя». Это и послужило, по мнению Дана, решающим фактором победы большевиков.[3]

Однако не только большинство русских крестьян видело в большевиках меньшее зло по сравнению с Белыми армиями; точно так же были настроены национальные меньшинства (составлявшие в начале ХХ века около 56 процентов населения империи), в том числе и многие евреи. Белые, боровшиеся за «единую и неделимую» Россию, решительно отвергали какие-либо уступки национальным меньшинствам. В этом отношении они были даже категоричней большевистских доктринёров. И за эту свою категоричность белым антагонистам красной диктатуры пришлось дорого заплатить. Но не менее трагичной была судьба тех социальных слоёв, народностей и группировок, которые восприняли большевиков как «меньшее зло». После поражения белых они оказались целиком и полностью отданными на произвол большевиков. Новый режим не подлежал никакому общественному контролю. Да и у самой партии, которая в октябре 1917 года установила первую тоталитарную диктатуру в новейшей истории, двадцать лет спустя, в годы Большого террора (1936-1938 гг.), был переломлен хребет. Ещё через десять лет, во время кампании по «борьбе с космополитизмом», коллективной персоной нонграта были объявлены евреи. В результате большевистского переворота Россия знала лишь проигравших. Один социальный слой за другим, одна национальность за другой использовались режимом с тем, чтобы в

---

3   Наше отечество. 2 тома. Москва, 1991. Т. 2. С. 67.

конце концов быть вышвырнутыми на «мусорную свалку истории»: крестьяне-бедняки, среднее крестьянство (середняки), промышленные рабочие, кронштадские матросы, царские офицеры, евреи, латыши, грузины и т.д.

Ответственность за эту трагическую главу российской истории в большей или меньшей степени несут все игравшие сколько-нибудь важную роль социальные слои и народности Российской империи, и попытка Солженицына возложить вину за эту трагедию в первую очередь на «антирусски настроенные» группы и, в частности, на евреев, имеет мало общего с трезвым историческим анализом. Значительно ближе к истине был эмигрант и идеолог в других отношениях небесспорного сменовеховского движения Николай Устрялов, когда в 1921 г. следующим образом охарактеризовал переворот 1917 года и его последствия: «Нет, ни нам, ни «народу» неуместно снимать с себя прямую ответственность за нынешний кризис ... Он наш, он подлинно русский, он весь в нашей психологии, в нашем прошлом ... И если даже окажется математически доказанным, как это ныне не совсем удачно доказывается подчас, что девяносто процентов русских революционеров - инородцы, главным образом евреи, то это отнюдь не опровергает чисто русского характера движения. Если к нему и прикладываются чужие руки, душа у него, «нутро» его, худо ли, хорошо ли, все же истинно русское – интеллигентское, преломленное сквозь психику народа. Не инородцы-революционеры правят русской революцией, а руская революция правит инородцами-революционерами, внешне или внутренне приобщившимися «русскому духу» в его нынешнем состоянии».[4]

Перевод с немецкого Бориса Хазанова

(Опубл. в «Вестнике Европы», 13-14, 2004-2005)

---

4   Устрялов, Николай: Патриотика // Смена вех. Сборник статей. Прага, 1921. С. 46.

I.4 Логика сталинизма

Об Иосифе Сталине можно сказать, что он не только продолжил, но и углубил русскую революцию. Лев Троцкий назвал его «термидорианцем»[1]. В этом отношении он неверно обозначил характер сталинской системы. При сталинизме — в противоположность «Термидору» — речь ни в коем случае не шла о попытках завершения доктринально-террористической фазы революции. Напротив, Сталин как раз довел эту линию развития русской революции до ее апогея. Сталинской революции сверху, начавшейся в 1929 году, удалось в самом широком масштабе подогнать российскую действительность под большевистскую доктрину. Теперь было достигнуто то, чего без успеха добивался Ленин в первые годы после большевистского захвата власти (прежде всего в период так называемого «военного коммунизма» 1918-1921). Сталин стремился к полному контролю подчиненного ему общества, всякая спонтанность была ему подозрительна.

Подобно классикам марксизма Сталин был убежден в первенствующей роли, примате экономики и начал свою революцию сверху с радикального изменения отношений производства и собственности. Маркс и Энгельс провозгласили в своем «Коммунистическом манифесте» 1848 г.: «Коммунисты (могут) изложить свою теорию в одном (предложении) „Отмена частной собственности"»[2].

Сразу после захвата власти большевики попытались осуществить этот постулат и начали генеральное наступление на собственников в России. Даже мелкие собственники, в своем подавляющем большинстве крестьяне, были объявлены врагами «пролетариата». В апреле 1918 г. Ленин обвинил их в «необузданном эгоизме»: «Их орудие – подрыв всего того, что пролетариат декретирует и стремится осуществить в деле устроения организованного социалистического хозяйства»[3]

---

1   См. Trotzki, Leo: Schriften 1, Sowjetgesellschaft und stalinistische Diktatur. Bd. 1.1 (1929-1936). Hrsg. V. H. Dahmer, R. Segall und R. Torsstorff, Frankfurt/M., 1988. C. 47 и сл., 581 и сл.
2   Marx, Karl/Engels, Friedrich: Werke. Band 1-39. Berlin, 1959ff. Bd. 4. C. 475.
3   Ленин, В.И.: ПСС. М., 1958-1965. Т. 36. С. 245-246.

Свободный товарообмен тоже был большевикам ненавистен, они попытались отменить его с помощью контролируемого государством распределения благ. Осенью 1918 г. один из ведущих большевистских теоретиков Осинский охарактеризовал рынок как некий «очаг инфекции, из которого беспрестанно исходят возбудители болезни»[4].

Между тем военный коммунизм потерпел крах, и в первую очередь именно из-за сопротивления крестьянства. В 1919 г., когда система военного коммунизма достигла своего апогея, 97% хозяйственно-пригодных земель находились в крестьянских руках. Хотя большевики с крайней жестокостью конфисковывали крестьянскую продукцию, они не отважились посягнуть на крестьянские землевладения. А после выигранной гражданской войны был даже реабилитирован столь нелюбимый режимом свободный рынок. В марте 1921 г. Ленин заявил: «Пока мы не переделали (крестьянство), пока крупная машина его не переделала, надо обеспечить ему возможность свободы хозяйничать»[5].

В общем и целом зачисленная в разряд невыполнимых задача экспроприации земель более чем 100 миллионов крестьян была впервые «одолена» Сталиным. Нерешенный аграрный вопрос был из поколения в поколение одной из самых взрывоопасных проблем России. Лишь сталинскому руководству удалось смирить крестьянство, сломать его — и именно тем, что оно устранило крестьянство как таковое посредством его почти полной экспроприации. Частная собственность и свободный рынок — главные объекты ненависти ортодоксальных марксистов — были теперь вследствие сталинской революции сверху повсеместно отменены. Теперь режим мог непосредственно контролировать и управлять общим хозяйственным потенциалом страны, всеми ее материальными и человеческими ресурсами. Это было важнейшим результатом коллективизации сельского хозяйства, а не повышение урожаев, что ожидалось прежде всего. Только теперь поборники централизованного планового хозяйства в стране могли приступить к действиям. Теперь был положен конец предельно сложному сосуществованию государственного и частного секторов хозяйства, что было причиной чрезвычайно многих напря-

---

4   См. Pipes, Richard: Die Russische Revolution. Bd. 2. Berlin, 1992. С. 572.
5   Ленин: ПСС. Т. 43. С. 29.

женностей и конфликтов. Свободная игра экономических сил, которая была в глазах правоверных марксистов воплощением хаоса, была заменена государственным регулированием.

Однако сталинской революции сверху удалось не только положить конец хозяйственной, но также и политической спонтанности, и именно посредством дисциплинирования партии, которая со времени большевистской революции представляла собой единственный политический субъект в стране. О дисциплинировании партии мечтал еще Ленин. В своей программной работе «Что делать?» (1902 г.) он представил проект концепции строго дисциплинированной организации профессиональных революционеров, «партии нового типа». Эта партия должна была в первую очередь действовать, а не вечно дискутировать по различным основоположениям. В 1904 году Ленин пояснял, что социал-демократическая партия не есть семинар, на котором дебатируются разные новые идеи. Это боевая организация с определенной программой и четкой иерархией идей. Вступление в эту организацию влечет за собой безусловное признание этих идей[6].

Этот постулат Ленин никогда не мог осуществить. Большевики оставались дискутирующей партией. Провозглашенный на 10 партийном съезде большевиков в 1921 году запрет фракций помог мало. Также и после 1921 года, на протяжении ряда лет партию сотрясали внутренние полемические раздоры, еще более значительного масштаба, нежели до прокламирования фракционного запрета.

Лишь сталинская революция сверху изменила характер партии. Последняя перестала быть конгломератом различных течений и фракций. Теперь уже не были возможны открытые дискуссии и открытая критика генеральной линии руководства, которые прежде — вопреки всем запретам и дисциплинирующим мероприятиям — не были изгнаны из партии. За этим ослаблением, или скорее, самоослаблением партии последовало — в 1936-1938 гг., во время так называемого «большого террора» —

---

6   Валентинов, Николай (Вольский): Встречи с Лениным. New York, 1979. С. 252-254.

ее обезглавливание. В середине 30-х гг., после успешно завершенной коллективизации сельского хозяйства, большевистская партия вела себя как всемогущий демиург, которому по силам в кратчайшие сроки сотворить новый мир и нового человека. Но в унифицированном обществе сознающая себя подобным образом партия представляла инородное тело. Несколькими годами позднее это инородное тело было интегрировано в общий социальный организм. Мнимый демиург был низведен до положения послушного инструмента в руках вождя.

Подобные процессы происходили также и в области культуры. Искусство, также как гуманитарные и социальные науки, и даже некоторые естественнонаучные школы служили с самого начала сталинской революции сверху в первую очередь одной цели — прославлению Сталина и созданной им системы. Парадоксально, что литературные и художественные школы, которые стилизировали тогдашнее господство страха и террора под земной рай, именовались не «сталинским фикционализмом», а «социалистическим реализмом». Это направление в литературе, предписанное на первом съезде советских писателей в 1934 г. и нашедшее свое отражение в изобразительном искусстве, также как и в других областях искусства, представляло собой эквивалент генеральной линии партии. Отклонения от нее строго карались, нередко они стоили жизни. Художественная и литературная дискуссия, которая в известной мере соответствовала внутрипартийным дискуссиям 20-х гг., была задушена партийным руководством. Художественный и литературный авангард, который господствовал на культурной сцене в 20-е гг., должен был уступить место так называемому реализму. Авангард с его жаждой эксперимента и лихорадочными поисками новых форм выражения не мог прийти к соглашению с правящими структурами тоталитарного государства. Типичное для сталинизма стремление к огосударствлению общества, экономики и партии распространилось и на культуру. Так сталинский режим смог достичь того, к чему прежде безуспешно стремилось и царское самодержавие и позже ленинское руководство — принудить к конформизму подавляющее большинство образованных людей и кроме того привлечь их к созданию фиктивного мира, в котором реальное положение вещей было буквально поставлено на голову.

Фикционалистские элементы содержались и в период ленинской фазы развития большевизма. Пример подобной фикции представляет собой советская конституция — июль 1918 г. — в которой Всероссийский Центральный исполнительный комитет Советов, безвольный инструмент в руках большевистской партии, характеризовался как «высший законодательный, исполнительный и контролирующий орган» государства[7]. Но поскольку партия до конца 20-х гг. сохраняла свой дискутирующий характер, было невозможно достичь единодушия при переименовании «черного» в «белое» и наоборот. Только при Сталине провозглашенная сверху фикция была безоговорочно заявлена действительностью и объявлен преступным так называемый «буржуазный объективизм», называющий действительность своим именем.

Ленинский утопизм, который мечтал о «светлом будущем», был теперь замещен фикцией уже построенного рая на земле.

Правда, к сущности сталинизма принадлежал не только безграничный оптимизм, но столь же безграничный пессимизм, страх потерять достигнутое.

Так как победа социализма во всемирном масштабе еще не была достигнута, так как «рай трудящихся» был окружен мрачными капиталистическими силами, которые стремились к его уничтожению, советские граждане должны были непрерывно готовиться к последнему бою с классовым врагом.

Но и в самом раю трудящихся еще оставались классовые враги, которые после своего поражения не полностью с этим смирились. Поэтому большевиков, полагающих, что классовая борьба должна стихать ввиду успешно закончившегося социалистического наступления, Сталин охарактеризовал как «перерожденцев, ... двурушников, которых надо гнать вон из партии». «Уничтожение классов достигается не путем потухания классовой борьбы, а путем ее усиления», сформулировал Сталин в январе 1933 года само по себе абсурдное, но типичное для «сталинской логики» положение[8]. Годом позднее, на 17 партийном съезде большеви-

---

7   См. Altrichter, Helmut (Hrsg.): Die Sowjetunion von der Oktoberrevolution bis zu Stalins Tod. Band 1: Staat und Partei. München, 1986. С. 149.

8   Сталин И.В.: Объединенный пленум ЦК и ЦКК ВКП (б), 7-12 января 1933 // Сталин: Сочинения. М., 1951. Т. 13. С. 210-211.

ков, Сталин обвинил некоторых коммунистов в «ошибочном самосознании», в пережитках оппозиционного, «антиленинского» мышления. Как пример путаницы в головах иных коммунистов Сталин назвал тезис о спонтанном врастании Советского Союза в бесклассовое общество: «Они приходят в телячий восторг в ожидании того, что скоро не будет никаких классов — значит не будет классовой борьбы, значит не будет забот и треволнений, значит можно сложить оружие и пойти на боковую, спать в ожидании пришествия бесклассового общества.»[9]

Сначала было не совсем ясно, какими средствами Сталин хотел побороть «ошибочное сознание» многих коммунистов. Только в 1936 году этот вопрос постепенно прояснился — преодоление «ошибочного сознания» было достигнуто по сути устранением очень многих его носителей.

Ко времени большого террора сталинский режим достиг вершины своей иррациональности. Властвующая клика вела тогда тщательно спланированную и последовательно осуществляемую войну на уничтожение, направленную против советской руководящей элиты — в своей основе важнейшую, если не единственную опору системы. Какую внутреннюю логику имели эти действия? Многие наблюдатели полагают, что Сталин хотел с помощью большого террора избавиться от своих внутрипартийных противников, которые ставили под вопрос его авторитет, то есть непогрешимость. В этой связи они указывают на московские показательные процессы 1936-1938 гг., которые были направлены в первую очередь против выдающихся представителей старой большевистской гвардии и прежних критиков Сталина. Но в действительности сведение счетов с бывшими левыми и правыми критиками Сталина представляло собой второстепенный аспект большого террора. Потому что сталинская команда планировала тогда операцию совершенно иного, в своей основе беспримерного масштаба, где она рисковала всем. Сущностью второй, начавшейся в 1936 году, сталинской революции сверху являлось не устранение партийных оппозиционеров, которые к концу 20-х годов были уже политически бессильны, а обезглавливание властвующей элиты. Рядовые члены партии и «беспартийные большевики» — простые советские люди — были призваны критиковать и доносить на высокомерных

---

9   Сталин, И.В.: Отчетный доклад XVII съезду партии о работе ЦК ВКП (б) //

партийных функционеров. Подобные «бесстрашные маленькие люди» — доносчики — теперь почитались как герои. Как заявил Сталин на Пленуме ЦК в феврале-марте 1937 года, не должно быть более никаких недосягаемых авторитетов: «Мы, руководители не должны зазнаваться, но должны думать, что если мы являемся членами ЦК или наркомами, то это еще не значит, что мы обладаем всеми необходимыми знаниями, для того, чтобы правильно руководить. Чин сам по себе не дает знаний и опыта. Звание – тем более.».[10]

Этот псевдо-демократический девиз был в действительности боевым кличем. Он должен был привести к кровавому походу Сталина не только против своих противников, но также и против его соратников, убежденных сталинистов, которые занимали ключевые позиции в партийном, государственном, хозяйственном и военном аппарате. К сущности сталинской системы относилось то, что ее творец не доверял не только контролируемым — подчиненному ему обществу — но и контролирующим — всемогущему партийному и государственному аппарату. Именно отсюда и его война на уничтожение против коммунистической элиты. Кажется, Сталин считал свой режим лишь тогда стабильным и прочным, когда никто в сфере его власти, включая его ближайших соратников, не чувствовал себя уверенным.

Обезглавливание руководящей сталинской элиты проходило по другому сценарию, нежели расчеты Сталина с прежними партийными оппозиционерами, по сути тайно, не на глазах мировой общественности. Какой же смысл имели тогда показательные процессы 1936-1938 годов? Должны ли они были просто отвлекать внимание мирового общественного мнения и переводить его на второстепенные события большого террора? Вряд ли. Показательные процессы с их абсурдными обвинениями и не менее абсурдными признаниями обвиняемых все же выполняли в фантасмагорическом на первый взгляд сталинском мире некую определенную функцию. А именно они должны были доказывать, что ближайшее окружение Ленина состояло почти без исключения из изменников и заговорщиков, покушавшихся на его жизнь, которым противосто-

Сталин: Сочинения. Т.13. С. 350-351.
10   Сталин: Сочинения. М., 1967. Т. 14.

ял светлый образ — Сталин, разоблачавший и соответственно каравший всех этих врагов, которые скрывались под маской друзей.

Итак к главной установке сталинского мира принадлежало то, что нельзя было доверять никакой видимости. Всякий гражданин, также как и виднейший функционер в партийном, государственном или военном аппарате мог в действительности быть врагом. Бдительность составляла, таким образом, главнейшую добродетель советского гражданина. Но горе тому, кто доносил на функционера, который на взгляд руководства еще не стоял на очереди, еще не был включен в категорию врагов. Так же плохо, если не хуже было не донести вовремя на функционера, который должен был — по непостижимым для подавляющего большинства советских граждан причинам — принять на себя роль врага. В этой связи понятие «роль» имеет исключительное значение. Московские показательные процессы, впрочем, как и показательные процессы 1949-1952 гг. в восточноевропейских подвластных Москве государствах, были просто разыгрываемыми представлениями, они осуществлялись по тщательно разработанным сценариям, которые корректировались лично Сталиным. Спонтанность какого либо рода была из них исключена. В действительности эти спектакли служили лишь одной цели — прославлению Сталина. Не только обвинители, но и обвиняемые должны были в этом участвовать. Один из ближайших соратников Ленина, Каменев, сказал в своем последнем слове на процессе в августе 1936 года, что вне зависимости от того, каково будет решение его участи, он заранее рассматривает его как верное. Надо шагать вперед, а не смотреть назад, и вместе с советским народом следовать за Сталиным![11] А Николай Бухарин добавил в марте 1938 года: «Мы выступили против радости новой жизни с самыми преступными методами борьбы ... Мои контрреволюционные сообщники и я во главе их пытались убить дело Ленина, продолжаемое Сталиным с гигантским успехом».[12]

---

11   См. Conquest, Robert: Am Anfang starb Genosse Kirow. Säuberungen unter Stalin. Düsseldorf, 1970. С. 145.

12   См. http://www.trad.nsk.ru/history/Russia/USSR/1936-1941/buh-tro/vec 12-3-38.html; См. также Lieber, Hans-Joachim/Ruffmann, Karl-Heinz (Hrsg.): Der Sowjetkommunismus. Dokumente. Bd. 1-2, Köln-Berlin, 1963, Bd. 1. С. 381 и сл.

Московские показательные процессы давали знать мировой общественности: даже наихудшие противники советского государства должны были в конце концов признать, что в отношении Сталина речь идет о гениальнейшем после Ленина государственном вожде всех времен. Таким образом основатели советского государства, лишившиеся власти уже к концу 20-х годов, сослужили перед своей смертью последнюю службу сталинской тирании и внесли свой вклад в ее укрепление.

К концу 1938 года террор был немного смягчен. Был сломан хребет последней «непокорной» и оставшейся относительно автономной части советского общества — партии. Теперь вся советская империя состояла только из «колесиков» тоталитарного механизма. Это был вероятно крупнейший перелом в истории страны, чье стремление к свободе не смогли задушить ни царское самодержавие, ни Ленин. Сталин насмехался над Иваном Грозным, которому не удалось полностью ликвидировать могущественное в его время сословие — бояр. На его пути стояла его религиозность, у него было слишком много угрызений совести. Вопреки этому пренебрежительному замечанию Сталин рассматривал себя как продолжателя и исполнителя дела Ивана, — но также и Ленина. Вновь и вновь он подчеркивал, что русские цари и Ленин не могли даже мечтать об успехах, которые достиг Советский Союз под его, Сталина, руководством. Итак он считал себя и величайшим русским самодержцем и величайшим революционером всех времен. Также и советская пропаганда непрерывно превозносила оба эти аспекта сталинского «гения». Так в сталинскую эпоху осуществилась смена парадигм политической культуры советского государства. Интернационализм во все большем масштабе замещался русоцентризмом и шовинизмом. Революционный разрыв 1917 года казался преодоленным, непрерывность истории — вновь восстановленной. Теперь в России произошла своего рода реставрация. Однако прославление всего русского всегда осуществлялось сталинистами с некоторым «но». Дело никогда не доходило до полного слияния с русским национализмом, интернационально-революционный компонент никогда не был полностью изгнан из сталинизма. Он был просто лишен своего прежнего центрального значения и отодвинут на идеологическую периферию. Но он никоим образом не перестал определять лицо сталинизма. И эта двуликость, это колебание между интернационалистским и русоцентристским полюсами, между революцией и реставрацией являет дополнительный аспект сталинской логики.

Сталин хотел свести воедино историю России и историю революции, а свое собственное руководство представить как вершину обеих исторических линий развития. Характерный для марксизма исторический детерминизм получил в сталинизме особенно яркое выражение. Теперь русский пролетариат даровал человечеству столь долго ожидаемого спасителя (несмотря на свое грузинское происхождение Сталин почти полностью идентифицировал себя с Россией). История человечества достигла теперь высшей стадии развития. Исследование этой исторической закономерности являло собой по сути главную установку почти всех, если не вообще всех научных направлений сталинской эпохи. Задачей всех представителей искусства было изображение этого небесного рая на земле. Этот «научный» и «художественный» канон был строго регламентирован и имел свою собственную логику — «логику» сталинизма.

I.5 Парадоксы Сталинграда – «Жизнь и судьба» Василия Гроссмана

Роман умершего в 1964 году русского писателя Василия Гроссмана «Жизнь и судьба» нередко называют романом века, и с полным на то основанием.

В этом произведении, в центре которого находится битва под Сталинградом, с необычайной выразительностью отражается двойная катастрофа 20-го столетия, выраженная в таких понятиях как Освенцим и «Архипелаг ГУЛАГ». Почему эти катастрофы оказались возможны? Что обеспечило как национал-социализму так и сталинизму их временное торжество? Все эти вопросы обсуждаются в книге Гроссмана.

Когда Гроссман в начале шестидесятых годов завершил свой роман, в котором он беспощадно критиковал гитлеровскую и сталинскую тиранию, он надеялся, что ему удастся опубликовать книгу в Советском Союзе. Это было все-таки время XXII съезда КПСС, на котором Хрущев клеймил сталинский террор не в секретном докладе, как на XX-м съезде партии за 5 лет до этого, а открыто. Это было время, когда московский журнал «Новый мир» опубликовал повесть Александра Солженицына об одном дне из жизни заключенного ГУЛАГа («Один день Ивана Денисовича»).

Несмотря на это роман Гроссмана вызвал ужас у советских функционеров от партии и культуры. В беседе с писателем главный идеолог партии Суслов заявил, что для советской власти этот роман еще вреднее чем «Доктор Живаго» Пастернака.[1] Один из номенклатурных работников, категорически отказавший в публикации романа, сказал, что эта книга хотя и отражает определенные стороны сталинской действитель-

---

1   Липкин, Семен: Жизнь и судьба Василия Гроссмана. Москва, 1990. С. 68; Лазарев, Л.: Дух свободы // Гроссман, Василий: Жизнь и судьба. Москва, 1990. С. 655 и сл.; Garrard, John/Garrard, Carol: The Bones of Berdichev. The Life and Fate of Vasily Grossman. New York, 1996. С. 279 и сл., 375-360.

ности, но с публикацией надо бы подождать еще лет 250.[2] Манускрипт романа был конфискован КГБ. Это похоже на чудо, что книга, несмотря на все попытки власти спрятать ее на 250 лет, т.е. бесследно и навсегда, в конце концов все-таки дошла до читателя. Для автора же это произошло слишком поздно. Лишь 16 лет спустя после его смерти роман был опубликован в «Тамиздате» (в эмиграции).

Хотя роман в первую очередь рассказывает о битве под Сталинградом, описание этого военного противоборства сопровождается также и впечатляющим и глубоким анализом тогдашнего переломного момента истории. Потому что в Сталинграде решалась, пожалуй, судьба всего мира. Если бы вермахт выиграл эту битву, то это наверное закрепило бы оккупационный режим национал-социалистов на европейском континенте на многие годы, и это означало бы временный конец европейской цивилизации, как мы ее знаем. Василий Гроссман пишет:

«Фашизм и человек не могут сосуществовать. Когда побеждает фашизм, перестаёт существовать человек, остаются лишь внутренне преображённые человекообразные существа. Но когда побеждает человек, наделённый свободой, разумом и добротой, - фашизм погибает и смирившиеся вновь становятся людьми.» (Жизнь и судьба, книга первая, Москва 2005, с. 86-87)

Парадоксальность Сталинграда состояла, однако, в том, что здесь интересы всего цивилизованного человечества защищал именно режим, построенный на не меньшей горе трупов, чем национал-социалистический режим, который, как и Третий рейх, являлся олицетворением тиранического произвола. В связи с этим можно было бы перефразировать слова Гроссмана и сказать: сталинизм и человек не могли сосуществовать вместе. Если бы победил сталинизм, человек прекратил бы свое существование.

Между тем в битве за Сталинград наряду с обеими бесчеловечными системами участвовало еще одно действующее лицо, которое, подобно сталинской диктатуре, боролось за свое выживание и которое так-

---

2   Липкин, Жизнь и судьба. С. 63-65; Лазарев, Дух свободы. С. 655; Garrard/Garrard, Bones of Berdichev. С. 355.

же оказало решающее влияние на характер этой судьбоносной битвы – это был русский (российский) народ. И никоим образом не было соответствия между ним и системой, которая его представляла для других стран. В 30-е годы сталинский деспотизм вел беспощадную войну с собственным народом, которая была направлена сначала против сельского населения, а потом – во время Большого террора – распространилась на все слои общества. При этом границы между преступниками и жертвами были условными. Также и бесчисленные палачи попадали под колеса созданной ими же самими машины террора. Таким образом, посреди мирного времени, режим объявил войну своему собственному народу, и многие грани этой истребительной кампании, ломающей общество не только физически, но и морально, точно отражены в романе Гроссмана.

Если мы учтем все это, то итог Сталинградской битвы покажется еще более поразительным. Нация, до крайности замученная и униженная в тридцатые годы, смогла, несмотря на беспрецедентное сокрушительное военное поражение в первые месяцы немецко-советской войны, во второй раз, и даже еще более основательно чем в битве под Москвой (в декабре 1941), нанести привыкшему к победам вермахту чувствительное поражение. При этом нельзя забывать, что к тому времени в распоряжении Третьего рейха и его союзников находился весь беспощадно эксплуатируемый экономический и людской потенциал почти всего европейского континента. Кроме этого, немецким войскам удалось захватить около 2 миллионов квадратных километров советской территории, на которой перед войной проживало более 80 миллионов человек (40 % населения) и производилась примерно половина советской промышленной продукции.[3]

Почему тогда оставшаяся не оккупированной часть Советского Союза в течение кратчайшего времени была в состоянии произвести столько же военной продукции, как Третий рейх и все его сателлиты

---

3   Геллер, Михаил/Некрич, Александр: Утопия у власти. История Советского Союза с 1917 года до наших дней. Лондон, 1982. Т. 1-2, зд.: т. 2. С. 109; Boog, Horst u.a.: Der Angriff auf die Sowjetunion. Frankfurt am Main, 1996. С. 867 и сл.

вместе взятые?[4] Почему Красная Армия была способна, несмотря на беспрецедентные поражения летом-осенью 1941 и летом 1942, к концу 1942 — началу 1943 выиграть, наверное, самую решающую битву этой войны? Одни только материальные, поддающиеся измерению факторы никоим образом не могли бы в достаточной мере объяснить эту победу. Еще более важную роль играл здесь, пожалуй, моральный компонент.

После нападения Германии на Советский Союз русский народ заключил своего рода перемирие с его, пожалуй, величайшим врагом — своим собственным режимом. И тут выяснилось, что он столкнулся с еще более страшным – что сначала трудно было себе представить – противником. Ибо целью Гитлера было не только значительное сокращение и порабощение подвергшейся нападению нации, но и полное разрушение ее государственности. Когда это стало ясно, ни о каком коллаборационизме с Третьим рейхом для подавляющего большинства русских уже не могло быть и речи. Коллаборационисты представляли собой в течение всей войны только периферийное явление внутри общества. По сути дела, у народа не оставалось никакого другого выбора, кроме как поддержать собственный режим. Но это, правда, не была безоговорочная поддержка. Режим должен был несколько ослабить механизмы контроля общества и признать определенную степень личной инициативы. В 1941-42 годах в России происходил процесс, названный московским историком Михаилом Гефтером во время горбачевской перестройки «стихийной десталинизацией»,[5] и который наглядно отражается в романе Гроссмана. Многие его герои острейшим образом критикуют террор 30-х годов, плановое хозяйство и пропагандистскую ложь и мечтают о ликвидации колхозов и свободе слова. Один из них говорит:

«Вы представляете себе, что такое свобода печати? Вот вы мирным послевоенным утром открываете газету, и вместо ликующей передовой, вместо письма трудящихся великому Сталину [...], – вы находите в газете, знаете что? Информацию! Представляете себе такую газету?

---

4   Ср. Кулешов, С.В. и др.: Наше отечество. Москва, 1991. Т. 1-2, зд.: т. 2. С. 415; Boog и др., Der Angriff. С. 869 и сл.

5   Гефтер, Михаил: Из тех и этих лет. Москва, 1991. С. 418.

Газету, которая дает информацию!» (Жизнь и судьба, книга вторая, с. 285)

«О, чудная, ясная сила откровенного разговора, сила правды!» (там же, с. 298), пишет Гроссман о разговорах подобного рода, которые тогда велись не только в вымышленном мире романа, но и в советской действительности.

Так, например, известный польский поэт Александр Ват, бывший в военное время в Советском Союзе, описывает атмосферу тех лет: «Не было ни пропагандистских призывов, ни лозунгов, ни коммунизма. [... Все] верили, что когда те миллионы героев и мучеников вернутся с фронта, тогда уже никакой Сталин не сможет ничего сделать, тогда Россия изменится, изменится коренным образом.»[6]

«Защитить родину ... могли только свободные люди», комментирует московский литературовед Лазарь Лазарев центральную мысль романа «Жизнь и судьба».[7]

Общество, которому сталинская клика практически сломала хребет в 30-е годы, теперь, в час смертельной угрозы не только для сталинского режима, но и для русского государства как такового, отвоевало по меньшей мере крупицу своего достоинства.

«Такими мы счастливыми бывали. Такой свободой бурною дышали», писала поэтесса Ольга Берггольц зимой 1942 в блокадном и подкошенном голодом Ленинграде.[8]

У режима, столкнувшегося 22 июня 1941 с беспримерной опасностью, не было другого выбора, кроме как терпеть эту частичную эмансипацию своих подданных, которые теперь, как защитники своей родины, оказавшейся в опасности, обрели новое чувство собственного достоин-

---

6 Wat, Aleksander: Jenseits von Wahrheit und Lüge. Frankfurt am Main, 2000. С. 586, 591. Ср. тж. Липкин, Жизнь и судьба. С. 48-51; Garrard/Garrard, The Bones of Berdicev. С. 159-166.

7 Лазарев, Дух свободы. С. 665; ср. тж. Липкин, Жизнь и судьба. С. 48-51; Garrard/Garrard, The Bones of Berdicev. С. 159-166; Zarusky Jürgen: Vasilij Grossmans Leben und Schicksal – zur Entstehung und historischen Konzeption eines Jahrhundertromans // Anton, Florian/Luks, Leonid (Hrsg.): Deutschland, Rußland und das Baltikum. Beiträge zu einer Geschichte wechselvoller Beziehungen. Festschrift zum 85. Geburtstag von Peter Krupnikow. Köln, 2005. С. 245-276, зд.: С. 266-270.

8 Цит. в Лазарев, Дух свободы. С. 668.

ства. Развитию этого самосознания способствовал и тот факт, что они на пороге Москвы, Ленинграда и Сталинграда защищали не только свою собственную землю, но и весь мир, над которым нависла угроза национал-социалистического варварства. В день нападения Германии на Советский Союз Уинстон Черчилль сказал: «Борьба каждого русского [...] это борьба всех свободных людей и всех свободных народов во всех уголках земного шара».[9]

В Сталинграде произошло столкновение чувства морального превосходства защитников и чувства расового превосходства нападающих, которое национал-социалистические пропагандисты и некоторые немецкие военачальники пытались привить солдатам вермахта. Так, например, генерал-фельдмаршал Рейхенау, командующий 6-й армией, которая позже под командованием Паулюса сражалась под Сталинградом, заявил в октябре 1941:

«Солдат на Восточном фронте это не только воин по всем правилам военного искусства, но и носитель непреклонной национальной идеи и мститель за все зверства, причиненные немцам и родственным им народам. Поэтому солдат должен проявлять полное понимание необходимости жесткого, но справедливого возмездия еврейским недочеловекам.»[10]

Национал-социалисты презирали слабость и пытались искоренить любое сочувствие слабым, с их точки зрения расово несовершенным. Ликвидацию так называемой «жизни, не достойной жизни» (lebensunwertes Leben) они считали своей основной задачей. Как раз в то время, когда бушевала битва за Сталинград, их машина уничтожения развила беспрецедентную эффективность. Тогда была проведена так называемая «Операция Рейнхардт» - массовое умерщвление евреев газом в концентрационных лагерях Треблинка, Собибор, Белжец, Хелмно и Аушвиц-Биркенау (Освенцим-Бжезинка). Казалось, нацистский режим в течение кратчайшего времени приблизился к своей цели «окончательного решения еврейского вопроса», сформулированной в январе 1942 года на Ванзейской конференции. Видение мира без евреев развивает в

---

9   Churchill, Winston: Der Zweite Weltkrieg. Bern, 1951. Т. 3, 1. С. 443 и сл.
10   Boog и др., Der Angriff. С. 1246.

романе Гроссмана Адольф Эйхман. При этом нужно отметить, что свой роман Гроссман завершил в 1960 году, то есть за год до судебного процесса над Эйхманом в Иерусалиме, сделавшего этого «эксперта» по окончательному решению еврейского вопроса известным на весь мир.

Гроссман вкладывает в уста Эйхмана следующие слова: «Представляете, через два года мы вновь сядем в этой камере за уютный столик и скажем: "За двадцать месяцев мы решили вопрос, который человечество не решило за двадцать веков!"» (Жизнь и судьба, книга вторая, с. 177)

Исполнители Холокоста, хотевшие революционно перекроить миротворение по расовому принципу, упивались своей силой, они считали себя богоподобными. Польский теолог и публицист Павел Спевак пишет по этому поводу: холокост должен был положить конец не только еврейскому народу, но и христианской Европе в целом. Он был вторым грехопадением:

«Через уничтожение евреев, через уничтожение создателей иудаизма и христианства, национал-социалисты хотели освободиться от всех заповедей Божьих. Они отвергли как Ветхий так и Новый Завет. [...] Молчанье Бога [...] перед лицом их преступлений они воспринимали как признак его слабости, даже его несуществования, его бессилие давало им чувство всемогущества. [...] Теперь они чувствовали себя новыми богами — свободными, независимыми, независимыми от голоса совести, независимыми от тех, кто напоминал им о моральных заповедях. Со смертью евреев был заочно казнен и Бог.»[11]

В Сталинграде однако оказалось, что перед чувством морального превосходства чувство расового превосходства устоять не могло. И именно в аду Сталинграда, в час поражения Третьего рейха, в Германии начал происходить процесс, описанный Гроссманом следующим образом:

«Притихли спесивые и надменные; хвастуны перестали хвастать [...]. Но имелись особые изменения, начавшиеся в головах и душах немецких людей, окованных, зачарованных бесчеловечностью националь-

---

11 Śpiewak, Paweł: Shoah, drugi upadek // Więź 1-8, 1986. С. 3-13, зд.: С. 10 и сл., 13.

ного государства […]. Кто из гибнущих и обреченных гибели мог понять, что это были первые часы очеловечивания жизни многих десятков миллионов немцев после десятилетия тотальной бесчеловечности!» (Жизнь и судьба, книга третья, с. 134-135)

Парадоксально сложилась, правда, не только судьба проигравших под Сталинградом, но и судьба выигравших. Ибо они своей победой способствовали не только выживанию своей нации, но и режима, угнетающего ее. О противоречивости Сталинграда Гроссман пишет:

«Решалась судьба оккупированных Гитлером Франции и Бельгии, Италии, скандинавских и балканских государств, произносился смертный приговор Освенциму, Бухенвальду и Моабитскому застенку, готовились распахнуться ворота девятисот созданных нацистами концентрационных и трудовых лагерей. Решалась судьба немцев-военнопленных, которые пойдут в Сибирь. Решалась судьба советских военнопленных в гитлеровских лагерях, которым воля Сталина определила разделить после освобождения сибирскую судьбу немецких пленных. Решалась судьба калмыков и крымских татар, балкарцев и чеченцев, волей Сталина вывезенных в Сибирь и Казахстан, потерявших право помнить свою историю, учить своих детей на родном языке. Решалась судьба Михоэлса и его друга актера Зускина, писателей Бергельсона, Маркиша, Фефера, Квитко, Нусинова, чья казнь должна была предшествовать зловещему процессу евреев-врачей, […]. Решалась судьба Польши, Венгрии, Чехословакии и Румынии. Решалась судьба русских крестьян и рабочих, свобода русской мысли, русской литературы и науки.» (Жизнь и судьба, книга третья, с. 39)

Победа над Третьим рейхом, казалось, придала сталинской тирании дополнительную легитимность. Одновременно с этим она осложнила управление нацией, столь гордой своей победой. Один из лучших знатоков сталинской системы, Абдурахман Авторханов, пишет по этому поводу: Сталин понимал, что народ, после всех принесенных им жертв, «захочет жить по-человечески, будет ждать перемен. ... И вернувшиеся были грозны в своем молчании. Собственных солдат Сталин боялся не меньше чем солдат Гитлера в начале войны».[12]

В новом порабощении общества, его новом превращении в простой винтик тоталитарного механизма, сталинская клика видела теперь свою наиглавнейшую цель. И она, казалось, достигла этой цели в кратчайшее время. Она соединила усиление государственных механизмов контроля населения с гротескным прославлением русской национальной идеи. Это развитие наблюдалось уже в дни Сталинграда, и снова осознается противоречивость, парадоксальность этого переломного момента войны:

«Жизнь советской державы отнесла пробуждение национального сознания к тем задачам, которые стояли перед государством в его послевоенной жизни, - его борьбе за идею национального суверенитета, в утверждении советского, русского во всех областях жизни. [...] Логика развития привела к тому, что народная война, достигнув своего высшего пафоса во время сталинградской обороны, именно в этот, сталинградский период дала возможность Сталину открыто декларировать идеологию государственного национализма.» (Жизнь и судьба, книга третья, с. 60)

Но этим никоим образом не исчерпывается значение Сталинграда. Эйфория от победы, вспыхнувшая после Сталинграда, облегчила власть имущим закручивание гаек в обществе. Однако желание жить достойно, жить «как в сказке», все еще оставалось. Гроссман пишет: «Сталинградское торжество определило исход войны, но молчаливый спор между победившим народом и победившим государством продолжался. От этого спора зависела судьба человека, его свобода.» (Жизнь и судьба, книга третья, с. 51)

Границы между режимом и народом были, конечно же, условными. Сталинская деспотия без частичного или полного отождествления значительных частей общества с ней была бы нежизнеспособной. Распространяемые режимом русскоцентрические иллюзии многие принимали

---

12 Авторханов, Абдурахман: Загадка смерти Сталина (заговор Берия). Франкфурт-на-Майне, 1976. С. 16 и сл.

за чистую монету, то есть они искренне верили, что величайшие открытия и изобретения в новейшей истории человечества были сделаны русскими, что «Россия — родина слонов». Так критически мыслящие русские интелектуалы пародировали шовинистическую кампанию режима.

Несмотря на все это, сохранялась разделительная линия между режимом и народом, которому правящая клика до конца не доверяла. Она предпринимала чрезвычайные усилия, чтобы полностью его контролировать. Этот направленный вовнутрь навязчивый контроль сталинской тирании связывал значительную часть ее сил и не давал ей так безгранично расширяться внешне, как это делала национал-социалистическая диктатура.

Авторизованный перевод с немецкого Антонины Зыковой

(Опубликовано ранее в: Forum für osteuropäische Ideen- und Zeitgeschichte 9, 2005, выпуск 1, с. 271-279 - расширенная редакция.)

I.6 Прощание с классовой борьбой: Роль М.С. Горбачева и Б.Н. Ельцина в борьбе за выход из «октябрьского тупика» - заметки по поводу 75-летия двух реформаторов

Хотя Михаил Горбачев и Борис Ельцин в последние 19 лет не очень лестно отзывались друг о друге, их действия в годы перестройки судьбоносно пересекались друг с другом и обеспечили России относительно плавный выход из того политического тупика, в который ввел ее в октябре 17-го года большевистский переворот.

Одной из главных проблем большевиков была недостаточная легитимность их режима. Еще в 60-тые годы американский советолог Бертрам Вульф писал, что Николай II был последним легитимным правителем России. Временное правительство сознательно не претендовало на полную легитимность и хотело предоставить решение об окончательном государственном устройстве страны Учредительному Собранию. Разогнав Учредительное Собрание большевики в сущности отказались от легитимации своей власти, продолжает Вульф, и этим недостатком легитимности объясняет он борьбу за власть, которая начиналась в СССР после смерти каждого диктатора.

Но что же тогда обеспечивало советскому режиму относительную устойчивость в течение почти 70-ти лет? Это была, конечно, вера в непогрешимость партии. Разогнав Учредительное Собрание с его небольшевистским большинством, большевики легитимировали свою власть идеологически, утверждая, что партия осуществляет законы исторического и общественного развития, открытые классиками марксизма, которые выше демократического волеизъявления «мало просвещенных» масс.

Никита Хрущев был, в сущности, последним советским правителем свято верившим в такого рода аргументы, Его преемники, как правило, всего лишь имитировали веру в «светлое коммунистическое будущее» и эта эрозия веры в коммунизм лишила советский режим по сути дела и его идеократической легитимации. Вывести страну из этого крайне опасного легитимационного вакуума могло лишь возвращение на политическую сцену демократических институтов, выброшенных в октябре 17-го/январе 18-го гг. в «мусорную корзину истории» (Троцкий). И в том, что это возвращение произошло, не вызвав жесточайшей гражданской войны, как этого многие опасались, несомненно заслуга и последнего генсека КПСС, и первого демократически избранного президента России.

Изменив 6-тую статью конституции, закрепляющую руководящую роль КПСС, Горбачев лишил коммунистический режим его последней легитимной основы. Наряду с этим шла чрезвычайная дискредитация КПСС в глазах общества, что подтверждают социологические опросы тех лет. Но в то же время правящая номенклатура контролировала абсолютно все рычаги власти, а зарождающиеся в последние годы перестройки демократические институты были лишены какого либо влияния на силовые структуры. И казалось, что в этом противостоянии у демократов нет никаких шансов. Начиная с октября 1917 они и привыкли к своему имиджу вечно побежденных. Ничуть не иначе чувствовали они себя и в начале 1991 г., когда противники реформ начали свое контрнаступление (события в Прибалтике). В середине февраля 1991 г. социолог Татьяна Заславская характеризовала реакционный поворот в Советском Союзе как процесс, который растянется на десятилетия. В то же время Гавриил Попов язвил по поводу тех, кто еще несколько месяцев назад называл трупом центральные органы КПСС. И вот этот якобы уже мертвый партийный аппарат проявляет удивительную жизненную силу и решимость отвоевать обратно утраченные позиции, говорил Попов.

Очевидные перемены в политической культуре страны не могли рассеять пессимизм демократов. А ведь крайне важным знаком таких перемен был, к примеру, тот факт, что сотни тысяч москвичей протестовали против событий в Прибалтике в январе 1991 г. Вспомним, что в августе 1968 – во время разгрома Пражской «перестройки» - на Красной Площади появилось всего лишь семеро протестующих правозащитников.

И все же сторонники переворота потерпели поражение в январе 1991 г. не из-за сопротивления демократов, а в первую очередь из-за поведения Горбачева. И это несмотря на то, что лидер КПСС балансировал между демократическим и консервативным лагерем, «не желая, видимо», как пишет Александр Яковлев, «потерять поддержку одной из противоборствующих сторон».[1]

Однако несмотря на все эти колебания, Горбачев не намерен был уничтожить свое детище - «перестройку», к чему стремилась, начиная с осени 90-го года, большая часть его команды: «Судя по всему, на каком-то этапе М.С.Горбачев понял», пишет Александр Яковлев, «что действия его ´команды´, вопреки заверениям в верности ´делу государеву´ и ему лично, расходятся со стратегией на преобразования».[2]

Политическая участь Горбачева как лидера номенклатуры в связи с этими «расхождениями» была предрешена. И вот тут наступают события 12-го июня 1991г., ставшие решающей датой перестройки. В этот день Борис Ельцин был избран президентом России. Тем самым через 74 года после отречения Николая II от престола в стране была как бы восстановлена легитимационная преемственность, несмотря на то, что источники легитимности обоих глав российского государства радикально отличались друг от друга.

19-го августа 91-го г. всевластная, но лишенная легитимной базы номенклатура, заточив своего лидера в Форосе, попыталась повторить опыт 18-го января 18-го г. и покончить с демократическим экспериментом в стране. И тут оказалось, что лишенная веры в свою правоту сила не в состоянии противостоять безоружной, но уверенной в своей правоте идее – идее превосходства демократически легитимированной власти над узурпаторской.

В своем указе № 59 от 20-го августа Ельцин назвал действия ГКЧП «государственным преступлением».[3] Дрожащие руки формального главы ГКЧП Янаева во время пресс конференции в первый день переворота, были как бы подтверждением того, что путчисты так же не были уверены в правоте своего дела. Лев Троцкий цитирует французского автора

---

1   Яковлев, Александр, Предисловие. Обвал. Послесловие. М., 1992. С. 151; см. также Ельцин, Борис: Записки президента. М., 1994. С. 33, 41-42, 75.

2   Яковлев, Предисловие. С. 162.

3   Пихоя, Рудольф: Советский Союз. М., 1998. С. 668-669; Ельцин, Записки. С. 72-133; Егор Гайдар: Гибель империи. Уроки для современной России. М., 2006. С. 376-380; Colton, Timothy J.: Yeltsin. A Life. New York, 2008. С. 198-202.

Анэ, который сказал, что Временное правительство было свержено еще до того, как оно это заметило.[4] Нечто похожее можно сказать и о ГКЧП.

Как в октябре 17-го, так и в августе 91-го неуверенность в себе столкнулась с решительностью и последняя победила. Но последствия обеих побед радикально отличались друг от друга. Опьяненные своей легкой победой большевики отказались от каких либо компромиссов с побежденными соперниками и создали первый тоталитарный режим в новейшей истории. Тот факт, что им удалось защитить свою диктатуру в жесточайшей гражданской войне, освободил их окончательно от какого либо общественного контроля. Партия, а вернее партийная верхушка, превратилась в ничем не ограниченного самодержца.

Победившая в августе ельцинская команда не стремилась к расправе над побежденными по большевистскому образцу. Хотя КПСС и была запрещена, но российским коммунистам вскоре вновь была предоставлена возможность вернуться на политическую сцену. Компромисс, лежащий в основе системы созданной после августовских событий, был явно подготовлен горбачевским отказом от мышления в категориях классовой борьбы, что в свое время вызвало крайнее негодование многих коммунистов. Первый председатель созданной в июне 1990 г. Российской компартии Иван Полозков считал, что недооценка классовых противоречий лишила партию ее важнейшего методологического инструмента и политически разоружила широкие массы коммунистов.

Однако когда в августе 91-го г. коммунисты потерпели сокрушительное поражение, тот факт, что победители отказались от ленинского «кто кого?», т.е. действовали уже по образцу, созданному горбачевским «новым мышлением», спас побежденных от антикоммунистического реванша, которого многие так опасались.

Таким образом выход России из того политического тупика, в который она вошла вследствие октябрьского переворота 17-го года произошел по совершенно иному сценарию, чем вход в него. И этот плавный переход из «закрытого общества» в более или менее открытую политическую систему произошел в первую очередь благодаря параллельным и нескоординированным, но дополняющим друг друга действиям перво-

---

4   Trotzki, Leo: Geschichte der russischen Revolution. Berlin, 1960. C. 717.

го (и последнего) президента СССР и первого всенародно избранного президента России. И это несмотря на то, что и Горбачев и Ельцин часто обвиняли друг друга в непростительных политических ошибках, с чем порою согласны и менее эмоционально настроенные наблюдатели. Одной из них можно считать то обстоятельство, что не удалось создать достаточно надежных сдерживающих механизмов, предотвращающих возможность возврата к «закрытому обществу». Но сейчас, в связи с 75-летием обоих реформаторов, не мешает вспомнить и об их выдающихся заслугах.

(Опубликовано ранее в журнале «Новое время» 9, 2006.)

I.7 Будут ли «варяги» вновь изгнаны из России?

Почему во многих странах бывшего соцлагеря, в которых коммунистическая диктатура воспринималась как иноземное владычество, мутировавшие в социал-демократов коммунисты в середине 90-х годов вновь пришли к власти, а в России – родине «диктатуры пролетариата» - «левый поворот» не произошел? Ведь Россия шла накануне президентских выборов 1996 г. тем же путем. Рейтинг Ельцина стремительно падал, и в проводимых в январе 1996 г. опросах, его, в качестве кандидата на пост президента, опережали не только Зюганов, но и генерал Лебедь, Явлинский и даже Жириновский. Разрыв Ельцина с демократами, произошедший в начале чеченской войны, казалось положил конец его эпохе. Почему же Ельцину удалось выбраться из этой почти безвыходной ситуации и в конце концов победить на выборах? В своей статье «Левый поворот» Михаил Ходорковский объясняет эту победу многомиллионными вложениями («олигархов») и машиной «безграничных манипуляций общественным мнением во имя победы Ельцина».

Но не преувеличивает ли автор возможности манипуляторов? В сентябре 1993 г. правящая в Польше «Солидарность» не смогла, несмотря на поддержку католической церкви и правительственных средств массовой информации предотвратить победу польских (пост)коммунистов на парламентских выборах. Несколько месяцев спустя российские демократы, контролирующие в то время многие рычаги власти, а также и СМИ, вынуждены были смириться с ошеломительным успехом Жириновского на выборах в Государственную Думу.

Эти примеры показывают, что выборы лишь частично поддаются манипуляциям и влиянию со стороны СМИ.

Парадоксом, без сомнения, является тот факт, что в таких странах, как Польша и Венгрия, служивших символами антикоммунистического сопротивления, через несколько лет после «мирной революции» 1989 г. коммунисты вновь вернулись к власти, а их единомышленникам в стране победившей октябрьской революции в таком триумфе в 1996 г. было отказано.

В чем же заключается разница между КПРФ и коммунистическими партиями бывших стран-сателлитов СССР? В первую очередь то обстоятельство, что преемница КПСС, в отличие от посткоммунистических партий в Польше и Венгрии, пока еще не доказала, что она может смириться с существованием открытого плюралистического общества, и что она готова отказаться от «коммунистического реванша».

Своим поведением на президентских выборах 3-го июля 1996 большинство российских избирателей ясно показало, что не собирается поворачивать колесо истории вспять. Одними лишь манипуляциями результаты выборов объяснить нельзя. Они отразили реальное соотношение сил в тогдашнем российском обществе. Подобно российским «олигархам», которые в 1996 г. отстаивали свои сказочные богатства, накопленные за несколько лет, прошедшие после развала СССР, большая часть обнищавшего российского общества не хотела коммунистического реванша. И это несмотря на общее неприятие ситуации в стране. Российский аналитик В. Соргин в этой связи писал, что выбирая из двух зол – старый или новый режим, - российские избиратели сделали выбор в пользу меньшего зла – нового режима. Объяснение этому, продолжает Соргин, по всей вероятности заключается в том, что с точки зрения большинства населения, советский режим полностью исчерпал свои реформаторские возможности, новый же режим все еще считался способным к переменам.

Все это, конечно, не отменяет того факта, что российское общество мучит тоска по социальной справедливости и равенству. Георгий Федотов писал много десятилетий тому назад, что из всех форм справедливости на первом месте для русских стоит равенство.

В 1917 году от стремления русского народа к равенству и социальной справедливости выиграли в конце концов политические демагоги, повернувшие колесо истории вспять. Развитие России в направлении открытого общества и правового государства было жестоко подавлено, а общество превращено в инструмент в руках автократического режима, осуществляющего ценой бесчисленных жертв свою социальную утопию. Жертвой уравнительных утопических грез стали тогда и многие представители европеизированного высшего слоя созданной Петром Петербургской империи. Их «исход» или же изгнание из страны культуролог Владимир Вейдле назвал своего рода «изгнанием варягов». Грозит ли сегодняшней России такое «повторение истории»? Не появится ли снова искушение заменить обусловленное свободой социальное и экономическое неравенство уравнивающим всех утопически-авторитарным режимом? Будут ли «варяги» вновь изгнаны из России? Вопрос этот остается открытым.

Опубл. ранее в *Московских новостях*, 9.9.2005

I.8 Уязвленная держава: Россия после Крымской войны и после распада Советского Союза – сравнительная зарисовка

После распада Советского Союза Россия превратилась в оскорбленного колосса, стремящегося к восстановлению своей пошатнувшейся позиции великой державы. Это положение России напоминает ситуацию, сложившуюся в Германии после Первой Мировой войны, в связи с чем в отношении России в последнее время часто говорится о «веймарском синдроме». Но и в истории самой России уже были периоды, когда страна, подобно Веймарской Республике, вела себя как великая держава с ущемленным самолюбием, и в первую очередь это можно отнести к периоду после Крымской войны (1853-1856).

**Смена парадигм: новые акценты в российской внешней
политике после Крымской войны и падения Советского Союза**
Внутри- и внешнеполитическое положение России в 1856 и 1991 годах разительно отличается друг от друга. Так, в 1856 году не было ни распада империи, ни смены социально-экономической и политической систем. Но несмотря на это, можно констатировать определенные сходства в поведении политических элит России в оба вышеуказанных периода, которые указывают на то, что в истории России, наряду с разрывами, можно наблюдать и определенную преемственность.

После распада СССР многие российские авторы неоднократно цитировали слова царского министра иностранных дел Горчакова, которые тот сформулировал вскоре после поражения России в Крымской войне: «Россия сосредотачивается». Этим они хотели подчеркнуть, что шоковое состояние, в которое впала Россия после потери империи и доминирующего положения в Восточной Европе, не продлится долго. Раньше или позже она снова вернется на политическую сцену в качестве великой державы, как это было и после Крымской войны.

Внешняя политика прекратившего свое существование в 1991 году Советского Союза была идеологизирована подобно политике царской империи перед Крымской войной. СССР представлял собой идеократию, которая воплощала принципы пролетарского интернационализма и карала так называемые контрреволюционные силы внутри, а также за пределами Советского Союза: в ГДР (1953), Венгрии (1956) или Чехословакии (1968).

Также и царская империя в первой половине XIX века служила наднациональным идеям – а именно «легитимистским принципам» – и пыталась подавлять отвергавшие эти принципы движения не только в России, но и вне ее границ, например, в Венгрии и Дунайских княжествах.

После поражения в Крымской войне российское руководство считало эту политику вмешательства губительной. Например, как следствие этой политики в 1849 году Россия подавила венгерское восстание и тем самым спасла от гибели Габсбургскую империю – своего будущего внешнеполитического противника. Уже упомянутый Горчаков заявил, что солидаризация с другими легитимистскими державами, в первую очередь с Австрией, сделала Россию ненавидимой во всей Европе. Россия должна была отказаться от роли европейского жандарма и защищать исключительно свои национальные интересы.

Подобную аргументацию приводили и многие российские политики после распада Советского Союза. Солидаризация с «социалистическими братскими странами» вовлекла Россию в множество абсолютно не нужных ей конфликтов во всем мире и сделала страну объектом ненависти многих народов. С этого момента Россия должна заботиться только о своих собственных интересах.

Поляризирующее действие реформ

Это сосредоточение на собственных интересах как в царской империи после Крымской войны, так и в постсоветской России было тесно связано с грандиозными внутриполитическими реформами.

После проигранной Крымской войны Россия пережила своеобразную революцию сверху, которая напоминала петровские реформы начала восемнадцатого века и которую можно назвать второй европеизацией

России. Было отменено крепостное право, значительно ослаблена цензура, а судебная реформа 1864 года создавшая независимые суды, укоренила в стране первые зачатки принципа разделения властей. Многие требования, которые предъявлялись поколениями критиков самодержавия, выполнялись одно за другим.

Еще более радикальные реформы проходили в России после свержения коммунистического режима. После семи десятилетий идеологической диктатуры, плановой экономики и большевистского единовластия начался тернистый путь России к открытому обществу, постепенное возвращение оторванной от Запада с Октября 1917 года страны в Европу.

В обоих случаях реформы поляризовали общество, хотя и различным образом. В эпоху Александра II наибольшая опасность для реформ исходила от нетерпеливых утопистов, для которых кардинальные изменения, начавшиеся после вступления Александра II на престол, были недостаточно радикальными. Они были заинтересованы не в реформировании уже существующей системы, а в ее разрушении.

В постсоветской России, напротив, начатые после августа 1991 года реформы подвергались опасности со стороны совершенно других сил, нежели это было во времена Александра II: не со стороны утопистов, добивавшихся создания небывалого в истории общества всеобщего равенства и социальной справедливости, а со стороны лишившихся власти элит, стремящихся к реваншу за свое поражение в 1991 году.

Междоусобные споры реформаторов

Угроза реформационному процессу обеих эпох исходила не только от воинствующих противников обновления, но и от внутренних разногласий в самих реформаторских лагерях. Эти противоречия касались не в последнюю очередь национального вопроса, который в многонациональном государстве как ранее, так и сейчас имел и имеет первостепенное значение.

В обоих случаях в начале реформаторского процесса отмечалась либерализация в этой области. Так, после вступления на престол Александра II были аннулированы многие антиеврейские законы, одновременно с этим в Польше было упразднено чрезвычайное положение, введенное после подавления ноябрьского восстания 1830/31гг.

В постсоветской России произошло преобразование страны из псевдофедерации в действительно федеративное государство. Федеративный договор 1992 года предоставил в первую очередь национальным республикам Российской Федерации значительные автономные права, о которых они ни в царские, ни в советские времена не могли и мечтать.

Но для некоторых наций уступки центра, как первой, так и второй эпохи, были недостаточны. Даже широчайшая автономия внутри российского государства их не удовлетворяла, так как они стремились к полной независимости. В эпоху Александра II это в первую очередь касалось Польши, в постсоветской России – Чечни.

Подавление польской и чеченской освободительных войн русскими вооруженными силами подорвало в обе эпохи доверие к проводимым процессам реформ и раскололо лагерь реформаторов.

Александр Герцен, эмигрировавший в николаевскую эпоху из России, вначале «с другого берега» горячо приветствовал реформы Александра II. Но после того, как в январе 1863 года вспыхнуло польское восстание он писал: «Действительно ли суждено этому правительству, которое без труда могло бы быть мягким и человечным, опускаться все ниже и ниже и марать себя кровью?». Также разочарованно звучало обращение председателя партии Демократический выбор России, Егора Гайдара, к Борису Ельцину, когда тот начал вооруженную операцию в Чечне в декабре 1994: «Захват Грозного будет ударом по демократическому прогрессу, по всему, что было достигнуто за последние годы».

Возврат к российскому «особому пути»

Вместе с тем, конфронтация с мятежными провинциями усилила, как в эпоху Александра II, так и в ельцинский период националистические настроения среди имперской нации, включая и сами реформаторские лагеря. Готовность идти на дальнейшие уступки внутренним и внешним соперникам существенно уменьшалась, а критика Запада, который поддерживал сепаратистские стремления Польши и позднее Чечни, усиливалась. Показательным был, например, опубликованный в

1869 году труд ранее либерально настроенного русского историка культуры Николая Данилевского «Россия и Европа».

Многие считают Данилевского предшественником Освальда Шпенглера, приводя в качестве иллюстрации разработанную Данилевским теорию биологического возраста культур, которые, после завершения определенного цикла, сходят с исторической сцены. Романо-германская культура, согласно учению Данилевского находилась уже в стадии распада, а чуждая ей славянская культура – наоборот, в стадии подъема. Антирусские настроения на Западе Данилевский рассматривал в первую очередь как следствие культурологических различий между Западом и Востоком. С полнейшей уверенностью в правоте своей державы он описывал расширение российской империи за последние столетия, придав этому расширению совсем иное качество, нежели завоеваниям западных государств.

Также и в постсоветской России российские демократы, которые до августа 1991 года были ярыми сторонниками «возвращения России в Европу», начали ссылаться на русский особый путь, в то время как прозападно ориентированные круги упрекались в беспредельной уступчивости по отношению к непосредственным соседям России. Так, политический советник российского президента Сергей Станкевич заявлял в середине 1992: «Наши соседи зачастую рассматривают Россию не как государство, а как груду, своего рода реликт, от которого можно отрезать ту или иную часть».

Такие понятия, как «национальная гордость» или «национальные интересы» являются для Запада вполне естественными, добавил к этому председатель Комитета иностранных дел Верховного Совета, Евгений Амбарцумов. Почему же они не могут иметь силу и в России?

Таким образом, почти все политические лагеря России как после Крымской войны, так и после проигранной Москвой «Холодной войны», чувствовали себя униженными Западом и стремились к восстановлению статуса великой державы для страны.

Возвращение на мировую арену

В первом рассматриваемом нами случае, это удалось уже спустя 14 лет после Парижского мира 1856 года, который завершил поражение России в Крымской войне. Вторая Французская империя, которая представляла собой главную опору установленного в 1856 году нового европейского порядка, потерпела в немецко-французской войне сокрушительное поражение. Уже в конце октября 1870 – то есть через каких-то два месяца после битвы при Седане, ознаменовавшей крушение наполеоновской империи, Горчаков объявил, что Россия не считает себя связанной решением, принятым Парижским договором, о нейтрализации Черного моря. Этим соглашением Россия обязывалась разрушить свои укрепления на Черноморском побережье. С этого момента царская империя снова стала полноправным членом «европейского концерта держав». К коренному пересмотру существовавшего европейского порядка стремилась теперь уже не Россия, а Франция.

Иначе ситуация складывается в сегодняшней постсоветской России. Кремль упрекает Запад в том, что там не отдается должное российским национальным интересам. В первую очередь Россия предъявляет претензии США в нежелании признать ее как равноправную великую державу. Расширение НАТО на Восток, военная интервенция в Югославии и признание независимости Косово приводятся в качестве примеров западного самоуправства. Признав независимость взбунтовавшихся грузинских провинций Абхазии и Южной Осетии после окончания пятидневной русско-грузинской войны, руководство Кремля, очевидно, имело целью представить доказательство того, что Россия возвращается на политическую арену как «великая держава» и «суверенная демократия». Решительный образ действий Москвы напоминает подобное односторонне принятое решение Петербурга в октябре 1870 года об аннулировании т.н. «Понтус»-пункта, касающегося Черного моря.

Новые вызовы после окончания «холодной войны»

Сравнивая два этих политических акта, нельзя оставить без внимания основополагающие различия между этими двумя ситуациями. В 1870 году европейцы видели в национальном государстве венец творения, и защита национальных интересов воспринималась ими как священная обязанность державы. В этом духе тогда действовала не только Россия, но и Германия, Франция, Италия и другие европейские государства. Подобный образ мышления превратил Европу в пороховую бочку, которая не замедлила взорваться в первый раз в 1914 году и второй раз в 1939. И только после опустошительного опыта обеих мировых войн в Европе произошла смена парадигм, которая привела к развенчанию безраздельно господствующей до сих пор национальной идеи и к зарождению европейского интеграционного процесса. Этому развитию старый континент обязан самым долгим за всю свою историю периодом мирного сосуществования, за исключением югославской трагедии.

Европейские процессы интеграции к началу горбачевской перестройки охватили и Россию. Часть российской элиты поддерживала идею возвращения страны в Европу. И было бы ошибкой считать данное стремление «романтическими грезами», как это кое-где принято, потому что оно имело вполне конкретные политические последствия. Политическое чудо мирных революций 1989 года, ликвидация европейского раскола и объединение Германии были бы невозможными без подобных устремлений, а также без отказа реформаторского крыла команды Горбачева от брежневской доктрины ограниченного суверенитета восточноевропейских стран, которая противоречила идее «общего европейского дома».

Тем временем эйфория 1989-1991-ых миновала. Изоляционистские силы, которые ставят под вопрос европейский характер России, усиливаются как в самой России, так и на Западе. Российские «европейцы», которым континент во многом обязан мирным преодолением десятилетиями длившегося раскола, вынуждены лишь обороняться, и кажется, что они окончательно проиграли борьбу с радикальными противниками Запада. Это положение дел подтверждается почти единодушной поддержкой антизападного конфронтационного курса кремлевского дуумвирата бо́льшей частью российской общественности, особенно после начала русско-грузинской войны. Но несмотря на это, российские сторонники национального эгоизма в постнациональную эпоху, начавшуюся в Европе с 1945 года, все же придерживаются анахронистических позиций, а сопротивление духу времени, как показывает история, редко увенчивается успехом. Поэтому не исключено, что Россия, которая все еще соединена бесчисленными связями с Западом, рано или поздно все же вернется к прерванному в путинскую эру процессу своего «возвращения в Европу».

Авторизованный перевод с немецкого Елены Сивуды

II. Запад или Восток? О колебании российского маятника

II.1 Владимир Печерин (1807-1885) и русская ностальгия по Западу

В 1932 году в Москве была издана автобиография человека, жизненный путь которого многим казался странным и необычным. Книга вышла в свет почти полстолетия спустя после смерти автора, и была озаглавлена—по названию одной из его заметок—с глубоким трагическим смыслом: «Замогильные записки». Публикацию этих записок, возникших в 60—70-х годах XIX века, не разрешила тогдашняя русская цензура. Такому запрету можно только подивиться, если принять во внимание, что происходило это при либеральном правлении Александра II, когда цензура была предельно мягкой. Многие радикальные критики существующей системы в то время могли легально публиковать свои сочинения в России. А публикацию биографии Печерина почему-то не допускали. И тем самым скрывали от русского читателя сложный и крайне нетипичный жизненный путь этого человека.

Однако и в России, и на Западе постоянно находились авторы, которых привлекал образ Печерина, и они пытались понять его судьбу. Так, например, еще до Октябрьской революции, в 1908 году, биографию Печерина написал историк культуры Михаил Гершензон. В послевоенное время судьбой Печерина занимались наряду с другими специалистами умерший в 1972 году русский публицист Виктор Франк (сын известного философа Семена Франка) и немецкий историк Петер Шайберт.[1]

---

1. Гершензон, Михаил: В.С. Печерин // Гершензон, История Молодой России. М., 1908. С. 75-173; Frank, Viktor: Ein russischer Exulant im XIX. Jahrhundert: Wladimir Petscherin // Rußland-Studien. Gedenkschrift für Otto Hötzsch. Stuttgart, 1957. С. 29-42; Scheibert, Peter: Von Bakunin zu Lenin. Geschichte der russischen revolutionären Ideologien. Band 1. Leiden, 1956. С. 21-35; его же: Über einige neue Briefe von Vladimir Pečerin 1867-1873 // Jahrbücher für Geschichte Osteuropas

В судьбе Печерина завораживает то, что в ней в концентрированной форме обнаруживается сложное, амбивалентное отношение многих русских к Западу—и тогда, и сейчас.

С самой ранней юности Печерин родившийся в 1807 году в российской провинции, стремится на Запад. Жизнь в России представляется ему однообразной, бессмысленной, а настоящая жизнь, по его мнению, пульсирует только там, на свободном и многокрасочном Западе. Спустя много десятилетий он писал в одном из своих писем: «Тяга к загранице охватила меня с самого детства. На Запад! На Запад!—звал меня загадочный внутренний голос».[2]

Эти чувства овладевали Печериным прежде всего в период, последовавший за восстанием 1825 года. Россию тогда держал в своих железных руках Николай I, и Печерин был не единственный, кто воспринимал царившую тогда в России атмосферу как невыносимую.

В 1833 году 26-летний Печерин был послан на Запад русским правительством как многообещающий доцент классической филологии. Там он должен был продолжить свое образование, в первую очередь в немецких университетах. Двухлетнее пребывание за границей окончательно сделало Печерина пылким почитателем Запада. Оживленная и многообразная культурная, политическая и социальная жизнь Запада настолько его очаровала, что он стал видеть в Западе своего рода Землю Обетованную.

Отвращение к России дошло у Печерина до предела. Он полностью идентифицировал себя с теми, кто испытывал антирусские настроения, которые тогда (сразу после подавления польского восстания 1830/31 года) на Западе преобладали. Ему Россия тоже казалась страной рабства и угрозой для западной цивилизации.[3] Под влиянием таких настроений он спустя некоторое время написал стихотворение, полное ненависти и преувеличений. Оно начиналось такими строками:

«Как сладостно отчизну ненавидеть

1960. С. 70-78; Schelting, Alexander v.: Rußland und Europa im russischen Geschichtsdenken. Bern, 1948. С. 231-238; Lipski, Alexander: Pecherin´s Quest for Meaningfulness // Slavic Review, 1964. С. 239-257.

2   Гершензон, Печерин. С. 155.

3   Там же. С. 90-91.

И жадно ждать ее уничтоженья».[4]

Возвращение в Россию Печерин переживал очень тяжело. Тем не менее в середине 1835 года он вернулся и возглавил кафедру классической филологии в Московском университете. Внешне казалось, нет никаких помех для блестящей научной карьеры. Многие современники считали, что Печерин принадлежит к числу наиболее одаренных профессоров Московского университета. Студенты слушали его лекции с подлинным восхищением; его научные работы встречали в академических кругах самый положительный отклик. У него было много верных и понимающих друзей, которые относились к нему с любовью и уважением, пророчили блестящее будущее.[5]

Но Печерин добровольно отказался от всего этого, когда в июне 1836 года, в возрасте 29 лет, он покинул Россию, почти сбежал. Он уехал на Запад под предлогом ускорить публикацию своей диссертации в Германии. Но на самом деле он хотел навсегда оставить Россию, и, действительно, свою родину он так и не увидел больше до самой смерти в 1885 году. В своих воспоминаниях он пишет: «...в половине мая 1836 года я выехал из ненавистной мне Москвы... <у меня> была непреклонная воля не возвращаться в Россию! Вот так-то я потерял все, чем человек дорожит в жизни: отечество, семейство, состояние, гражданские права, положение в обществе—все, все! Но зато я сохранил достоинство человека и независимость духа».[6]

Печерин покинул Россию за несколько месяцев до появления знаменитого «Философического письма» Петра Чаадаева. В этом письме Чаадаев критикует Россию и ее историю не менее беспощадно, чем Печерин. Но в то время как письмо Чаадаева потрясло всю русскую образованную общественность, критика Печерина была известна лишь немногим посвященным. Однако это не удивительно. Чаадаев высказал свой жесткий, в некоторых пунктах необоснованный диагноз положения в России не в последнюю очередь потому, что стремился это положение изменить. В противовес ему Печерин сделал совершенно другой вывод из своей критики. После того как он констатировал, что положение дел в

4   Печерин, Владимир: Замогильные записки. М., 1932. С. 6.
5   Гершензон, Печерин. С. 93-94.
6   Печерин, Замогильные записки. С. 37.

России коренным образом отличается от почитаемого им Запада, он уже не хотел иметь ничего общего со своей страной. В спорах между славянофилами и западниками о судьбах России, разгоревшихся после письма Чаадаева, Печерин не участвовал. Он пошел своим собственным путем и попытался разорвать все узы, связывавшие его с русским прошлым.

Неприятие России было связано у Печерина с неясными романтическими мыслями о собственной миссии. Он хотел на Запад, чтобы там участвовать в борьбе за освобождение человечества от какого бы то ни было угнетения и в создании нового, справедливого мира.[7] Чрезвычайное влияние на него оказали идеи французских социалистов—Сен-Симона, Фурье но больше всего—Ламенне. Эти идеи, которые он считал тогда за самое высокое и благородное проявление западного духа, по сути, и прогнали его из России. Спустя три десятилетия утративший свои иллюзии Печерин писал: «Книги—вещи преопасные: от них рождаются идеи, а следовательно, и всевозможные глупости (за эту фразу покойный Николай Павлович, наверное, сделал бы меня по крайней мере камер-юнкером. Жаль, что он умер). Книги имели решительное влияние на главные эпохи моей жизни. Да еще бы ничего, если бы это были настоящие книги, т. е. какие-нибудь фолианты... а то нет! Самые ничтожные брошюрки в каких-нибудь сто страниц решали судьбу мою на веки веков. Брошюрка Ламенне заставила меня покинуть Россию и броситься в объятия республиканской церкви».[8]

Таким образом, Печерин поменял надежную жизнь уважаемого профессора на бесправное и безденежное существование эмигранта. Так как у него не было денег и необходимых документов его гоняли из одной европейской страны в другую. Как метко заметил Виктор Франк, он предвосхитил судьбу многих русских эмигрантов позднейшего времени. Пренебрежительное отношение Печерина к материальным благам, его готовность отказаться от них в пользу идеалов связывают его с революционной русской интеллигенцией, которая стала возникать примерно ко

---

7   Гершензон, Печерин. С. 97-100, 104-108.
8   Печерин, Замогильные записки. С. 81.

времени его бегства. Печерин, как справедливо замечает Виктор Франк, был одним из прототипов этого нового социального слоя.[9]

Наряду с аскетизмом у Печерина были и другие качества, которые стали типичными для позднейших представителей интеллигенции, например, стремление к незамедлительному осуществлению собственных идеалов. Пропасть, которая отделяла идеалы от действительности, была до такой степени невыносима для Печерина и для представителей русской интеллигенции, что они готовы были на отчаянные поступки, лишь бы ее устранить. «Бегство» Печерина на Запад можно считать примером такого поступка.

Если Запад в целом был для Печерина своего рода землей обетованной, то Париж в особенности он рассматривал как «новый Иерусалим». Он хотел любой ценой попасть в Париж. Весной 1837 года он писал своему другу в России, что следует за своей путеводной звездой, которая ведет его в Париж.[10] Там, в «духовной столице» старого континента, по мнению Печерина, должна решиться судьба Запада, а значит, и всего мира.

В своих воспоминаниях Печерин говорит, что до 1838 года его идеи и идеалы были чисто французскими. Но для его времени, по крайней мере для образованных кругов, в которых он вращался, это было типично: они презирали все русское и рабски почитали все французское.

Мечта Печерина — принять участие в Париже в подготовке европейской революции—была, однако, разбита французской полицией. Так как у него не было настоящего паспорта, французские пограничные власти отказали ему во въезде в страну. Он получил лишь транзитную визу для проезда через Францию из Швейцарии в Бельгию. Наверно, это было первым большим разочарованием, пережитым Печериным на Западе. Ему стало ясно, что и западная свобода, которой он так восхищался, была не безграничной.

Это разочарование совпало с другим. Печерин начал отдаляться от революционной среды, в которой он вращался в годы своей первой поездки на Запад. Он считал, что вместо революционного идеализма он

---

9   Frank, Ein russischer Exulant. C. 30.
10   Гершензон, Печерин. C. 101.

обнаружил там только тщеславие и пустую риторику. Сочинения революционных теоретиков, которые он интенсивно изучал (например, Бабефа), казались ему банальными и поверхностными.

Если подумать о том, с какими безграничными ожиданиями Печерин прибыл на Запад и как глубоко он был убежден в немедленном наступлении там «золотого века», то его разочарование, в одинаковой мере быстрое и безграничное, не покажется удивительным. Его можно было предвидеть. Но что можно было предвидеть в гораздо меньшей степени, так это реакцию Печерина на свое разочарование.

Так как он ни за что не хотел возвращаться в Россию и все еще считал Запад единственной частью света, в которой он может жить, он стал искать другой западный идеал, с которым он мог бы себя полностью идентифицировать. И он нашел его в католицизме. Новейшая западная идеология—социализм—больше его не привлекала, и он обратился к самому старому учению Запада.

В этом пункте путь Печерина расходится с обычным путем представителя русской интеллигенции. Разочарование Печерина в революции пришлось на такой момент, когда русская интеллигенция только начинала преданно и безоговорочно служить революционному идеалу, и это служение затянулось на многие поколения. Поэтому для представителей русской интеллигенции, поначалу считавшей Печерина своим единомышленником, его шаг оказался совершенно непонятным. Тем более что Печерин стал не просто католиком, а принял монашество. В 1840 году он вступил в суровый орден редемптористов, который видел свою задачу в том, чтобы проповедовать Евангелие среди самых бедных слоев населения.

В своих мемуарах Александр Герцен объясняет уход Печерина в монастырь как следствие тяжелой депрессии. Под грузом одиночества, нищеты и безразличия, с которыми он столкнулся на Западе, Печерин пережил душевный крах. Только этим можно объяснить странное обстоятельство: тот же самый человек, который сбежал от несвободы в царской империи, подчинился строгой дисциплине католического ордена.

Друг Герцена Огарев комментирует этот шаг Печерина с еще большей страстностью. По его словам, Печерин, революционный поэт и ученый, разочаровался во всех своих прежних идеалах и заживо похоронил себя в монастыре. Ни один русский поэт не умер более страшной смертью.[11]

Печерин высказывает свое отношение к этим объяснениям, отчасти цитируя их в своих воспоминаниях. Так, например, версию Герцена относительно своего ухода в монастырь он решительно отвергает. Материальные тяготы эмигрантской жизни не были ни в коей мере причиной этого его шага.

Если подумать о том, с какой легкостью Печерин отказался от материального благосостояния в пользу своих идеалов и как сильны были в нем аскетические склонности, то его возражения против высказанного Герценом предположения звучат весьма правдоподобно. Причины крутого поворота в его жизни наверняка были обусловлены в первую очередь идейными, а не материальными причинами. Но что это были за причины, сказать трудно. Сам Печерин мало что говорит по этому поводу, к тому же его воспоминания, написанные три десятилетия спустя после его обращения в католичество, когда он был в совершенно ином душевном состоянии, не всегда можно считать надежным источником. Но едва ли можно сомневаться в том, что интерес Печерина к религии после того, как он разочаровался в революционных идеалах, был глубоким и искренним. В этом он предвосхитил процесс, который лишь спустя полвека наметился в кругах русской интеллигенции. Тогда (на рубеже веков) некоторые ведущие представители русской интеллигенции, такие, как С. Булгаков, Н. Бердяев, С. Франк, в свою очередь тоже разочаровались в революционных идеалах и так же, как и он, открыли для себя религию. Но у них это было православие, а не католицизм. Стало быть, и здесь Печерин шел своим собственным путем.

Как правильно говорит М. Гершензон, для Печерина просто переход в католичество был бы недостаточен. Ему необходимо было провозгла-

---

11   См. Печерин, Замогильные записки. С. 103-104.

сить свой символ веры и пытаться с его помощью изменить мир. Этим объясняется его вступление в орден редемптористов.[12]

Любую свою веру Печерин проповедовал с беспримерной страстностью и радикальностью. Между прочим, эта черта характерна и для других представителей русской интеллигенции, которые начиная с 30-х годов XIX века становились приверженцами определенных западных идей. В этом заключалась специфически «русская нота», которую они вносили в свои идеи.

На Западе, который становился все более скептическим и трезвомыслящим, эта русская страстность воспринималась как нечто весьма привлекательное. Видимо, именно этим не в последнюю очередь объясняются успехи Печерина, которых он добился в своей миссионерской деятельности, будучи членом ордена редемптористов.

Этой деятельности он посвятил почти два десятилетия. По единодушному мнению многих наблюдателей, он относился к наиболее талантливым и блестящим ораторам в своем ордене. Сохранились сообщения об удивительных миссионерских успехах Печерина в самых разных европейских странах: сначала в Бельгии, затем в Англии, и наконец, в Ирландии.

Риторические таланты Печерина проявились уже во время его деятельности в качестве университетского профессора. Другой предпосылкой его успехов был его невероятный языковой талант, о котором сообщали многие современники. Наряду с классическими языками, он владел французским, английским и немецким.

В своих воспоминаниях Печерин раскрывает еще одну тайну своих проповеднических успехов. Здесь ему пришло на помощь его русское и православное прошлое. Свои проповеди Печерин строил не по образцу западных отцов церкви и проповедников, а по образцам восточного православия. В первую очередь он был вдохновлен примером самого великого проповедника православной церкви—Иоанна Златоуста; от него он научился строить свои речи не так рационалистично, как это делали знаменитые проповедники в его время, главным образом французские.[13]

---

12 Гершензон, Печерин. С. 119.
13 Печерин, Замогильные записки. С. 157.

Печерин полностью порвал со своим революционным прошлым. Особенно отчетливо это проявилось во время его встречи с Александром Герценом в 1853 году, о которой поведал Герцен в своих мемуарах.

Герцен завел с Печериным разговор о его революционных стихах и спросил, нельзя ли их опубликовать. Печерин удивился, как это Герцен все еще сохраняет интерес к стихам такого рода. Сам он воспринимает их так, как будто их написал не он, а кто-то другой. Он не хочет иметь с этими стихами ничего общего и смотрит теперь на них, как выздоровевший человек, смотрит на свою только что пережитую болезнь.

Сразу же после этой встречи между Печериным и Герценом завязалась интересная переписка. В ней Печерин радикально нападает на присущую Герцену веру в науку и прогресс, иными словами на свои собственные прежние идеалы. Теперь он считает, что единственной истинной основой любого общества может быть только религия. То общество, в котором религия заменена верой в науку или философскими системами, будет либо упадочным, либо деспотическим. Печерин опасается, что в случае триумфа научно-материалистической цивилизации вновь начнутся гонения на христиан. В этой цивилизации не найдется места тем, кто, подобно ему самому, предпочитает созерцательный образ жизни.[14]

Воспоминания Герцена и письма самого Печерина свидетельствуют о том, что и спустя 13 лет после ухода в монастырь Печерин полностью отождествлял себе с католической верой и своим положением в рамках католической церкви.

Его авторитет в ордене постоянно возрастал. В 1858 году его наставники даже решили отправить его в Рим. Он должен был выступать там со своими проповедями, в том числе и на русском языке.

Однако пребывание Печерина в Риме оказалось кратковременным. В своих мемуарах он пишет, что не мог даже дышать в этом городе.[15] Мирская власть пап и роскошь придворных церемоний противоречили его пуризму и аскетизму.

---

14 Герцен, Александр: Былое и думы. М., 1958. Т. 3. С. 363-376.
15 Печерин, Замогильные записки. С. 171.

Но отвращение к Риму было скорее всего следствием, а не причиной его сомнений, которые начались примерно в это время. Его внутренний голос, романтическая тяга к земному раю опять породили в его душе беспокойство. Когда-то тот же голос подвиг его к бегству из России, а теперь начал подталкивать к такому же бегству из монастыря. В душе Печерина зарождается мятеж против беспрекословного послушания церковным властям, которым он двадцать лет подряд подчинялся добровольно. В мае 1861 года один из наставников упрекает его в том, что он подвергает критике мирскую власть пап.[16]

В это же время Печерина начинают одолевать сожаления о том, что он вступил в монастырь. Появляется чувство, что он что-то в жизни упустил. Настоящая жизнь, настоящая история человечества протекают за стенами монастыря, а монастырская жизнь в какой-то мере ирреальна. В конце 1861 года Печерин ушел из монастыря. Сразу же после этого он пишет, что лучшие 20 лет своей жизни он проспал. Теперь он согласен с приведенным выше высказыванием Огарева, что он похоронил себя заживо в монастыре.[17]

Уход из монастыря для Печерина практически означал разрыв с католицизмом. Вследствие этого он утрачивал последний идеал, связывавший его с Западом. Наверно, это было величайшим разочарованием в его жизни.

Запад, который с детства был предметом его восхищения и вожделения, начал терять свой блеск в его глазах. И в то же время растет его интерес к России. В течение долгих десятилетий он вспоминал свою родину только с ужасом. Связи с Россией он прервал почти полностью. Он даже начал постепенно забывать свой родной язык. Но все это радикально изменилось после смерти Николая I в 1855 году. Печерин пишет, что, пока жив был Николай I, он никогда даже и не вспоминал о России. Уже вскоре после прихода к власти Александра II он заметил, что в России начинается другая эпоха. Своими реформами, прежде всего освобождением крестьян, Александр II пробудил Россию к новой жизни.

16 Франк, Виктор: У истоков истории русской интеллигенции. Неизвестная страница из биографии В.С. Печерина // Франк В.: Избранные статьи. Лондон, 1974. С. 150.
17 Печерин, Замогильные записки. С. 38.

Свой разрыв с орденом Печерин пытается связать прежде всего с этим новым процессом в России. Он считал невыносимым оставаться в монастыре в такое время, когда в России происходят столь важные перемены. Он хотел принять участие в этих реформах.

Печерин, десятки лет страстно боровшийся с идеями славянофилов об упадке Запада и богоизбранности России, сам начинает высказывать подобные мысли. Теперь он считает, что Запад уже сыграл свою историческую роль. Великое будущее человечества начинается теперь в России.

Такое же сближение с идеями славянофилов можно было наблюдать и у других русских «западников», долго живших на Западе, например у Александра Герцена и Михаила Бакунина. Однако позиция Печерина существенно отличалась от позиции Герцена или Бакунина так как он не разделял их веру в революцию и в революционное предназначение России. Но и от славянофилов Печерина все еще отделяла глубокая пропасть. В противовес им он, к примеру, не идеализировал допетровское прошлое России.

При его обращении к России не могло быть и речи о безграничном восхищении, которое он когда-то испытывал по отношению к Западу. Он был далек от того, чтобы превратиться в ура-патриота, русская действительность давала ему множество поводов для критики. Когда в январе 1863 года началось антирусское восстание в Польше, он однозначно высказался в пользу Польши, как впрочем, и другие русские эмигранты, например, Герцен и Бакунин.

В связи с польским восстанием кое-кто из его друзей, как в эмиграции, так и в России, попытались уговорить его вернуться в Россию. Он мог бы способствовать примирению между поляками и русскими. Он предназначен к этой роли, так как является одновременно и католическим священником и русским.[18]

Вопрос о возращении Печерина обсуждался в русской прессе. Михаил Катков, в то время еще бывший либеральным публицистом, высказался за возвращение Печерина, а влиятельный представитель нацио-

---

18   Frank, Ein russischer Exulant. С. 40; Izjumov, A.: Der Briefwechsel V.S. Pečerins mit A.I. Herzen und N.P. Ogarev // Jahrbücher für Kultur und Geschichte der Slaven, 1933. С. 505-506.

налистических кругов в России М. Погодин наоборот, был решительно против: благодаря своему миссионерскому таланту Печерин обратит в католичество столько же русских прозелитов, сколько он в свое время, будучи университетским профессором, обратил к изучению классических языков.[19]

Но и сам Печерин колебался, возвращаться ли ему в Россию. Он не полностью доверял вновь обретенной русской свободе. В апреле 1863 года он писал Огареву: «Если бы в России было как в Англии, где каждый может свободно разгуливать, говорить и делать все, что захочет..., то я бы наверно сразу же взялся там за свои дела. А так что мне делать в России?»[20]

Из этого видно, что Печерин не смог правильно оценить размах перемен, произошедших в России после начала великих реформ. К правлению Александра II он прилагал мерки, которые в принципе были бы приложимы только к режиму Николая I.

Итак, Печерин остался на Западе, закат которого он считал неизбежным. Парижская коммуна явилась для него знаком того, что старая Европа стоит у своей последней черты. Подобно ранним христианам, разрушавшим языческие храмы, коммунары должны были разрушить старые дворцы и памятники. Защитники античной культуры видели в христианах варваров, и точно также думали о коммунистах защитники старой Европы. Однако коммунисты, которые последовательно и непреклонно добиваются своих целей, скорее всего победят, как и ранние христиане.[21]

Печерин остался католическим священником, хотя он был убежден в том, что католическая церковь не переживет заката Европы. При этом он критиковал католичество, и прежде всего политические притязания папства, с такой же радикальностью, как некогда Россию или революционные идеи. Но теперь у него не было нового идеала, во имя которого он клеймил бы прежний. Его ярко выраженное стремление делить мир на «добро» и «зло» на сей раз оставалось неудовлетворенным.

---

19   Izjumov, Der Briefwechsel. С. 504-505.
20   Там же. С. 516.
21   Печерин, Замогильные записки. С. 100.

В одном месте своих записок он даже говорит, что ненавидит все идеалы, ибо они заставляют человека делать то, что противно его природе.

Но, несмотря на это высказывание, Печерин продолжал искать идеал, которому он мог бы служить. В одном из писем он пишет о себе: «Всю свою жизнь я был настоящим Дон Кихотом. Я все принимал за чистую монету, видел повсюду добродетель и красоту, где их и в помине не было... Сколько ветряных мельниц я считал за великанов! Скольким дульсинеям я поклонялся!»[22]

В ходе своих отчаянных поисков идеала Печерин углубляется в индийскую метафизику, но одновременно занимается также и материалистической философией, которую он прежде так резко отвергал.[23] Ничто не может удовлетворить его окончательно. Ему не удается найти замену своему старому идеалу — Западу.

Одна из последних надежд Печерина оказалась разбитой, когда русская цензура не допустила публикации его воспоминаний. Печерин хотел хотя бы таким косвенным путем, с помощью своих записок, вернуться на родину. Он считал, что русский читатель, и прежде всего молодежь, могут кое-чему научиться на примере его жизни.

Петербургскую цензуру явно испугали крайне критические высказывания Печерина о царской империи и религии. (Как раз эта критика стала причиной, из-за которой советские функционеры в области культуры решили опубликовать записки Печерина в 1932 году. Во введении Лев Каменев «от издателя» одобрительно указывает на эти высказывания, хотя и называет автора «классовым врагом».)

Печерин был бесконечно разочарован этим запретом. С этих пор, пишет он в своих записках, у него не осталось надежды, что кто-нибудь прочтет его воспоминания еще при его жизни, высказав критику или похвалу. Он говорит с сарказмом: «Я адресую свои записки прямо на имя потомства; хотя, правду сказать, письма по этому адресу не всегда доходят,—вероятно, по небрежности почты, особенно в России».[24]

---

22   Izjumov, Der Briefwechsel. C. 516.
23   Гершензон, Печерин. C. 165-167.
24   Печерин, Замогильные записки. C. 166.

Но если эти записки все же когда-нибудь опубликуют, хоть в грядущем столетии, пишет далее Печерин, то, может быть, его жизнь, жизнь вечного Дон Кихота, вдохновит какого-нибудь молодого русского читателя в свою очередь совершить что-нибудь необычное, какую-либо великодушно-романтическую глупость.

Разочаровавшись в Западе, но не имея возможности и желания вернуться в Россию, Печерин оказался в вакууме между двумя мирами. Последние 23 года своей жизни (1862—1885) он провел в Дублине, работая священником в католическом госпитале. Эту работу, как и все другие виды деятельности в прошлом, он исполнял образцово. Ото всех он получал только похвалу и благодарность. Окружающие в нем ничего не замечали, никаких внутренних конфликтов и душевной борьбы. До конца своей жизни он оставался воплощением романтического стремления к идеалу, к раю на земле—стремления, которое никогда не могло исполниться. Вопросы, которые занимали его более ста лет назад, в первую очередь отношения между Россией и Западом, до сегодняшнего дня сохраняют свою актуальность. И сейчас их обсуждают в России с такой же страстью, а зачастую и с теми же аргументами, которые были присущи Печерину — этому пионеру западничества.

Перевод Л. Лисюткиной

II.2 Евразийская идеология в европейском контексте[1]

К числу наиболее интересных и самобытных течений русской мысли послереволюционных лет принадлежит евразийство, или евразийское движение, оформившееся в 1921 году в эмиграции. Этому движению предсказывали большое будущее: темы, выдвинутые евразийцами, подробно обсуждались в русской зарубежной печати.[2] Евразийцы развили бурную публицистическую деятельность и выпускали, особенно в двадцатых годах, много книг и периодических изданий.[3] Однако во второй половине 30-х годов это движение, поначалу взбудоражившее умы, распалось.

Интерес к евразийству возродился лишь спустя три десятилетия, чему в большой мере способствовала монография мюнхенского историка Отто Бёсса (1961). Несколько статей на эту тему опубликовал Николай Рязановский, небольшие главы в своих исследованиях по истории русской общественной мысли и русской эмиграции посвятили евразийцам Василий Зеньковский, С.В.Утехин, Роберт Уильямс, Глеб Струве и

---

1   Немецкий оригинал этой статьи был опубликован в 1986 году в журнале: Jahrbücher für Geschichte Osteuropas 34, 3, 1986. С. 374-395.
2   См. Степун, Ф.: «Евразийский временник». Книга третья // Современные записки 21, 1924. С. 400-407; Шлецер, Б.: Закат Европы // Современные записки 12, 1922. С. 339-348; Бердяев, Н.: Евразийцы // Путь 1. 1925. С. 134-139; Гессен, И.: Годы изгнания. Жизненный отчет. Париж, 1979. С. 201; Устрялов, Н.: Под знаком революции. Харбин, 1927. С. 415; Франк, С.: Биография П.Б. Струве. New York, 1956. С. 146-147; Rimscha, H.: Rußland jenseits der Grenzen. Ein Beitrag zur russischen Nachkriegsgeschichte. Jena, 1927. С. 182-193; Gorlin, M.: Die philosophisch-politischen Strömungen in der russischen Emigration // Osteuropa 8, 1932/33. С. 279-294.
3   См. Исход к Востоку. Предчувствия и свершения. Утверждение евразийцев. София, 1921; На путях. Утверждение евразийцев. Москва/Берлин, 1922; Евразийский временник. Книга третья. Берлин, 1923; Евразийский временник. Книга четвертая. Берлин, 1924; Евразийский временник. Книга пятая. Париж, 1927; Россия и латинство. Сборник статей. Берлин, 1923; Евразийский сборник. Книга VI. Прага, 1929; Тридцатые годы. Утверждение евразийцев. Книга VII. Издание евразийцев 1931; Новая эпоха. Идеократия. Политика. Экономика. Ред. В. Пейль. Нарва, 1933; Евразийская хроника (1925-1937); газета «Евразия» (1928/29) и др.

Михаил Агурский. Наконец, в 1982 и 1985 гг. появились две работы Чарльза Гальперина.[4]

В отличие от большинства эмигрантов - беженцев из России, воспринимавших русскую катастрофу только как катастрофу, идеологи евразийства видели в трагедии революции и гражданской войны глубокий исторический смысл. Им казалось, что неслыханные испытания, выпавшие на долю России, ставят ее решительно выше Западной Европы. Урок мировой войны, говорили они, прошел для Европы даром: европейцам очень быстро удалось залатать старый мир, замаскировать открывшуюся бездну.[5] Лишь благодаря русской революции трагедия общеевропейской войны получила подобающее ей трагическое завершение. Двойная катастрофа - война и революция - ставит русских на новую, более высокую ступень исторического сознания. Это обостренное восприятие катастрофы вызывало у выброшенных на чужбину противников большевизма чувство превосходства по отношению к странам, которые их приютили.

Но евразийцы апеллировали не только к чувствам. Привлекательность их доктрины состояла в соединении завораживающей эмоциональности с научностью. В разработке евразийской идеологии приняли участие этнографы, лингвисты, историки, географы, философы, богословы, правоведы. В этом отношении евразийство выгодно отличалось от большинства идеологий, возникших в Европе между двумя мировыми

---

4   Böss, O.: Die Lehre der Eurasier. Ein Beitrag zur russischen Ideengeschichte des 20. Jahrhunderts. Wiesbaden, 1961; Riasanovsky, N.V.: The Emergence of Eurasianism // California Slavic Studies 4, 1967. C. 39-72; Riasanovsky, N.: Prince N.S. Trubetskoy´s «Europe and Mankind» // Jahrbücher für Geschichte Osteuropa 12, 1964. C. 207-220; Utechin, S.: Geschichte der politischen Ideen in Rußland. Stuttgart, 1966. C. 240-244; Williams, R.C.: Culture in Exile. Russian Emigrés in Germany 1881-1941. Ithaca/London, 1972. C. 258-261; Halperin, C.J.: George Vernadsky: Eurasianism, the Mongols and Russia // Slavic Review 41, 1982. C. 477-493; Halperin, C.J.: Russia and the Steppe: George Vernadsky and Eurasianism // Forschungen zur osteuropäischen Geschichte 36, 1985. C. 55-194; Stammler, H.-A.: Europa – Rußland – Asien. Der «eurasische» Deutungsversuch der russischen Geschichte // Osteuropa 12, 1982. C. 521-528; Зеньковский, В.: Русские мыслители и Европа. Критика европейской культуры у русских мыслителей. Париж, 1955. C. 157-167; Струве, Г.: Русская литература в изгнании. Нью Йорк, 1956. C. 40-49; Агурский, М.: Идеология национал-большевизма. Париж, 1980. C. 98-102.

5   Сувчинский, П.: Эпоха веры // Исход к Востоку. C. 14-27; Сувчинский: Вечный устой // На путях. C. 99-133; Савицкий, П.: К обоснованию евразийства // Руль, 10.1.1922.

войнами. Над ним трудились не самодеятельные историки и политические дилетанты, а люди научного склада мысли, владевшие искусством проницательного анализа и ясной аргументации. Вот почему не так легко было опровергнуть их теоретические построения, хотя они и вызывали негодование в некоторых кругах эмиграции.

Оригинальной чертой евразийства был особый акцент, который ставился на Азии, азиатском компоненте России. Начиная с Петра I Россия неустанно боролась за признание ее европейской державой. Западная общественность реагировала на эти усилия, как правило, скептически. Считалось, что Россия в Европе - некое чужеродное тело, что несмотря на поверхностную европеизацию, она остается по сути азиатской страной; «европейское» отождествлялось с «западным», и тот факт, что у Европы тоже есть свой Восток, чаще всего не принимался во внимание. Русские авторы по большей части безуспешно протестовали против такого усечения понятия Европы.[6] Революция подлила масла в огонь, обновив эти представления. Немецкий социолог и культуролог Альфред Вебер писал в 1925 г. о том, что большевистская власть привела к реазиатизации России. Лишь по недоразумению эта страна примкнула на какое-то время к сообществу европейских наций; покидая Европу, она возвращается к самой себе.[7]

Да, вот именно, - отвечали евразийцы. Западноевропейскому изоляционизму они противопоставили столь же категорически выраженный восточный изоляционизм. Евразийцы считали, что России нечего делать в Европе, она должна повернуться в другую сторону, захлопнуть окно на Запад, отворенное Петром. Первый сборник трудов, излагавших доктрину евразийства, носил программное название «Исход к Востоку». Он вышел в Софии в 1921 году.

Предлагалось пересмотреть традиционный взгляд на татаро-монгольское иго, охватывающее два с половиной века русской истории. Не

---

6   См. Вейдле, В.: Три России // Современные записки 65, 1937. С. 304-322; его же: Россия и Запад // Современные записки 67, 1938; его же: Задача России. Нью Йорк, 1956; Weidle, W.: Rußlands Weg und Abweg. Stuttgart, 1956.

7   Weber, A.: Die Krise des modernen Staatsgedankens in Europa. Stuttgart, 1925. С. 119.

Киевская Русь, а монгольская феодальная империя - вот истинный предшественник российского государства. Киевская Русь, указывал один из основоположников евразийства Николай Трубецкой, занимала лишь 1/20 нынешней территории России, тогда как Золотая Орда примерно соответствовала всей этой территории.[8] Чингисхан стоит у истоков грандиозной идеи единства и суверенитета Евразии, киевская же «идея» представляется Трубецкому провинциальной. Порабощенный русский народ воспринимал монгольское завоевание как иго, но не мог долго противиться очарованию идеи всемирного царства. Эту идею переняло у татар в XVI веке Московское великое княжество.[9]

II.

Хотя эта новая оценка татарского государства учитывала не только исторические, но и современные аспекты, дискуссия вокруг нее занимала в основном ученых. Куда больше взволновали широкую публику другие идеи евразийцев - анализ революции и критика Запада. Пожалуй, по своей радикальности эта критика превосходила все, что доселе было сказано на эту тему в русской публицистике, историографии и философии.

Идею европейского превосходства, заимствованную европейцами у Древнего Рима, евразийцы рассматривали как своего рода бич человечества, как главный источник кризисов XX века. Самоуверенность европейцев настолько сильна, что она распространилась и на многие другие, неевропейские народы, писал Трубецкой в своей книге «Европа и человечество» (София, 1920): образованные слои этих народов стали оценивать свою самобытную культуру по европейским меркам, и это вызвало у них комплекс неполноценности. Сознание собственной отсталости побуждает неевропейцев перепрыгивать необходимые ступени развития, пожирает все их силы и еще больше отчуждает от собственных тради-

---

8 Савицкий, П.: Степь и оседлость // На путях. С. 341-356; И.Р. (Н.Трубецкой): Наследие Чингисхана. Взгляд на русскую историю не с Запада а с Востока. Берлин, 1925. С. 3-4; Евразийство. Опыт систематического изложения. Париж, 1926. С. 37-38; Вернадский, Г.: Начертание русской истории. Часть первая. Прага, 1927. С. 17.

9 И.Р. (Трубецкой), Наследие. С. 18-23.

ций. В одном из писем Роману Якобсону, товарищу Н.С.Трубецкого по
основанному ими Пражскому лингвистическому кружку, автор «Европы и
человечества» пояснял, что эта книга (которую можно назвать манифестом евразийства) задумана как первая часть трилогии. Если здесь он
сосредоточился на полемике с высокомерно-эгоцентрическим и абсолю-
тистским национализмом романских и германских народов, то продолжение своего труда он намерен посвятить другому, «подлинному национа-
лизму».[10]

Вторая и третья часть трилогии Трубецкого вышли в сокращенном
виде как статьи в уже упоминавшемся сборнике «Исход к Востоку». Под-
линный национализм, по мысли автора, это такой национализм,
которому чужды национальное тщеславие и нетерпимость по отношению к другим культурам. Преодоление стереотипов «ложного», западно-
европейского национального мышления - залог гармонического сосуществования народов.[11] Эти рассуждения напоминают романтический национализм в Европе до революции 1848 года. Романтики рисовали картину грядущей гармонии наций, у которой был только один враг - европейские династии. Как известно, 1848 год и последующая эволюция национализма принесли большие разочарования.

Если Шпенглер предсказывал близкий конец фаустовской (западноевропейской) культуры и цивилизации, то для кн. Трубецкого конец гегемонии Европы был отнюдь не очевиден. На это отличие редко обраща-
ют внимание в литературе. Трубецкой опасался, что триумфальное шествие Европы в мире будет продолжаться и впредь, ибо народы все
больше подпадают под коварное очарование европейской культуры.[12]
Ни в духовном, ни в политическом, ни в экономическом отношении господство Европы не поколеблено. Даже большевистская Россия, по мнению Трубецкого, становится все более зависимой от Европы. Эту зави-
симость не могла бы устранить мировая социалистическая революция, о
которой мечтают большевики, ибо тогда Россия оказалась бы в колони-

---

10   N.S.Trubetskoy´s Letters and Notes. Prepared for publication by Roman Jakobson,
     The Hague/Paris, 1975. C. 12-14.
11   Трубецкой, Н.: Об истинном и ложном национализме // Исход к Востоку. С. 83.
12   Трубецкой, Н.: Европа и человечество // Трубецкой, Н.: История. Культура.
     Язык. М., 1995; Trubetskoy´s Letters. C. 14-16, 25.

альной зависимости от более «прогрессивных» социалистических стран Запада.[13] Единственную возможность обрести самостоятельность автор «Европы и человечества» видит в тесном сближении с освободительным движением колониальных стран. Будущее России, следовательно, не в том, чтобы возродиться в качестве европейской державы, а в том, чтобы возглавить всемирное антиевропейское движение.[14]

Здесь обнаруживается удивительное сходство взглядов Трубецкого с советской геополитической концепцией, какой она складывалась после революции: Россия -центральная сила, противостоящая капиталистическому Западу. В обоих случаях предполагалось, что колониальные народы будут рассматривать Россию как себе подобную, неевропейскую, угнетенную и поднимающуюся нацию, которая не хочет иметь ничего общего с эксплуататорской Европой. Это предположение оказалось ложным. Для большинства незападных стран Россия по-прежнему оставалась европейской имперской державой. Обнаружилось, что не так легко порвать с Европой, как это представлялось и большевикам, и Николаю Трубецкому.

III.

Отрицание роли России как европейской державы означало, что евразийцы внесли новый элемент в традиционную тему русской историософии - критику Запада. Этот новый элемент соответствовал революционному характеру эпохи. В старой России редко высказывались мнения подобного рода.

---

13   В марте 1921 г. Трубецкой развивает эту мысль в письме Роману Якобсону: «Представьте себе на минуту, что красной армии удается прорваться в Германию, и что в этой последней произойдет коммунистический переворот. Какие практические последствия будет иметь этот факт? Ось мира немедленно переместится из Москвы в Берлин (...). Немцы создадут образцовое социалистическое государство, и Берлин сделается столицей все-европейской или даже всемирной «федеративной» советской республики. (...). Во всемирной советской республике господами будут немцы, вообще романо-германцы – а рабами – мы, т.е. все остальные. И степень рабства будет прямо-пропорциональна «культурному уровню», т.е. отдалению от романогерманского образца» (Trubetskoy´s Letters. C. 15).

14   Трубецкой, Н.: Русская проблема // На путях. C. 302-306.

Более традиционными были обвинения в другом роде, например, тезис о западном эгоизме, о присущем европейскому человеку одностороннем и индивидуалистическом стремлении отстаивать собственные, личные права. Историк и правовед Н.Алексеев подчеркивал, что борьбой за суверенные права личности пронизана вся европейская история.[15] По мнению С.Бохан, начиная с XIX века этот эгоистический принцип распространился и на европейские нации, которые стали чем-то вроде исполинских индивидуумов, сражающихся за свои выгоды, свои права и прерогативы.[16] Этому раздираемому распрями Западу идеологи евразийства противопоставляли гармонический образ Древней Руси, осененной православием. Основа православного мироустройства - не борьба личности за свои права, вообще не самодовлеющая личность, а братская любовь и солидарность людей. Что и сообщало древнерусскому обществу беспримерную однородность.[17]

Нет надобности разъяснят, что такое идеализированное изображение Руси, почти слово в слово переписанное у славянофилов, при ближайшем рассмотрении оказывается несостоятельным. Напряженность социальных отношений и многочисленные крестьянские восстания в допетровской Руси указывают на то, что древнерусское общество ни в коей мере не было воплощением гармонического идеала. Тем не менее эти представления содержали определенную долю истины. Описанный идеал был важной составной частью политической доктрины Московской Руси. Это не могло не отразиться и на социально-политической деятельности. К восхвалению автономной личности, начавшемуся на Западе с наступлением Нового времени, в России с самого начала относились отрицательно, видя в этом выражение человеческой гордыни. Уравнение индивидуума и общества и проистекающие отсюда требования одиночки к обществу ради обретения все больших прав для себя воспринимались в России как нечто безнравственное. В России государ-

---

15 Алексеев, Н.: Обязанность и право // Евразийская хроника 10, 1928. С. 19-26.
16 Бохан, С.: К новой эпохе // Новая эпоха. С. 6.
17 Шахматов, М.: Подвиг власти (Опыт по истории государственных идеалов в России) // Евразийский временник 3, 1923. С. 55-80; его же: Государство правды (Опыт по истории государственных идеалов в России) // Евразийский временник 4, 1925. С. 268-304; Сувчинский, П.: Страсти и опасности // Россия и латинство. С. 27-29.

ственная власть никогда не отказывалась от прерогативы диктовать нравственные нормы обществу и отдельному человеку; свобода совести в западном смысле всегда была более или менее ущемлена. Здесь не мог развиться независимый общественный плюрализм, ставший предпосылкой западного индивидуализма.

Этот приоритет государства с его притязаниями на улаживание всех социальных конфликтов и осуществление общественной гармонии сохранялся и в послепетровской, и, само собой разумеется, в послереволюционной России. Можно заметить, что представление о государстве как залоге всеобщей гармонии широко распространено в русском обществе и по сей день. Вот почему выступления против государства следует понимать не только как протест против государственного вмешательства во все сферы жизни. Очень часто они были вызваны тем, что государство не справлялось с этой задачей.

IV.

Вызов евразийства был встречен русской зарубежной общественностью по-разному. Представители старой интеллигенции, считавшие спор между западниками и славянофилами достоянием прошлого, крайне резко критиковали евразийцев. Полемика развернулась главным образом на страницах журналов «Путь» и «Современные записки» (Париж).

Среди критиков евразийства нужно назвать в первую очередь авторов, продолжавших развивать в эмиграции идеи русского религиозного возрождения начала века. Федор Степун писал в 1924 г. в «Современных записках» о том, что нельзя представлять себе Европу и Азию в виде двух квартир, где попеременно проживает Россия; европеизм и азиатское начало - это две составные части сущности России. Ни одной из них мы не вправе пренебречь, ни от одной не в силах убежать.[18] Николай Бердяев возражал против постулата, будто какая-либо культура, например, западная, может стать предпочтительным носителем зла. Христианство не допускает географического разделения добра и зла. С другой стороны, Бердяев упрекал евразийцев в недооценке универсально-

---

18 Степун: Евразийский временник. С. 405-406.

сти православия. Евразийство в глазах Бердяева было проповедью культурного изоляционизма и партикуляризма.[19]

Не менее активно полемизировали с евразийцами и такие авторы, как литературовед Бицилли и богослов Флоровский; оба они вначале примыкали к евразийскому движению, но затем порвали с ним. К 1925 г. относятся выступления Бицилли против Льва Карсавина, одного из наиболее блестящих умов в лагере евразийства. Для Карсавина католицизм как одна из основ западного миросозерцания был своего рода ересью. В таком случае, возразил Бицилли, мы должны считать еретиками Франциска Ассизского и Паскаля.[20]

Было бы, однако, странно, если бы радикальная антизападная программа евразийцев вызвала только негативные отклики. Вызов, брошенный западноевропейской цивилизации и культуре, прозвучал непосредственно после окончательного поражения белых армий. Это поражение противников большевистского режима многие эмигранты объясняли недостаточной поддержкой и непоследовательным поведением западных держав. Отношение союзников к участникам разбитого Белого движения, бежавшим за границу, оскорбляло русских.[21] К этому нужно прибавить тяготы изгнания, унизительную нужду, трудности адаптации в чужой и не слишком благорасположенной среде. Понятно, что все это не могло не служить психологическим фоном для дебатов о России и Европе. Как заметил однажды Степун, заимствованные на Западе республиканские и социалистические идеи привели Россию к беспримерному унижению; пережив такой опыт, почти невозможно противостоять евразийским настроениям. Не будучи сторонником евразийства, Степун предсказывал ему большое будущее, полагая, что евразийские идеи отвечают духу времени. Но этот «дух», по мнению Степуна, всегда отстает от реальной действительности, поэтому евразийцы не замечают несостоятельности их учения.[22]

---

19   Бердяев, Евразийцы. С. 135-138.
20   Бицилли, П.: Народное и человеческое (По поводу «Евразийского временника» кн. IV.) // Современные записки 25, 1925. С. 484-494.
21   См. Варшавский, В.: Незамеченное поколение. Нью Йорк, 1956. С. 34-35; Пушкарев, С.: О русской эмиграции в Праге (1921-1945) // Новый журнал 151, 1983. С. 138-146; Rimscha, Rußland jenseits der Grenzen. С. 6-14.
22   Степун, Евразийский временник. С. 400-401, 405.

Так или иначе, но евразийское движение не было чем-то случайным и чужеродным в русском Зарубежье двадцатых-тридцатых годов. Многие националистически настроенные группировки - сменовеховцы, младороссы и другие - были в том или ином отношении близки к евразийцам. Многие говорили о противостоянии Запада и Востока, о том, что русские призваны спасти мир от губительных западных влияний. Тем не менее центральный тезис евразийства был чужд большинству русских националистов: спасителем человечества должна была стать, по их убеждению, реальная русская нация, а не гипотетическая евразийская.

V.

Что же касается истоков и причин революции, как их трактовали евразийцы, то тут точек соприкосновения с другими группами и течениями, особенно правого толка, было еще меньше. Правая эмиграция была убеждена, что революция есть не что иное, как результат заговора иностранных держав и «чужеродных элементов» внутри самой России.

Иначе смотрели на революционный катаклизм представители евразийства. Революция, с их точки зрения, воплотила в себе радикальный протест народа против того, что было создано Петром I, она была конечным следствием раскола нации, вызванного петровской реформой. Петр уничтожил фундамент, на котором покоилась внутренняя мощь России; ни одному из иностранных завоевателей еще не удавалось до такой степени разрушить национальную культуру и формировавшийся веками национальный уклад.[23]

Георгий Флоровский писал в 1922 г., когда он еще принадлежал к евразийскому движению, что Петр I перенял европейские начала, оставшиеся непонятными народу, поэтому русская революция - это суд над послепетровской Россией.[24] Несколько позже Петр Сувчинский развил эту мысль: русские крестьяне с готовностью приняли большевистский лозунг непримиримой классовой борьбы не только потому, что хотели

---

23   И.Р. (Трубецкой), Наследие. С. 35-39; Alexeiew, N.: Das russische Westlertum // Der russische Gedanke 1, 1929/30. С. 149-162.

24   Флоровский, Г.: О патриотизме праведном и греховном // На путях. С. 230-293.

отобрать землю у помещиков; немалую роль сыграло стремление освободиться от чуждого и непонятного народу культурного слоя.[25]

И здесь мы снова можем констатировать близость евразийства к революционному мировоззрению большевиков. Мы наблюдаем тот же прямолинейный детерминизм. Для большевиков Семнадцатый год - следствие феодально-капиталистической эксплуатации, для евразийцев - результат насильственной европеизации страны. Как и большевики, евразийцы свято верили в закономерность исторического процесса. И те, и другие считали революцию неизбежной.

В сущности, «петербургская» Россия была обречена - вот тезис евразийцев. Эти авторы почти не упоминают о попытках преодолеть внутренние противоречия мирным эволюционным путем, например, о реформах Александра II или Столыпина. Вера в исторический детерминизм придавала их настроениям привкус фатальности:

чему быть, того не миновать. Против такой безучастной манеры рассмотрения событий выступил в 1927 г. В.Руднев, один из лидеров партии социалистов-революционеров, писавший о том, что у евразийцев не видно и следа возмущения красным террором, их интересует в большевизме лишь способность управлять государством.[26]

Вместе с тем такой подход к революции и советскому режиму вызывал не только протест. Нужно сказать, что в этом смысле евразийство не так уж сильно отличалось от позиции некоторых своих оппонентов, таких, как Бердяев, Степун, Георгий Федотов и другие. И Федотов, и Бердяев рассматривали революцию тоже как закономерное следствие раскола, произведенного в России реформами Петра. В 1924 г. Бердяев говорил (повторяя многих), что пропасть между высшим слоем и простым народом в России велика, как ни в одной другой стране. По словам Федотова, со времен Петра народ в России перестал понимать свое собственное государство, его политические цели, его идеологию.[27] Владимир Вейдле, в целом занимавший позицию, противоположную евразийству,

---

25   Сувчинский, П.: Идеи и методы // Евразийский временник 4, 1925. С. 24-65.
26   Руднев, В.: Евразийство // Современные записки 30, 1927. С. 583-592.
27   См. Berdjaev, N.: Das Neue Mittelalter. Betrachtungen über das Schicksal Rußlands und Europas. Tübingen, 1950. С. 80; Федотов, Г.: Революция идет // Современные записки 39, 1929. С. 306-359.

сравнивал изгнание и уничтожение европеизированного высшего слоя после революции с изгнанием варягов из Руси.[28] Несмотря на критику некоторых аспектов европеизации, эти авторы, в отличие от евразийцев, все-таки считали петровские реформы единственно возможным путем развития России. Сближение с Западом уберегло русскую культуру от полного застоя; без импульсов с Запада были бы немыслимы культурные достижения России XIX столетия.[29]

Анализируя русскую революцию, евразийцы подчеркивали, что она не ограничилась спонтанным протестом народных слоев против творения Петра. Парадоксальным образом это народное восстание соединилось с движением, стремящимся продолжить петровский замысел. Ведь большевики ставили своей целью превратить отсталую Россию в передовое индустриальное государство.[30] Однако решающее значение для успеха большевиков имели, по мнению евразийцев, не их далеко идущие абстрактные цели, а их ненависть к существующему порядку и дворянству. Это чувство полностью разделяли низшие слои населения.[31]

Исход революции и гражданской войны евразийцы рассматривали как компромисс между большевиками и русским народом. Народ принял единовластие большевиков, а большевики в значительной мере отказались от своих утопических планов. Революция, задуманная большевиками как путь к окончательной европеизации России, привела к ее деевропеизации.[32] Из двух сил, совершивших революцию, русский народ возобладал, это он навязал свою волю большевикам, а не наоборот. В особо заостренной форме эта мысль выступает в программном труде нескольких авторов «Евразийство» (1926). Там говорится, что русский народ воспользовался большевизмом, чтобы спасти территориальную целостность и возродить политическую мощь своей страны.[33]

---

28   Вейдле, Задача России. С. 81.
29   См. Федотов, Революция идет. С. 310.
30   И.Р. (Трубецкой), Наследие. С. 48-54; Трубецкой, Н.: Мы и другие // Евразийский временник 4, 1925. С. 6-81; Евразийство // Евразийская хроника 9, 1927. С. 3-14.
31   Евразийство (1926). С. 6; Сувчинский, Идеи и методы. С. 26, 31.
32   Евразийство (1926). С. 48-49, 59-61.
33   Евразийство (1926). С. 6, см. также Сувчинский, П.: К познанию современности // Евразий-ский временник 5, 1927. С. 7-27.

Не следует забывать, что эти высказывания относятся ко времени нэпа. «Временное отступление», как называл его Ленин, заставило евразийцев, да и другие группы эмигрантов, усомниться в силе большевистского режима. Отсюда и тезис о том, что режим является инструментом в руках «народа». Народ, рассуждал В.Львов, один из представителей евразийства, укрепляется в сознании своей собственной силы с тех пор, как он добился у правительства экономических уступок; слабость правительства придает отваги оппозиционным силам, идут поиски альтернатив большевизму. Не настало ли время для евразийцев предложить свою программу в качестве такой альтернативы?[34]

VI.

Смелость, с которой евразийство обрушилось на многие правые и левые стереотипы мышления, непочтительность по отношению к священным традициям, блеск и натиск - все это делает понятным его первоначальный успех. То обстоятельство, что евразийцам приходилось сражаться сразу на нескольких фронтах, подводит нас к вопросу, какое место это течение занимало в идейно-политическом спектре тогдашней Европы.

Многих шокировало относительно терпимое отношение евразийцев к большевикам. Не зря Трубецкой иронизировал над критиками евразийства, определявшими его как синтез славянофильства и большевизма.[35] Как подчеркивал Степун, евразийцы не только видят в большевизме некоторые положительные стороны, противопоставляя его западному либерализму, но подчас идут в своем осуждении европейских демократических институтов еще дальше. Впрочем, продолжает Степун, критическое отношение к демократии - европейское явление: например, немецкая молодежь так же не признавала демократического президента веймарской Германии, как евразийцы - Керенского.[36] Видный член партии конституционных демократов И.Гессен утверждал, что евразийцы начи-

34   Львов: О современной России // Евразийская хроника 5, 1926. С. 45-55.
35   Трубецкой, Мы и другие. С. 76; см. также Флоровский, Г.: Окамененное бесчувтвие (По поводу полемики против евразийства) // Путь 2, 1926. С. 128-133.

нали скорее как правое движение, а затем все ближе сходились с лени-
низмом. Кроме того, Гессен и некоторые другие привлекали для сравнения итальянский фашизм, триумфальное шествие которого завершилось
захватом власти и установлением диктатуры Муссолини в 1922-1925 годах [37] (в русских кругах было немало поклонников Duce). По мнению Степуна, с итальянскими чернорубашечниками евразийцев сближает националистический и антидемократический дух, а также особого рода эли-
тарная спесь; и те, и другие отвергают недавнее прошлое своих стран
во имя великого наследия более древнего прошлого; и тем, и другим
присущи имперские, геополитические амбиции.[38]

Нужно сказать, что сами евразийцы не отрицали своего идейного
родства ни с большевиками, ни с итальянскими фашистами. Об этом писал, в частности, и сам Ник. Трубецкой. В упомянутом выше коллектив-
ном труде «Евразийство» фашизм оценивался положительно - как попытка создать устойчивый противовес парламентарно-демократической
системе. Фашистская революция, по мнению Трубецкого, уступает по
своему историческому значению только революции большевиков в России. Оба государства, советское и итальянское, отвечают духу времени;
демократия - реликт ушедшей либерально-позитивистской эпохи.[39]

Яснее других евразийцы видели особую, ни с чем прежним не срав-
нимую роль идеологии в фашистском и коммунистическом государствах.
Это и есть признак новой исторической эпохи: только великие идеи, про-
низывающие все сферы жизни, выведут мир из современного кризиса.
Идеи эти воплощаются в новую форму власти, которую евразийцы называли идеократией.

Относясь с уважением к большевизму и фашизму, идеологи евразийства не считали, однако, эти режимы «подлинными идеократиями».
Политическая философия фашизма была, с их точки зрения, эклектич-
ной. Содержание этой философии сводилось к прославлению итальян-

---

36   Степун, Евразийский временник. С. 403-404.
37   Гессен: Евразийство // Современные записки 25, 1925. С. 499; см. также
     Бердяев, Евразийцы. С. 134.
38   Степун, Евразийский временник. С. 404.
39   Евразийство (1926). С. 52, 56; Алексеев, Теория. С. 10; Карсавин, Л.
     // Евразийская хроника 8, 1927. С. 53; Трубецкой, Н.: О государственном строе и
     форме правления // Евразийская хроника 8, 1927. С. 3-9.

ской нации; более глубокой, духовной укорененности евразийцы в этой апологетике не находили. Фашизму не удалось создать контридеологию, способную конкурировать с большевистской.[40] Большевизм же, в свою очередь, не сумел создать подлинной альтернативы идеям, господствующим на Западе: так называемая пролетарская культура на деле является примитивным подражанием западной буржуазной культуре, и вообще большевики рассматривают Россию всего лишь как экспериментальное поле для осуществления европейских идей.[41] По Трубецкому, до 1917 года русские самодержцы защищали консервативные и монархические силы во всей Европе, теперь большевики защищают и поддерживают европейские коммунистические партии. Это означает, что правители России, как и прежде, втягивают Россию в ненужные конфликты. На самом деле, разъяснял Трубецкой, у России нет ничего общего с политическими силами Запада, независимо от их окраски.[42] Другой упрек большевикам был тот, что хотя они и спасли от распада российскую империю, они не в состоянии обеспечить единство страны на длительное время. Гарантом российского единства на протяжении веков был, по Трубецкому, русский народ, он остается им и теперь, но растущее национальное сознание нерусских народов России делает непрочным монопольное положение русских. В этой связи Трубецкой критиковал русских шовинистов: не допуская компромисса с другими народами России, они ставят на карту прочность империи. Это может повести к сокращению российского государства до великорусского ядра.

Время единовластного господства русских в России, писал Трубецкой, уже ушло, и ушло безвозвратно, большевики хорошо это поняли. Они нашли даже нового носителя российского единства: вместо русско-

40   Трубецкой, О государственном строе. С. 7; Евразийство (1926). С. 52; Карсавин, Л.: Феноменология революции // Евразийский временник 5, 1927. С. 28-74; Садовский, Я.: Из дневника «Евразийца» // Евразийский временник 4, 1925. С. 378-405.
41   Трубецкой, Мы и другие. С. 78-80; И.Р. (Трубецкой), Наследие. С. 48-50; Евразийство // Евразийская хроника 9, 1927. С. 5; Флоровский, Окаменелое бесчувствие. С. 131; Карсавин, Л.: Ответ на статью Н.А. Бердяева об «Евразийцах» // Путь 2, 1926. С. 124-127; Алексеев, Н.: Евразийство и марксизм // Евразийский сборник 6, 1929. С. 12-13; Савицкий, П.: Разрушающие свою родину (Снос памятников искусства и распродажа музеев СССР). Берлин, 1935. С. 14-16, 20-21.
42   И.Р. (Трубецкой). С. 48-49.

го народа - пролетариат. Но это лишь кажущееся решение вопроса. «Классовый подход» разжигает классовую ненависть и в конечном счете подрывает единство России. Не говоря уже о том, что национальные чувства рабочих, как полагал Трубецкой, куда сильнее их классовой солидарности. Если Россия хочет оставаться единым государством, она должна найти нового идеолога и носителя своего единства. Таковым должно стать евразийство, ставящее во главу угла то, что близко и понятно всем народам России-Евразии.[43]

VII.

В этом состояло великое самообольщение евразийцев: им казалось, что евразийское движение способно сменить большевизм. Но как достичь этой цели? Вооруженную борьбу против советского режима, на чем в двадцатых годах продолжали настаивать многие эмигрантские писатели и группы, евразийцы отвергли. Опыт гражданской войны убеждал их в том, что большевизм нельзя устранить силой оружия; евразийцы видели в нем выразителя воли народа. Нет, говорили они, преодоление большевизма возможно и необходимо путем эволюционного обновительного процесса, постепенного воздействия изнутри. Это не значит «приспособиться» к большевизму, как предлагали, например, сменовеховцы. В противоположность сменовеховцам, евразийцы рассматривали себя не как союзников, а как конкурентов большевизма. Дело дошло до того, что Н.Чхеидзе в 1929 г. выразил надежду на превращение ВКП(б) в партию евразийцев.[44] И он был не одинок.[45] Все это показывает, как далеки были евразийские философы и политики от понимания природы советской тоталитарной власти, природы тоталитарных партий и режимов вообще, насколько эти идеологи недооценивали способность тота-

---

43 Трубецкой, Н.: Общеевразийский национализм // Евразийская хроника 9, 1927. С. 24-30.

44 Чхеидзе, К.: Евразийство и ВКП (б) // Евразийский сборник 6, 1929. С. 38-40.

45 См. Сувчинский, Идеи и методы. С. 61-63; Савицкий, П.: О внепартийности // Евразийская хроника 9, 1927. С. 10; Евразийство // Евразийская хроника 9, 1927. С. 10; Трубецкой, Общеевразийский национализм. С. 28-30; Алексеев, Н.: Евразийцы и государство // Евразийская хроника 9, 1927. С. 31-39.

литарного режима истреблять вокруг себя все «подрывные элементы», всякую тень инакомыслия.

Политическая наивность евразийцев лучше всяких доводов говорит о том, что у них не было, в сущности, ничего общего с большевиками или фашистами, отлично владевшими техникой современной неограниченной власти. Значительно больше точек соприкосновения обнаруживается у евразийцев с другими «идеократическими» течениями, которые возникли между двумя мировыми войнами и точно так же провозглашали максималистские идеи, вполне пренебрегая вопросом о власти. Особенно поразительно сходство евразийства с так называемой *консервативной революцией,* которая сыграла немалую роль в разрушении возникшей после Первой мировой войны Веймарской республики.[46]

С этим политическим течением, противопоставившим себя либерализму и демократии и представленным несколькими блестящими именами (Освальд Шпенглер, Эрнст Юнгер, Артур Меллер ван ден Брук), евразийцев сближала прежде всего стратегическая идея - овладеть изнутри тоталитарной партией, с тем чтобы привлечь ее приверженцев к осуществлению своих собственных целей.[47] Вообще отношение евразийцев к большевизму очень напоминает позицию идеологов «консервативной революции» по отношению к национал-социализму.

Определенный параллелизм заметен в политической структуре обоих движений. Оба течения носили подчеркнуто элитарный, «аристократический» характер; оба основывались на вере во всемогущество идей.

---

46 См. на эту тему Klemperer, K. v.: Konservative Bewegungen. Zwischen Kaiserreich und Nationalsozialismus. München, 1962; Sontheimer, K.: Antidemokratisches Denken in der Weimarer Republik. München, 1968; его же: Der Tatkreis // Vierteljahrshefte für Zeitgeschichte 6, 1958. C. 229-260; Stern, F.: Kulturpessimismus als politische Gefahr. Bern, 1963; Stern, J.P.: Der Führer und sein Volk. München, 1978; Schüddekopf, O.E.: Linke Leute von rechts. Die nationalrevolutionären Minderheiten und der Kommunismus in der Weimarer Republik. Stuttgart, 1960; Mohler, A.: Die Konservative Revolution in Deutschland. Grundriß ihrer Weltanschauung. Stuttgart, 1950; Gay, P.: Die Republik der Außenseiter. Geist und Kultur in der Weimarer Zeit 1918-1933. Frankfurt/Main, 1970; Rauschning, H.: The Conservative Revolution. New York, 1941; Kuhn, H.: Das geistige Gesicht der Weimarer Zeit // Zeitschrift für Politik 8, 1961. C. 1-10; Hecker, H.: «Die Tat» und ihr Osteuropa-Bild 1909-1939. Köln, 1974.

47 См. Zehrer, H.: Die Frühjahrsoffensive // Die Tat, April 1932. C. 1-14; его же: Das Ende der Parteien/ Die Tat, April 1932. C. 68-79; его же: Die Dritte Front // Die Tat, Mai 1932. C. 97-120; Rauschning, The Conservative Revolution. C. 38-40.

Евразиец Савицкий писал в 1923 году о том, что народы будут управляться идеями, а не учреждениями, что коммунизм можно преодолеть лишь при помощи другой, еще более высокой и всеобъемлющей идеи.[48] Подобные высказывания о власти идей могли бы принадлежать таким ведущим представителям «консервативной революции», как Ганс Церер, Меллер ван ден Брук или Эдгар Юнг, убитый в 1934 г. во время путча Рэма. Так же как немецкая «консервативная революция», движение евразийцев было восстанием молодежи против идей и целей старшего поколения. Ко времени возникновения евразийского движения Трубецкому было всего 30 лет, Савицкий и Сувчинский были еще моложе. И в обоих случаях - как у немцев, так и у русских - восстание молодых принимало неожиданные, нетрадиционные формы. В XIX веке было обычным делом, что сыновья оказывались левее отцов. После событий 1917-18 гг. это правило не соблюдалось. Теперь сыновья нередко правее своих отцов - либералов или умеренных консерваторов. На это обстоятельство указывал Трубецкой, одновременно подчеркивая, что речь идет отнюдь не о реставрации, не о тоске по старине. Нужны новые пути, ибо традиционные - левые - идеологии потерпели фиаско. Новые идеологии, писал Трубецкой, в действительности ни левые, ни правые, ибо они находятся в иной плоскости отсчета. Радикально новое есть не что иное, как обновление глубокой древности, другими словами, новая идеология ориентирована не на вчерашний день.[49] Евразийцы отвергают петербургскую Россию во имя Святой Руси.

Тут видна аналогия с некоторыми группировками «консервативной революции», которые отвергали Вильгельмовскую Германию во имя средневекового рейха.[50]

Правые лишь по недоразумению считают евразийцев своими союзниками, утверждал Трубецкой. Их идеал - бюрократическая империя Ни-

---

48 Савицкий, Подданство идеи. С. 9-10; см. также Алексеев, Теория. С. 85; Логовиков, П.: Власть организационной идеи // Тридцатые годы. С. 129-134.

49 Трубецкой, Н.: У дверей реакция? Революция? // Евразийский временник 3, 1923. С. 18-29.

50 См. Moeller van den Bruck, A.: Das Dritte Reich. Berlin, 1923. С. 5-7, 178-179; его же: Der politische Mensch. Breslau, 1933. С. 29, 32-43, 110-112, 121-122; Eschmann, E.W.: Vom Sinn der Revolution. Jena, 1934.

колая I или Александра III, а это ничего общего с евразийством не имеет.[51]

Время расцвета евразийства - это одновременно и время расцвета идей «консервативной революции»: двадцатые годы. Только что закончившаяся мировая война была событием, в котором консервативные революционеры видели начало новой великой эпохи. От войны они ожидали радикального обновления общества, возможность начать все заново. Для евразийцев же роль мировой войны сыграла русская революция. В двадцатых годах национал-социалистическая диктатура еще не обозначилась на политическом горизонте, сталинская диктатура только начала вырисовываться. Ни в России, ни в Германии политическая реальность еще не успела принять отчетливый тоталитарный облик, еще казалась «экспериментальной». Это был звездный час идеократических движений, стремившихся изменить мир с помощью идей, а не громоздких и неповоротливых бюрократических аппаратов или трудно контролируемых движений.

VIII.

Конечно, между евразийством и «консервативной революцией» существовали немалые различия. Например, в учении евразийцев очень важное место занимала религия. Трубецкой и его последователи стремились не только к восстановлению национального величия России, но и к религиозному обновлению. Для большинства же консервативных революционеров в Германии религия почти не имела значения. Чувство уязвленного национального самолюбия - вот что доминировало в их политическом мировоззрении и отодвигало на второй план все другие духовные вопросы. По-разному относились евразийцы и консервативные революционеры к насилию. Хотя евразийцы считали революцию и гражданскую войну неизбежными, они, несомненно, были далеки от того, чтобы благословлять насилие и террор. У евразийцев почти не встречается эстетизация насилия, типичная для многих идеологов консерватив-

---

51   Трубецкой, Мы и другие. С. 70-71.

ной революции.[52] Наконец, евразийцы, в противоположность консервативно-революционным группировкам, действовали вне пределов своей страны, их проповедь никак не влияла на ее развитие. Правда, евразийцы придавали большое значение тому, чтобы их не воспринимали как «обычную» эмигрантскую организацию. Они внимательно следили за развитием событий внутри Советского Союза, им даже казалось, что их идеи находят отклик.[53]

Желание участвовать в политическом развитии новой России было у некоторых евразийцев настолько сильным, что они впадали в тот же соблазн, за который сами еще в середине 20-х годов порицали сменовеховцев. Их отношение к большевистскому режиму становилось все менее критическим. По этому вопросу возникли резкие разногласия, которые в 1929 году привели к расколу движения. В Париже возникло просоветское крыло евразийцев под руководством С.Эфрона и Дм.Святополк-Мирского, объединившееся вокруг журнала «Евразия».[54]

Когда в начале 30-х годов в СССР развернулись индустриализация и коллективизация сельского хозяйства, евразийцы были очарованы гигантским размахом этих преобразований.[55] Евразиец Пейль писал в 1933 году о триумфе новой эпохи централизованной плановой экономики, пришедшей на смену устарелому хаотическому ведению хозяйства.[56] Для Савицкого это означало конец подражания Западу. В России возникла грандиозная общественно-экономическая модель, которая в конце

---

52 См. Jünger, E.: Der Kampf als inneres Erlebnis. Berlin, 1933.

53 См. Письмо из России // Евразийская хроника 6, 1926. С. 3-5; Стрельцов, Л.: Письмо из России (XV партконференция и Евразийцы) // Евразийская хроника 7, 1927. С. 3-5; Ширяев, Б.: Наднациональное государство на территории Евразии // Евразийская хроника 7, 1927. С. 6-12; Евразийство (формулировка 1927г.) // Евразийская хроника 9, 1927. С. 3-14.

54 См. Böss, Die Lehre. С. 118-123; Utechin, Geschichte. С. 244-245; Струве, Русская литература. С. 46-47; Пушкарев, О русской эмиграции. С. 144; Гессен, Годы изгнания. С. 201-203; В конце 30-ых годов Дм. Святополк-Мирский и С. Эфрон вернулись в Россию, где стали жертвами сталинского террора (См. Струве, Русская литература. С. 73-77; его же: Кн. Д.П.Святополк-Мирский о П.Б. Струве // Вестник РСХД 130, 1979. С. 232-236).

55 Евразийство. Декларация, Формулировка, Тезисы. Издание Евразийцев, 1932. С. 16-17; Савицкий, П.: Очередные вопросы экономики Евразии // Новая эпоха. С. 10-15; Тридцатые годы. С. II.

56 Пейль, В.: За идеократию и план // Новая эпоха. С. 3-5.

концов завоюет Запад.[57] (Стоит сравнить с этим «тотальную мобилизацию» и грезы о государстве рабочих и воинов Эрнста Юнгера.)

Кончились двадцатые годы, кончилось и время идеологических экспериментов. Кончилась юность самих евразийцев. Их претензии, как и претензии консервативных революционеров, повлиять «изнутри» на сталинский resp. нацистский режим обнаружили свою утопичность. Слепое послушание и безоговорочное принесение себя в жертву тоталитарному государству были принципами, на которых строились эти режимы. Таким политическим силам, как евразийцы или консервативные революционеры, там не было места. Вскоре после окончательной победы Сталина и Гитлера оба движения распались.

IX.

Тем самым мы ответили на вопрос о причинах крушения евразийского движения: это крушение было связано с триумфом тоталитарных диктатур - сталинской и (косвенно) нацистской. Другая причина состоит в том, что евразийцы пропагандировали содружество народов в то время, когда шовинистические настроения во всей Европе росли и достигли небывалой интенсивности. Евразийцы резко выступали против национального партикуляризма и сепаратизма отдельных народов бывшей царской империи, расхваливали духовные, экономические и политические преимущества объединенной «Евразии», между тем как в самой эмиграции представители нерусских народов России видели в этом (и, может быть, не без основания) лишь новую форму русского великодержавия.[58] Тщетно князь Трубецкой атаковал великорусский шовинизм:[59] национализм в русском Зарубежье лишь усиливался на протяжении десятилетия, о котором идет речь, не говоря уже о том, что для большинства евразийцев само собой подразумевалось, что роль гегемона в евразий-

---

57 Савицкий, Очередные вопросы. С. 11-12.
58 Евразийство (1926). С. 53-54; Трубецкой, Общеевразийский национализм. С. 29-30; его же: К украинской проблеме // Евразийский временник 5, 1927. С. 165-184; Алексеев, Н.: Советский федерализм // Евразийский временник 5, 1927. С. 240-261.
59 Трубецкой, Общеевразийский национализм. С. 24-26; его же: О расизме // Trubetskoy´s Letters. С. 467-474.

ской федерации возьмет на себя русский народ.[60] Что же касается резонанса, который евразийская идеология могла бы получить в Советской России, то о нем всерьез говорить не приходится: страна все более отгораживалась от проникновения каких бы то ни было идей, исходящих от Зарубежья.

С другой стороны, неудача евразийцев была обусловлена и тем простым обстоятельством, что их учение оказалось чересчур сложным для большинства русской эмигрантской молодежи, к которой они в первую очередь апеллировали. Евразийство осталось концепцией философов и ученых, в движении не было достаточного количества политических агитаторов, которые бы распространяли и популяризировали эту концепцию. Чтобы понять масштабы евразийской историософии и философии культуры, требовалось некоторое интеллектуальное напряжение. Между тем евразийцы выступили в эпоху господства идеологического упрощенчества. В борьбе за влияние на эмигрантскую молодежь они уступили более напористым группам с менее притязательной идеологией - таким, например, как младороссы под руководством Казем-бека или, в тридцатых годах Национальный союз молодого поколения (будущий НТС).

Сходство между евразийцами и немецкими консервативными революционерами показывает, что несмотря на отрицание Запада, идеологические и политические установки евразийства соответствовали определенным западным явлениям. Идеи евразийцев были симптомом не только российского, но и общеевропейского кризиса. Да и сами евразийцы по своим духовным устремлениям были значительно ближе к западным европейцам, чем к своим соотечественникам. Большинству тогдашней советской интеллигенции, независимо от того, знала она или нет о существовании евразийства, были вполне чужды порывы и апелляции к «святой Руси», поиски утерянных корней и т.д. В двадцатые годы в России безраздельно господствовали оптимистические взгляды на будущее, вера в науку, преклонение перед техникой. Культур-пессимизм евразийства отражал, по сути дела, скорее западноевропейские, чем внутрироссийские процессы и умонастроения. Это же можно сказать о крити-

---

60   См. Садовский, Я.: Оппонентам евразийства // Евразийский временник 3, 1924.

ке парламентарной демократии: и здесь евразийцы опирались не на русский, а на западноевропейский опыт.

Вопреки ожиданиям евразийцев, послереволюционная Россия в культурном отношении обратилась вовсе не к Востоку, но по крайней мере отчасти опиралась на культурные ценности, созданные в петербургский период, и прежде всего на русский XIX век. Таким образом, тезис евразийцев о неотразимой притягательности западной культуры подтверждает свою правоту: вопреки пророчествам о закате Европы, победоносное шествие европейских идей продолжается по сей день.

Авторизованный перевод с немецкого И. Бурихина

С. 163-164; Riasanovsky, The Emergence. С. 57.

II.3 Заметки о «революционно-традиционалистской» культурной модели евразийцев

I.

Евразийское движение, которое в 1921 году громко заявило о себе своим программным сборником «Исход к Востоку»[1] призвало русское образованное сословие пересмотреть свои традиционные мировоззренческие установки. Этим оно может быть в известной степени сопоставлено с появившимся двенадцатью годами ранее сборником «Вехи».[2] Авторы «Вех» тоже пытались своим настоятельным призывом убедить российскую интеллигенцию в том, что путь, который прошли несколько ее поколений, вел в тупик. Но этим, по сути, и исчерпывается сходство обоих сборников, которые принадлежат к важнейшим памятникам русской истории идей в 20 столетии. «Вехи» появились как бы в последнюю минуту, незадолго до русской катастрофы, которую — как возможность — предвидели авторы «Вех» и которую они пытались предотвратить своей беспощадной критикой традиционного мировоззрения интеллигенции. Основатели евразийского движения, напротив, были уже свидетелями катастрофы, из которой они пытались извлечь определенные выводы. Выводы, вызвавшие в российском обществе бурю возмущений, которую вполне можно было бы сравнить со страстной полемикой вокруг основных тезисов сборника «Вехи».

В отличие от подавляющего большинства побежденных и принужденных к бегству противников большевиков евразийцы попытались найти в русском Апокалипсисе (В. Розанов) также и положительные стороны. Этот Апокалипсис, по их мнению, выявил хрупкость и искусственность петербургской государственной и культурной модели и показал, что российский путь развития с начала петровского эксперимента был тупиковым.

---

[1]   Исход к Востоку. Предчувствия и свершения. Утверждение евразийцев. София, 1921.

[2]   Вехи. Сборник статей о русской интеллигенции. 2 изд. Москва, 1909.

В то время как авторы «Вех» в своих появившихся после 1917 года трудах объясняли русскую трагедию прежде всего революционным соблазном интеллигенции, который на рубеже веков распространился также и на нижние слои общества, евразийцы видели главную причину распада России в европейском соблазне российского образованного сословия. На первый взгляд могло показаться, что они тем самым возвращались к старому российскому спору западников и славянофилов, который к началу 20 столетия уже считался преодоленным. Александр Блок писал в 1908 году о «´варварской´ распре между славянофилами и западниками — распре исключительно русской и для европейца непонятной и неинтересной».[3] Когда Блок писал эти слова, этот спор, с тридцатых годов 19 столетия проходивший красной нитью через российскую историю идей, действительно казался устаревшим. Интеллектуальная элита России была на рубеже веков — в такой же степени как и западный образованный слой — охвачена декадентскими настроениями, чувством завершения исторической эпохи, русский авангард был тогда одной из важнейших составных частей европейского художественного модерна. Различия между Востоком и Западом не считались более непреодолимыми. Ведущие представители религиозно-философского ренессанса, начавшегося на рубеже веков, прежде всего авторы «Вех», показали, что своеобразие православия вполне может гармонировать с ценностными представлениями западной культуры, что обе части христианской ойкумены не могут обойтись друг без друга.

Революция 1917 года и вызванная ею гражданская война поначалу не привели к возрождению старой полемики между критиками и апологетами Запада. Тогда фронты пролегли совершенно иначе. Ни «красных», ни «белых» в общем, нельзя было назвать противниками западной культуры как таковой. Обе стороны вдохновлялись западными идеями — в одном случае, марксизмом, в другом - национализмом. Это был, по сути, внутризападный спор на российской почве. Лишь евразийцы с их резкими нападками на всю западную культуру в целом поставили новые акценты во внутрироссийском споре. Но восходили ли при этом идеи евразийцев к идеям славянофилов и панславистов, как полагали некоторые

---

3   Блок, Александр: Собрание сочинений. Т. 5. Москва/Ленинград, 1962. С. 332.

из их критиков, например, Бердяев, видевший в евразийстве лишь нечто эпигонское и малооригинальное?[4] Надо отметить, что эти критики проглядели непреодолимую, по сути, пропасть между евразийцами и их, якобы, предшественниками. Потому что в противовес славянофильским и панславистским течениям 19 столетия в случае евразийцев речь идет не о консервативном или консервативно-либеральном, а о революционном движении. Оно приветствовало важнейшие результаты русской революции, которые, на взгляд евразийцев, состояли в том, что была устранена пропасть между европеизированным образованным сословием и народными слоями, которые все еще жили идеями допетровской России. То, что устранение этой пропасти последовало как результат уничтожения или изгнания большей части представителей высшего сословия, что в России, по словам Владимира Вейдле, произошло своего рода «изгнание варягов»,[5] евразийцев не смущало. Хотя евразийцы сами, как представители образованного сословия, были затронуты этим «изгнанием варягов», они считали этот процесс неизбежным. По их мнению, этим был положен конец своего рода двойному отчуждению, в котором Россия жила со времени петровских преобразований: отчуждению народных слоев от их собственного государства и отчуждению образованного сословия от собственной традиции. Евразийцы считали, что в результате восприятия западной культурной модели российское высшее сословие отказалось от центральной идеи, на которой базировалась политическая культура России, больше того: ее идентичность как таковая, — от религиозно инспирированной идеи избранности святой Руси и московского царства. После Петра эта идея считалась «варварской», «азиатской». Отныне лишь западная культура наделялась теми атрибутами, которые прежде применялись к «Москве — третьему Риму».[6]

Евразийцы подчеркивали: вера западноевропейцев в то, что именно их культура и есть вообще культура, что приобщение неевропейцев к

---

4   Бердяев, Николай: Евразийцы // Путь 1, 1925. С. 134-139.
5   Вейдле, Владимир: Задача России. New York, 1956. С. 81.
6   Ср. Также Савицкий, Петр: Поворот к востоку // Исход к Востоку. С. 1-3; Трубецкой, Николай: Об истинном и ложном национализме // там же. С. 71-85; Трубецкой, Н.: Верхи и низы русской культуры // там же. С. 86-103; Флоровский, Георгий: О патриотизме праведном и греховном // На путях. Утверждение

«цивилизации» может последовать только через принятие ими европейских ценностей, начиная с Петра разделялась и русским образованным сословием. Правда, с течением времени произошел раскол между господствующей бюрократией и некоторыми оппозиционно настроенными кругами общественности. Однако ни одна из конфликтующих партий, за исключением небольших славянофильских кружков, не подвергла сомнению смысл европеизации.[7] Напротив, оппозиция упрекала правительство в том, что европеизация страны проводится недостаточно быстро и последовательно. Для обоих противников было невозможно представить мышление вне западной системы координат. Каковы были следствия перенятия чуждых ценностных представлений и широкомасштабного отчуждения от собственной культуры, описал один из основателей евразийского движения, князь Николай Трубецкой в своей книге «Европа и человечество» (1920), которая может быть охарактеризована как своего рода «Коммунистический манифест» евразийского движения. Согласно «евразийскому Карлу Марксу», культурная работа неевропейских народов лишь тогда получает признание европейцев, когда она полностью соответствует европейским масштабам. Понятно, однако, что европейские народы, живущие в своей собственной культурной среде, продуктивнее европеизированных неевропейцев. Отсюда постоянное чувство своей отсталости, свойственное неевропейцам, их подавленность комплексом собственной неполноценности. «Отсталость» - это «роковой закон» народов, которые вступают на путь европеизации.[8]

II.

Своей беспощадной критикой петровского эксперимента евразийцы затронули крайне болезненный пункт петербургской России. В ней и на самом деле - несмотря на ее беспримерный культурный расцвет - было что-то хрупкое и искусственное. Она в слишком большой степени была

евразийцев. Книга вторая. Москва/Берлин, 1922. С. 231-292; Евразийство. Опыт систематического изложения. Париж, 1926. С. 29 и сл.

7   Трубецкой, Николай: Мы и другие // Евразийский временник. Книга четвертая. Берлин, 1925. С. 67-81.

8   Трубецкой, Николай: Европа и человечество // Трубецкой, Н.: История, Культура, Язык. Москва, 1995. С. 94 и сл.

результатом волевого усилия и мыслительной конструкции без глубокого укоренения в родной почве. Когда Достоевский описывал призрачную недействительность Петербурга, его исчезновение в тумане, он передавал основное чувство многих представителей русской элиты. Отсюда его отчаянный призыв к русской интеллигенции, к отчужденным от собственной традиции скитальцам, слиться с народом: «´Смирись, гордый человек, и прежде всего, сломи свою гордость. Смирись, праздный человек, и прежде всего потрудись на родной ниве´. Вот это решение по народной правде и народному разуму».[9]

Не без влияния Достоевского русское православие - важнейший элемент, связующий верхи и низы - раскрылось в новом блеске для части русской интеллигенции на рубеже веков. Она освободилась от наивной веры в науку и прогресс, от революционного утопизма. Но это не привело к преодолению разрыва между образованным сословием и простым народом. Как объясняют евразийцы это положение вещей? Один из основателей евразийского движения, Петр Сувчинский, упрекает интеллигентов, вновь открывших к началу 20 века религиозную проблематику, в чрезмерной элитарности. Они пользовались лексикой совершенно непонятной народу. Так как их религиозность была лишена корней, она приобретала декадентские и мистические черты. Неукорененная духовность призрачна, она не в состоянии захватить массы и принципиально изменить действительность.[10] Для евразийцев русское православие отличалось от западного христианства в первую очередь тем, что в нем на первом месте стояли ритуал и религиозный быт, а не теологический диспут. Пренебрежение этим глубоко укорененным в народе восприятием религиозности с самого начала исключало слияние с нижними слоями. Пропасть между верхами и низами сохранилась. Так у петербургской России до последнего момента недоставало солидного фундамента, ее распад был запрограммирован.[11]

---

9   Достоевский, Федор: Дневник писателя за 1877 год. Paris, 1954. С. 514.

10 Сувчинский, Петр: Вечный устой // На путях. С. 99-133; Сувчинский, П.: К преодолению революции // Евразийский временник. Книга третья. Берлин, 1923. С. 30-50; Сувчинский, П.: Идеи и методы // Евразийский временник, 4, 1925. С. 24-64.

11 Сувчинский, Вечный устой; Трубецкой, Мы и другие.

Жалобы многих представителей российской элиты на почти непреодолимую пропасть между интеллигенцией и народом вроде бы подтверждают диагноз евразийцев. Достаточно одного примера. Так, Александр Блок писал в ноябре 1908 года следующее о Максиме Горьком, который для Блока воплощал народную душу: «Страшно и непонятно интеллигентам то, что он [Горький] любит и как он любит. Любит он ту же Россию, которую любим и мы, но иной и непонятной любовью. Его герои [...] чужие нам; это - молчаливые люди ´себе на уме´, с усмешкой, сулящей неизвестное.»[12]

Однако, можно ли на самом деле объяснить глубочайшую пропасть между народными слоями и интеллигенцией в преддверии революции прежде всего тем, что образованные люди не чувствовали традиционной для нижних слоев религиозности, как это полагают евразийцы? Вряд ли. На рубеже веков происходила широкомасштабная эрозия традиционного мировоззрения у широких слоев населения страны. Свои надежды они все менее связывали с царем или православной верой, а все более — с верой в освободительную силу революции. Семен Франк писал в своем сочинении «Крушение кумиров» (1924), что характерная для русской интеллигенции душевная болезнь утопизма передалась нижним слоям народа. Они начали теперь служить революционным кумирам с той же самоотверженностью, с какой в свое время это делала русская элита. Демоническую силу, даже непобедимость большевизма можно в первую очередь объяснить пламенной верой, с которой бесчисленные красноармейцы защищали свою святыню — революцию.[13]

Так в начале 20 столетия, в противовес утверждениям евразийцев, действительно произошла столь долго ожидавшаяся встреча интеллигенции с народом. Неустанная просветительская работа интеллигенции теперь увенчалась успехом, писал в 1908 году Сергей Булгаков. Народ примкнул к мировоззрению интеллигенции, он стал «сознательным». Впрочем, этот «успех» интеллигенции может иметь для России непредвидимые последствия, подчеркивал Булгаков.[14]

---

12   Блок, Собрание сочинений. Т. 5. С. 325.
13   Франк, Семен: Крушение кумиров. Берлин, 1924.
14   Булгаков, Сергей: Два града. Т. 2. Москва, 1911. С. 159-163.

И действительно, распад петербургской России был важнейшим следствием этого «процесса просвещения». Почему российские народные массы в течение короткого времени превратились из сильнейшей опоры русской монархии в ее величайшую угрозу? Этим вопросом евразийцы интенсивно занимались. Они говорили об отчуждении российских народных слоев от их собственного государства, происшедшем вследствие петровских реформ. Это был, таким образом, второй процесс отчуждения, — наряду с отходом русской элиты от ее собственных традиций —, который имел место в петербургской России и который также обусловил ее хрупкость. В 1925 году Сувчинский пишет: народ чувствовал себя весьма неуютно в политическом, социальном и культурном устройстве Российской империи. Он больше не понимал идею собственного государства, более того: самого себя. Потеря связи с собственным государством проявилась в том, что широкие народные массы в 1917 году санкционировали государственный распад России. Этот отказ от самого себя был не результатом действий большевиков, но следствием разрушения господствовавшей с 18 столетия государственной идеи. Русские крестьяне не только потому с готовностью приняли большевистские лозунги классовой борьбы, что они хотели экспроприировать помещиков, добавляет Сувчинский. Была для этого и другая причина: желание крестьян освободиться от культурно чуждого и непонятного для них высшего сословия.[15] Тем самым русское общество вновь пришло к той однородности, которой оно обладало в допетровские времена. Это обстоятельство почти безгранично приветствовалось Сувчинским и его единомышленниками. Тот факт, что большевики, осуществившие этот переворот, установили в России деспотический режим и диктат единомыслия, евразийцев почти не смущал. То и другое полностью соответствует российским традициям, полагали они. Политическая система Московского государства также была весьма жесткой, в Московской России тоже все слои общества, включая и власть имущих, подчинялись одной единственной идее, которой они беззаветно служили, — православию. Евразийцы подвергали критике не форму большевистской диктатуры, но ее содержание, а именно тот факт, что большевики после разрушения петербург-

---

15   Сувчинский, Идеи и методы.

ской России продолжили, по существу, дело Петра Первого и снова превратили Россию в экспериментальное поле для европейских идей. Согласно евразийцам, так называемая пролетарская культура, пропагандируемая большевиками, не представляет собой никакой альтернативы западной культуре. Это просто примитивное подражание возникшей на Западе буржуазной культуре.[16] По мнению евразийцев, после политической и социальной революции, результаты которой они полностью приветствовали, Россия должна пережить еще и культурную революцию. В основе этой революции должно лежать принципиальное изменение господствующей в стране с начала 18 века системы координат, которой большевики, несмотря на их политическую и социальную радикальность, остались в главном верны. Страна должна полностью закрыть окно в Европу, открытое Петром Первым, и повернуться к Востоку.

III.

Те исследователи, которые рассматривают евразийцев как продолжателей славянофильских и панславистских течений, недооценивают радикальность евразийской критики Запада. Своих мнимых предтеч-славянофилов Трубецкой, Сувчинский и их единомышленники упрекают в пренебрежении тем фактом, что Россия находится не только в Европе, но и в Азии.[17]

Слова Алексея Хомякова или Достоевского о достойных поклонения ценностях западной культуры, о «священных камнях» Запада, в устах евразийцев были бы немыслимы. Столь же невозможным был бы в их словаре тезис Хомякова о России как защитном вале Европы против азиатской (татарской) угрозы[18] и слова Достоевского о русской миссии европеизировать Азию: «В Европе мы были приживальщики и рабы, а в

---

16 Трубецкой, Мы и другие; Флоровский, Георгий: Окамененное бесчувствие // Путь 2, 1926. С. 128-133; Карсавин, Лев: Ответ на статью Н. А. Бердяева об «евразийцах» // Путь 2, 1926. С. 124-127; Евразийство// Евразийская хроника 9, 1927. С. 5.

17 Исход к востоку. С. VII; Евразийство. Опыт систематического изложения. С. 30 и сл.

18 Хомяков, Алексей: Собрание сочинений в двух томах. Т. 1. Москва, 1995. С. 453.

Азию явимся господами. В Европе мы были татарами, а в Азии и мы европейцы.»[19] Некоторые связи существовали между евразийской концепцией и панславистской программой Николая Данилевского, который в своей книге «Россия и Европа» (1869)[20] с крайней остротой оспаривал тезис об универсальном значении европейской культуры и подчеркивал собственную ценность отдельных культур, прежде всего, славянской. Евразийцы также были страстными противниками универсалистской культурной модели и поборниками культурного партикуляризма. Вместе с тем евразийцы отвергали панславизм как таковой, считая его подражанием западным «пан-движениям». В духовном и культурном отношении русские, по мнению евразийцев, имели не много общего с живущими за пределами России славянами.

Среди всех, упомянутых и самими евразийцами, духовных предтеч движения их позиция возможно ближе всего к позиции Константина Леонтьева. Уже Василий Зеньковский ссылался в своей книге «Русские мыслители и Европа» на то, что Леонтьев с его скептической установкой по отношению к славянству весьма близок позициям евразийцев. Кроме того Леонтьев хотел, подобно евразийцам, отгородить Россию от Запада непроницаемой стеной, чтобы охранить своеобразие российской культуры от западных влияний. Уже Леонтьев указывал на крайне важный для евразийцев азиатский, «туранский» элемент в русском национальном характере: «Только из более восточной, из наиболее, так сказать, азиатской - *Туранской*, нации в среде славянских наций, может выйти нечто от Европы *духовно* независимое».[21]

Но, с другой стороны, были также принципиальные различия между евразийцами и Леонтьевым. Потому что в противовес евразийцам Леонтьев отрицал не западную культуру как таковую, но, в первую очередь, ее обуржазивание и демократизацию - следствие французской революции. Старая феодально-аристократическая Европа оценивалась Леонтьевым вполне положительно.

---

19   Достоевский, Дневник писателя за 1877 год. С. 609.
20   Данилевский, Николай: Россия и Европа. С.-Петербург, 1869.
21   Леонтьев, Константин: Восток, Россия и славянство. С.-Петербург, 1885-1886. Т. 1. С. 285.

Итак поиски прямых предшественников евразийцев в русской истории идей остаются безрезультатными. Американский историк Н. Рязановский с полным правом указывает на то, что евразийская программа в целом не могла опереться непосредственно ни на какую традицию в предреволюционной России.[22] Также и, другие исследователи характеризовали евразийцев как, пожалуй, единственное оригинальное российское направление послереволюционной эпохи, которое не обладало никакими непосредственными предреволюционными корнями.[23] Идеи евразийцев полностью соответствовали революционному характеру эпохи, в которой они действовали. К этому принадлежал, например, тезис: Россия и угнетаемые европейцами колониальные народы образуют некое единство. Будущее России лежит не в ее возрождении в качестве европейской державы, но в том, что она может стать предводительницей всемирного восстания против Европы, считал Трубецкой.[24] Здесь видны поразительные параллели с аргументацией большевиков, которые тоже хотели сделать Россию центром восстания против европейской гегемонии. Однако между обеими программами существовало принципиальное различие. В противоположность евразийцам большевики ни в коей степени не верили в самоценность неевропейских культур. Подобно западноевропейцам, столь жестко критикуемым евразийцами, большевики тоже верили в то, что западная культура обладает универсальным характером. Незадолго до начала I мировой войны Ленин писал об усиливающемся азиатском освободительном движении: «Не значит ли это, что сгнил материалистический Запад и что свет светит только с мистического, религиозного Востока? Нет, как раз наоборот. Это значит, что Восток окончательно встал на дорожку Запада, что новые *сотни и сотни миллионов* людей примут отныне участие в борьбе за идеалы, до которых доработался Запад. Сгнила западная буржуазия, перед которой стоит уже ее могильщик — пролетариат.»[25]

22 Riasanovsky, N. V.: The Emergence of Eurasianism // California Slavic Studies 4, 1967. С. 39-72.
23 См. об этом: Степун, Федор: Евразийский временник. Книга третья // Современные записки 21, 1924. С. 400-407.
24 Трубецкой, Европа и человечество.
25 Ленин, Владимир: Полное собрание сочинений. 5 изд. Т. 1-55. Москва, 1958-65, зд.: т. 21. С. 402.

Что касается мятежа, который мерещился евразийцам, то здесь речь шла о восстании совершенно иного рода. Оно должно было быть направленным не только вовне, но также, и прежде всего, во-внутрь. А именно, неевропейцы должны были преодолеть воспринятый с Запада предрассудок о неполноценности их собственной культуры и разоблачить эгоцентризм скрывающийся за этим мнимым универсализмом «романо-германских» наций.

Культурной революции, за которую выступали евразийцы, был чужд футуристический пафос большевистской революции. Их «золотой век» лежал не в «светлом будущем», а в прошлом. Но не в непосредственном прошлом, как это было в случае с русскими монархистами, а в далекой древности. Радикально новое представляет собой, по сути, обновление очень древнего, говорит в 1923 году Трубецкой. Любое радикальное обновление опирается на далекое, а не непосредственное прошлое.[26] Трубецкой указывал здесь на тот факт, что евразийцы отвергали петербургскую Россию во имя древней Московской Руси, идеи «третьего Рима».

Таким образом евразийцы были революционерами и традиционалистами одновременно, т.е. «консервативными революционерами»; этим евразийская «культурная модель» была удивительно сходна с возникшей в это же время моделью немецкой «консервативной революции», сыгравшей в истории Веймарской республики столь роковую роль. Подобно евразийцам поборники «консервативной революции» мечтали о преодолении западной гегемонии, о разрушении созданных Западом цивилизационных норм.[27] Представители «консервативной революции» тоже, подобно евразийцам, нередко были интеллектуально утонченными и великолепно формулирующими свои мысли авторами. В отличие от национал-социалистских демагогов они подрывали не только политический, но и духовный фундамент первой немецкой демократии. Хотя консервативные революционеры с их радикальным отказом от Запада име-

---

26   Трубецкой, Николай: У дверей реакция? Революция? // Евразийский временник 3, 1923. С. 18-29.

27   Ср. зд.: Luks, Leonid: «Eurasier» und «Konservative Revolution». Zur antiwestlichen Versuchung in Russland und in Deutschland // Koenen, Gerd/Kopelew, Lew (Hrsg.): Deutschland und die russische Revolution 1917-1924. München, 1998. С. 219-239.

ли, подобно евразийцам, определенных духовных предшественников (Лагард, Лангбен и др.), однако как отдельное политическое течение они выкристаллизовались вследствие событий 1918-19 годов. Без первой мировой войны, без Версаля и Веймара подобное идеологическое явление вряд ли было бы возможно. Уже само понятие «консервативная революция», которое соединялось из кажущихся несоединимыми элементов, отражало парадоксы и причудливость этого феномена. Подобно евразийцам консервативные революционеры хотели преодолеть существующий порядок не во имя «светлого будущего», но во имя прошлого, очень далекого прошлого. Непосредственное немецкое прошлое — вильгельмовскую Германию — авторы этого круга отвергали так же решительно, как евразийцы отвергали петербургскую Россию. Идеализации Московской Руси евразийцами соответствовала идеализация консервативными революционерами средневековой имперской идеи, во имя которой они боролись с отвергаемым ими веймарским порядком.[28]

IV.

Но здесь нужно отметить, что евразийцы идеализировали не только Московскую Русь. Если бы это было так, они не отличались бы от славянофилов, которые тоже склонялись к некритической идеализации Московской эпохи. Другим идеалом, вдохновлявшим евразийцев, была империя Чингис-хана и Золотая Орда. Евразийцы восхищались татаро-монгольским игом, в котором их соотечественники в течение столетий видели самую трагическую главу российской истории. Евразийцы считали империю Чингис-хана, а не Киевскую Русь прямой предшественницей Российской империи. Чингис-хан, утверждали они, был первым поборником грандиозной идеи единства той территории, которую евразийцы рассматривали как некий самостоятельный континент «Евразия» — территории, которая по существу соответствовала территории позднейшей Российской империи. Государственная идея Киевской Руси была, согласно Трубецкому, в отличие от государственной идеи монгольской империи, провинциальной. Порабощенные русские вначале восприняли

---

28 См. зд. Moeller van den Bruck, Arthur: Das dritte Reich. Berlin, 1923.

идею монгольской универсальной империи как нечто чуждое, но в конце концов не смогли устоять перед ее завораживающей силой.[29]

В 16 столетии Великое княжество Московское переняло от татар идею единства Евразии. На евразийском континенте возник, согласно Трубецкому и Савицкому, некий по сути беспримерный мультикультурный синтез.[30] Евразийцы при этом подчеркивают, с какой легкостью русские ассимилировали многие элементы восточной культуры. Московская империя представляет собой на их взгляд синтез византийства и татарства. Не случайно, что центрами православия и русской государственности стали только те российские территории, которые находились под татарским господством. Это обстоятельство евразийцы объясняют религиозной терпимостью татар, а также их согласием на политическую автономию Московских княжеств. Совершенно иначе сложилась судьба западнорусских областей, которые попали под польско-литовское или немецкое владычество. Здесь не могло быть и речи о политической самостоятельности или беспрепятственном развитии православия.[31] Чтобы доказать, что татарское господство было, по существу, более благодатным для России, чем европеизация, Трубецкой в 1925 году выдвинул следующий тезис: после двух столетий «татарского ига» возникла сильная, единая Россия, после двух столетий европеизации — большевистская Россия. Большевистская Россия была плодом европейского господства, так же как Московская Русь была плодом татарского владычества. Большевизм показал, чему Россия научилась у Европы, по этим большевистским плодам и надо судить о сути европеизации. Если сравнить результаты обоих процессов обучения, тогда татарскую школу придется оценить гораздо более положительно, чем это обычно делается.[32]

Легкость, с которой Московская Русь ассимилировала многие структурные элементы Золотой Орды, Трубецкой объясняет общим туран-

---

29   I. R. (Николай Трубецкой): Наследие Чингис-хана. Взгляд на русскую историю не с Запада, а с Востока. Берлин, 1925. С. 3 и сл., 18-23.

30   Там же; Савицкий, Петр: Степь и оседлость // На путях. С. 341-355.

31   Вернадский, Георгий: Два подвига Александра Невского // Евразийский временник 4, 1925. С. 319-336; Пушкарев, Сергей: Россия и Европа в их историческом прошлом // Евразийский временник 5, 1925. С. 147-152.

32   Трубецкой, Николай: О туранском элементе в русской культуре // Евразийский временник 4, 1925. С. 377.

ским наследием. Смешение русских, восточнославянских племен с туранскими народами представляет для Трубецкого важнейший факт российской истории. Русский национальный характер гораздо сильнее опре-
делен туранскими, нежели славянскими компонентами[33] (здесь в извест-
ном отношении вспоминается Константин Леонтьев).

Трубецкой конструирует некую культурную и духовную модель, которая, якобы, отличается как от семитского и персидского типов на Востоке, так и от романо-германской модели на Западе. Туранское мышление
схематично и ясно, идет вширь, а не в глубь. Нюансы ему чужды. Туран-
ские народы склоняются к перениманию чужих культурных и религиозных моделей и служат им беззаветно, даже фанатично. Туранскому
культурному типу не свойственны типичные для семитов, персов или западноевропейцев метафизическая тоска, поиски противоречий и их решений. Он также не знает пропасти между теорией и практикой. Здесь
все подчиняется господствующей идее и государству, которое воплощает эту идею. Все эти признаки были характерны согласно Трубецкому
также и для Московской Руси.[34] Мечта о возрождении этой погибшей в
результате европеизации культуры проходит красной нитью сквозь идеи
Трубецкого и его единомышленников.

V.

Евразийцами не берется во внимание, что идеализируемая ими Московская Русь постепенно начала задыхаться от своей автаркии и собственного самодовольства, что по крайней мере со времени террора Ивана Грозного начался беспрецедентный кризис российской идентичности.

Чтобы преодолеть становящуюся все более глубокой культурную
стагнацию Россия срочно нуждалась в культурных импульсах извне, и
откуда они еще могли прийти, если не с Запада? Не случайно, говорит
Владимир Вейдле, что Петр Первый открыл окно не в сторону Мекки, не
на Лхасу, но в Европу. Правда, согласно Вейдле, петровский замысел
имел исключительно технократическую природу. Петр отождествлял

---

33   Там же. С. 351.
34   Там же. С. 371-375.

культуру с технократической цивилизацией. Тем не менее он интуитивно выбрал — через восстановление единства христианского мира — плодотворный для российской культуры путь развития. Беспримерные культурные достижения петербургской России были следствием петровского переворота, продолжает Вейдле свои рассуждения, но Петр также косвенно виновен и в катастрофе, которая разрушила его построение.[35]

Вейдле, как и евразийцы, осознает хрупкость фундамента, на котором была воздвигнута петербургская Россия. Но он, как и авторы «Вех», не видит альтернативы петровской программе. Отход от Европы для России невозможен, потому что она в результате своей христианизации стала неотъемлемой частью европейской культуры. Но также и для Запада потеря России имела бы непредвидимые последствия, потому что Россия после крушения Византии воплощает традицию восточного христианства, от которого Запад вновь и вновь получает импульсы для своего обновления. Вейдле считает как русских, так и западных изоляционистов, разделяющих обе части Европы непреодолимой стеной и отправляющих Россию в Азию, страшными упростителями, которые крайне ограничивают понятие Европы и теряют из виду сложность европейской культуры.

Также как Вейдле, аргументировали и другие ведущие представители русского образованного сословия в изгнании. И они тоже подчеркивали комплементарный характер отношений между Востоком и Западом и предостерегали от изоляционистских и партикуляристских тенденций, распространенных тогда как в России, так и на Западе.

В своей полемике с евразийцами Федор Степун писал в 1924 году: европеизм и азиатское начало - это две составные части сущности России. Ни одной из них мы не вправе пренебречь, ни от одной не в силах убежать.[36] Николай Бердяев, со своей стороны, резко выступал (1925) против манихейской картины мира евразийцев. Весьма маловероятно, писал он, чтобы какая-либо культура, например, западная, могла быть исключительно носителем зла, как это полагают евразийцы. Христианство не допускает подобного географического разделения добра и зла.

---

35   Вейдле, Задача России.
36   Степун, Евразийский временник. С. 405 и сл.

Также и отказ евразийцев от универсальных культурных ценностей резко критикуется Бердяевым. В этом случае они недооценивают, в противоположность своим славянофильским предшественникам и Достоевскому, универсальный характер православия.[37]

Бердяев склоняется здесь к идеализации позиции славянофилов. Славянофильская критика католицизма была не менее острой, чем отказ евразийцев от так называемых «латинян». Евразийский тезис о католицизме как безбожной ереси мог бы также происходить и от Достоевского. Так что религиозная стена, которую евразийцы хотели воздвигнуть между Россией и Западом, была так же высока, как и та, которую создавали славянофилы. Но в отличие от славянофилов евразийцы желали сделать стену между православием и другими религиями, по крайней мере в одном месте преодолимой - именно в направлении Востока - в отношении других религиозных сообществ населяющих евразийскую территорию. Для авторов программной работы евразийцев «Евразийство» (1926), например, буддизм или ислам были православию ближе, чем католицизм. Они открыли у буддистов и мусульман якобы неосознанную склонность к православной вере.[38]

Таким образом евразийцы мечтали не только о культурном, но также и о религиозном синтезе народов Евразии, о создании какой-то еще никогда не существовавшей евразийской нации — нового политического субъекта, который должен был стать фундаментом обновленной российской империи. Русская нация и православная вера должны были, по мысли евразийцев, играть в этой империи ведущую, но не настолько подавляющую роль, как это было в дореволюционной России. Русским и православию была предназначена всего лишь роль первых среди равных.

Можно было бы предположить, что это — совершенно утопический взгляд. И это действительно так. Но, с другой стороны, не следует забывать, что время возникновения и расцвета евразийского движения — двадцатые и тридцатые годы — было временем беспримерного утопического прорыва, возникновения движений, пытающихся осуществить цели, которые уже сформулировали отдельные радикальные мыслители

---

37 Бердяев, Евразийцы.

19 века, но которые в целом считались совершенно неосуществимыми. Но 20 столетие показало, что эти утопии вовсе не были так далеки от мира, как поначалу казалось. В 19 веке часто сожалели, что утопии хотя и прекрасны, но, к сожалению неосуществимы, пишет Николай Бердяев в своей книге «Новое средневековье». В 20 столетии человечество столкнулось с совсем другим опытом. Утопии оказались гораздо легче реализуемыми, чем полагали вначале. Теперь стоит вопрос, как можно воспрепятствовать осуществлению утопий.[39]

И в самом деле, большевикам почти удалось осуществить свою утопию уничтожения частной собственности и огосударствления всех средств производства, включая и рабочую силу. Национал-социалистам почти удалось реализовать свою утопию устройства расистского «нового европейского порядка». Почему же евразийцы не имели успеха со своим утопическим замыслом? Почему привлекательность евразийской идеи ограничилась только небольшими интеллектуальными кружками? Здесь недостаточно объяснения, что интеллектуалы обычно слишком далеки от реального мира, чтобы так же виртуозно овладеть технологией власти, как это делали тоталитарные политики. Ленин и Троцкий тоже были интеллектуалами, а Иосиф Геббельс имел научную степень филолога-германиста. Евразийцы не имели широкого воздействия не только по причине своей интеллектуальности, но и из-за характера своей идеологии. Большевики с их лозунгами классовой борьбы и национал-социалисты с их расовой пропагандой апеллировали к глубокоукорененным эмоциям широких слоев населения, к социальной зависти и антисемитизму. Евразийскому призыву к народам Евразии и к разнообразным изгнанным из России группировкам основать антизападное сообщество на евразийской территории недоставало сравнимого с вышеназванными партиями демагогического резонанса. Националистические эмоции были настолько сильно выражены как у русских, так и у нерусских эмигрантов из бывшей царской России, что они оставались невосприимчивыми к евразийским представлениям о мультиэтнической и мультиконфессиональной

---

38   Евразийство, Опыт систематического изложения. С. 20 и сл.

39   Berdjaev, Nikolaj: Das neue Mittelalter. Betrachtungen über das Schicksal Rußlands und Europas. Tübingen, 1952. С. 122.

евразийской империи. То есть, даже в эмиграции евразийцы представляли собой лишь маргинальное явление без значительного влияния на широкие круги «Зарубежной России».

VI.

Критики евразийцев, которые сравнивают это движение с большевизмом или фашизмом недооценивают политическую наивность, но также и сложность евразийской культурной модели, которую не так просто было использовать для демагогических целей. И еще одно обстоятельство недооценивается многими исследователями, а именно, что евразийцы, вопреки своей революционости, вопреки своему словесному радикализму одной ногой еще стояли в дототалитарном 19 столетии и чувствовали себя связанными теми нормами, которые выработала эта эпоха. Это было особенно очевидно в тридцатые годы, когда сталинский террор положил конец распространенным в двадцатые годы иллюзиям о так называемой «нормализации» большевизма. Часть евразийцев поддалась чарам сталинской революции сверху и начала служить целям режима, не в последнюю очередь в качестве его агентов. Однако, основатели движения, прежде всего Николай Трубецкой и Петр Савицкий, в ужасе отвернулись от большевистской диктатуры, которую они в свое время расценивали как недостаточно радикальную. В 1937 году — в судьбоносном году сталинского режима — Трубецкой опубликовал в 12 тетради «Евразийской хроники» свою статью под названием «Упадок творчества». Хотя статья не содержит ни единого слова о терроре, она являет собой уничтожающую критику сталинизма. Согласно автору, репрессивная политика режима привела к параличу творчества в стране: «Люди, вынужденные долго молчать, в конце концов разучиваются говорить».[40] В этой порожденной партией культурной стагнации Трубецкой видит причину неспособности сталинизма создать свой собственный культурный стиль. В Советском Союзе, пишет он, осуществляется всего лишь неуклюжее подражание полностью устаревшим культурным моде-

---

40 Трубецкой, История, Культура, Язык. С. 446.

лям, которые доминировали в дореволюционной России в шестидеся-
тые-семидесятые годы 19 столетия.

Еще в середине двадцатых годов Петр Сувчинский характеризовал
советскую политику как политику большого стиля. Все, что противостоя-
ло большевикам в России, было по его мнению провинциальным и ма-
лозначительным.[41] Тот факт, что Трубецкой десятью годами позже упрекает сталинизм в полном отсутствии стиля, показывает, насколько низко
упал большевизм за это время в глазах основателей евразийского движения. Это отрезвление евразийцев удивительно похоже на те процессы, которые происходили в тогдашней Германии, а именно в лагере консервативной революции. Также как евразийцы в двадцатые годы совершенно неверно оценивали тоталитарный характер большевизма и склонялись к его недооценке, подобное же делали в Веймарской республике
поборники консервативной революции в отношении национал-социализма. Они упрекали его в недостаточном радикализме. Так, они насмехались, например, над решением Гитлера провести «легальную революцию» в Германии с помощью избирательных бюллетеней. В конце 20-х
годов Эрнст Юнгер считал попытку Гитлера парламентским путем прийти к власти «ослиной глупостью».[42] А другой критик Гитлера, Эрнст Никиш, добавил в 1932 году: Тот, кто борется легальными методами, не затрагивает основ системы. Те, кто уклоняются от пробы силы, как это делает Гитлер, уже побеждены.[43] Несмотря на подобную критику большинство консервативных революционеров эйфорически приветствовало
лавинообразные победы НСДАП в начале 30-х годов. Эрнст Никиш и его
группа «Сопротивление» принадлежали к немногочисленным скептикам.
Между тем для большинства радикальных критиков веймарской демократии, принадлежащих к консервативно-революционному лагерю, три-
умфальные победы НСДАП в начале тридцатых годов символизировали
конец ненавистной либеральной эпохи, начало национального возрождения. Так они считали Третий Рейх, непосредственно после его уста-

---

41 Сувчинский, Петр: К пониманию современности // Евразийский временник 5,
    1927. С. 20.
42 См. у Bastian, Klaus-Friedrich: Das Politische bei Ernst Jünger. Diss. Heidelberg,
    1963. С. 59.
43 Niekisch, Ernst: Hitler — ein deutsches Verhängnis. Berlin, 1932.

новления, не в последнюю очередь своим детищем, и были в определенном смысле правы. Лишь постепенно они начали, подобно ученику чародея, реально понимать, каких духов они вызвали к жизни. Это была утрата иллюзий. Одни из тех, кто подготовил события 30 января 1933 года, пали жертвой национал-социалистской деспотии (Эдгар Юнг), другие ушли во внутреннюю эмиграцию (Эрнст Юнгер).

Но вернемся теперь к отношению основателей евразийского движения к большевизму. В уже упомянутой статье «Упадок творчества» князь Трубецкой утверждал, что коммунизм осужден на угасание, поскольку он полностью истощил свой творческий потенциал. Но в действительности этой системе, скорый развал которой он предсказывал, предстояло еще полстолетия решающим образом определять ход мировых событий. Таким образом, Трубецкой недооценил политическую — но не культурную — витальность коммунизма. С необыкновенной проницательностью он увидел, что идеология, которая более не в состоянии вдохновлять культурную элиту, которая терпит лишь официозный художественный канон и драконовски карает всякое уклонение от него, в конечном итоге не имеет шансов на выживание. Основоположники евразийского движения рано распознали эпигонское и обывательское бесплодие сталинистского понимания культуры, которому последователи Сталина вплоть до горбачевской перестройки оставались в общем верны. Когда занимаются поисками причин развала советского режима, то ни в коем случае не следует забывать диагноз Трубецкого. Не только хозяйственная неэффективность, не только технологическая отсталость, но также и «упадок творчества», который наблюдался в России как следствие сталинской унификации, обусловили в конечном итоге закат советской империи.

Евразийцы мечтали о том, чтобы прийти на место истощившей себя коммунистической партии. В вышеназванной статье Трубецкой писал (1937), что положение в Советском Союзе хотя и вызывает озабоченность, но не является безнадежным: «Исход состоит в замене марксизма другой идеей-правительницей».[44] И для Трубецкого не было никакого сомнения в том, что эта другая идея может быть только «евразийской».

---

44 Трубецкой, История. С. 448.

Годом позже Трубецкой умер, и его смерть символизировала конец классического евразийства. Как тогда казалось, оно окончательно покинуло политическую сцену. Несмотря на свое безграничное честолюбие евразийцы таким образом не смогли создать действенную альтернативу коммунистической идеологии. Учение евразийцев казалось странной и окончательно закрытой главой в истории идей российской эмиграции. Однако в мире идей царят законы, которые всегда готовы преподнести сюрприз. Евразийским идеям, вроде бы канувшим в Лету в конце тридцатых годов, суждено было пятьюдесятью годами позже пережить совершенно неожиданный ренессанс. Уже в конечной стадии горбачевской перестройки, когда эрозия коммунистической идеологии становилась все более очевидной, многие защитники имперской русской идеи пустились на поиски новых объединяющих начал для всех народов и религиозных сообществ советского государства, и открыли при этом евразийские идеи. Однако анализ идеологии неоевразийства, зачастую причудливой и запутанной, выходит за рамки данной работы.

Авторизованный перевод с немецкого Наталии Бросовой

II.4 К вопросу об истории идейного развития «первой» русской эмиграции (1920-1940)

Противники большевиков, побежденные и принужденные к эмиграции в 1917—1920 гг., сейчас как бы празднуют свою позднюю победу. Их идеи возвращаются на родину и все сильнее начинают влиять на политическую и духовную атмосферу в стране. Вместе с тем читателям, живущим в России, как правило, мало знаком тот идейно-исторический контекст, в котором возникали труды эмигрантов. Известно, что систематические исследования этой тематики до недавнего времени были в стране вряд ли возможны. И это значительно усложняет адекватное восприятие идейного наследия, созданного в изгнании.

Но и западные исследователи до сих пор скорее пренебрегали историей идейного развития русской эмиграции. Трудности в овладении темой налицо. Эмигранты были рассеяны по многим странам, в высшей степени разобщены политически, и это делает их письменное наследие почти необозримым. Не в последнюю очередь по этим причинам до сих пор была детально исследована лишь часть всех аспектов проблемы. Так, большинство авторов занималось евразийцами[1] и сменовеховским

---

1   См. Böss, O.: Die Lehre der Eurasier. Ein Beitrag zur russischen Ideengeschichte des 20. Jahrhunderts. Wiesbaden, 1961; von Halem, F.: Die Rechtsansichten der Eurasier – Rechtsordnung oder Wertordnung? // его же: Recht oder Gerechtigkeit? Rechtsmodelle in Ost und West von der Antike bis zur Moderne. Eine Aufsatzsammlung. Köln, 2004. C. 163–211; его же.: Die Wiederkehr der Eurasier. Там же. C. 119–161; Halperin, C.J.: George Vernadsky and Eurasianism // Forschungen zur osteuropäischen Geschichte 36, 1985. C. 55–194; Ignatow, A.: Der «Eurasismus» und die Suche nach einer neuen Kulturidentität. Die Neubelebung des Evrazijstvo Mythos nach 1992// BIOst 15, 1992; Laruelle, M.: L'idéologie eurasiste russe ou comment penser l'empire. Paris, 1999; Luks, L.: Die Ideologie der Eurasier im zeitgeschichtlichen Zusammenhang // Jahrbücher für Geschichte Osteuropas 34, 1986. C. 374–395; его же: «Eurasier» und «Konservative Revolution». Zur antiwestlichen Versuchung in Rußland und in Deutschland // Koenen, G./Kopelew, L. (Hrsg.): Deutschland und die Russische Revolution 1917–1924. München, 1998. C. 219–239; его же: Anmerkungen zum «revolutionär-traditionalistischen» Kulturmodell der Eurasier // Forum für osteuropäische Ideen- und Zeitgeschichte 6, 2002. Heft 1. C. 43–58; Евразия. Исторические взгляды эмигрантов. M., 1992; Riasanovsky, N.: The Emergence of Eurasianism // California Slavic Studies 4, 1967. C. 39–72; Wiederkehr, S.: Die eurasische Bewegung. Wissenschaft und Politik in der

движением[2] — то есть теми эмигрантскими группировками, чьи идеи вызывали особенно оживленные дебаты в эмигрантской среде. Исследовалось развитие в эмиграции некоторых политических партий, в первую очередь, меньшевиков, эсеров и кадетов.[3] Некоторые работы посвящены ситуации русских эмигрантов в отдельных европейских странах, в первую очередь в Германии и Франции.[4] Ряд монографий и статей посвящен эмигрантской литературе.[5]

Однако еще нет систематического анализа истории идейного развития первой русской эмиграции и ее места в тогдашнем политико-идеологическом спектре Европы. Последние попытки представить общий обзор данной тематики были предприняты в 1924 и в 1927 годах. В обоих случаях речь идет о книгах немецкого историка Ханса фон Римши.[6]

---

russischen Emigration der Zwischenkriegszeit und im postsowjetischen Rußland. Köln, 2007.

2   См. Oberländer, E.: Nationalbolschewistische Tendenzen in der russischen Intelligenz. Die «Smena-Vech»-Diskussion 1921–1922 // Jahrbücher für Geschichte Osteuropas 16, 1968. С. 194–211; Агурский М.: Идеология националбольшевизма. Paris, 1980, С. 64–97; его же: The Third Rome. National Bolshevism in the USSR. Boulder/Colorado, 1987. С. 238–266.

3   См. Haimson, L.H. (ed.): The Mensheviks. From the Revolution to the Second World War. Chicago/London, 1974; Liebich, A.: From the Other Shore. Russian Social Democracy after 1921. Cambridge/Mass., 1997; Jansen, M. (ed.): The Socialist-Revolutionary Party after October 1917. Cambridge/Mass., 1980; Pipes, R.: Struve, Liberal of the Right. Cambridge/Mass., 1980.

4   См. Williams, R.C.: Culture in Exile. Russian Emigrés in Germany 1881–1941. Ithaca/London, 1972; Volkmann, H.E.: Die russische Emigration in Deutschland 1919–1929. Würzburg, 1966; Schlögel, K.: Das russische Berlin: Ostbahnhof Europas. München, 2007; его же (Hrsg.): Russische Emigration in Deutschland. Leben im europäischen Bürgerkrieg 1917–1941. Berlin, 1995; его же (Hrsg.): Der große Exodus. Die russische Emigration und ihre Zentren. München, 1994; Dodenhoeft, B.: Laßt mich nach Rußland heim: russische Emigranten in Deutschland von 1918 bis 1945. Frankfurt/Main, 1993; Johnston, R.H.: New Mecca, New Babylon: Paris and the Russian Exiles 1920–1945. Montreal, 1988.

5   См. Струве Г.: Русская литература в изгнании. New York, 1956; Glad, J.: Russia abroad: writers, history, politics. Washington/Tenafly/N.J., 1999; Варшавский, В.: Незамеченное поколение. New York, 1956; Яновский, В.: Поля елисейские: книга памяти. New York, 1983.

6   v. Rimscha, H.: Der russische Bürgerkrieg und die russische Emigration 1917–1921. Jena, 1924; его же.: Rußland jenseits der Grenzen 1921-1926. Ein Beitrag zur russischen Nachkriegsgeschichte. Jena, 1927; см. также Utechin, S.J: Geschichte der politischen Ideen in Rußland. Stuttgart, 1966. С. 238-248; Зеньковский, В.: Русские мыслители и Европа. Paris, 1955. С. 157-167, 262-271; Luks, L.: Zwischen Bruch und Kontinuität – Zur Ideengeschichte der «ersten» russischen Emigration (1920–1939) // Müller, E./Klehr, F.J. (Hrsg.): Russische religiöse

Появившаяся в 1990 году монография Марка Раева «Россия за рубежом»[7] обращена в первую очередь к истории культуры, а не к истории идей эмиграции. А в изгнании, как мы знаем, шла постоянная идейная полемика. Некоторые вопросы, стоявшие в центре споров, рассмотрены здесь в краткой форме.

I.

Идейное развитие «первой» русской эмиграции определялось напряженным отношением, балансирующим между разрывом и преемственностью. С одной стороны, эмиграция в политическом, социальном и культурном смысле олицетворяла собою связь с революционным прошлым. С другой стороны, на опыте 1917-1920 годов она пережила существенный мировоззренческий переворот. При этом речь идет не о первом событии подобного рода. Известно, что уже к началу века в русских образованных слоях произошел мировоззренческий кризис, который выявился в отходе части интеллигенции от некоторых традиционных представлений, в особенности от типичного для интеллигенции поклонения «кумиру революции» (Семен Франк). После апокалиптических событий 1917-1920 годов усилились нападки на интеллигенцию, которая в глазах многих авторов несла главную ответственность за революционный развал страны. Ханс фон Римша писал в 1927 году, что общий уклон вправо разрушил русский либерализм. Большая часть интеллигенции примирилась с монархистами, чем и была преодолена давняя пропасть между ними.[8]

В связи с этим нужно указать на изменившееся распределение ролей. Так, против огульного осуждения и демонизирования интеллигенции выступили некоторые авторы «Вех», которые в свое время беспощадно осуждали революционный утопизм этого слоя. После 1917 года, когда в русских образованных слоях восхищение интеллигенцией пере-

---

Philosophie. Das wiedergewonnene Erbe: Aneignung und Distanz. Rottenburg, 1992. C. 129–140.

7 Raeff, Marc: Russia abroad. A cultural History of the Russian Emigration 1919–1939. Oxford, 1990.

8 Rimscha, Rußland. C. 50, 62, 94-96.

шло в полное ее отрицание, Николай Бердяев, Семен Франк и некоторые прежние критики этой формации увидели ее в новом свете. В противоположность реставраторским и антидемократическим установкам некоторых эмигрантских группировок, они подчеркивали в интеллигенции стремление к свободе и справедливости.

Антидемократические тенденции были особенно характерны для так называемого послереволюционного эмигрантского поколения. Конфликт отцов и детей, который сопровождал все развитие русской интеллигенции с момента ее возникновения, имел исключительное значение и для идейного развития русского зарубежья.

В изгнании возник ряд политических организаций, которые не имели дореволюционных корней и происходили из среды эмигрантской молодежи (евразийцы, младороссы, НТС). Здесь речь шла о поколении, которое было сформировано прежде всего войной, революцией и гражданской войной, о поколении, которое до войны и революции еще не успело сформироваться. Поэтому оно и в своих сочинениях и в своем поведении существенным образом отличалось от поколения отцов. Это поколение пользовалось радикальным, чрезвычайно резким словарем и ставило под вопрос привычный ход мыслей. Как известно, похожие процессы проходили в это время и на Западе. Там тоже поколение военного времени выступало против отцов, и это восстание приобретало иногда неожиданные и причудливые формы. Такое развитие особенно четко отразилось в немецкой «консервативной революции». Принятое в ней соединение идеологических элементов, бывших до 1914 года взаимоисключающими, было характерным и для послереволюционных эмигрантских группировок. Похожим образом «консервативная революция» объединяла в себе и разрыв и преемственность.[9]

---

9 См. v.Klemperer, K.: Konservative Bewegungen. Zwischen Kaiserreich und Nationalsozialismus. München, 1952; Sontheimer, K.: Antidemokratisches Denken in der Weimarer Republik. München, 1968; его же: Der Tatkreis // Vierteljahrshefte für Zeitgeschichte 6, 1958. C. 229-260; Mohler, A.: Die Konservative Revolution in Deutschland. Grundriß ihrer Weltanschauung. Stuttgart, 1950; Stern, F.: Kulturpessimismus als politische Gefahr. Bern, 1963; Rauschning, H.: The Conservative Revolution. New York, 1941; Schüddekopf, O.-E.: Linke Leute von rechts. Die nationalrevolutionären Minderheiten und der Kommunismus in der Weimarer Republik. Stuttgart, 1960; Gay, P.: Die Republik der Außenseiter. Geist und Kultur in der Weimarer Zeit 1918-1933. Frankfurt/Main, 1970; Kuhn, H.: Das

В XIX веке было обычным делом, что сыновья оказывались левее отцов. После событий 1917-1918 годов эта закономерность исчезла. Теперь сыновья были нередко правее своих отцов-либералов или умеренных консерваторов. На это указывал один из основоположников евразийского движения, Н. Трубецкой, говоря, что новые идеологии не левые и не правые, ибо они находятся в иной плоскости отсчета. Радикально новое есть не что иное, как обновление глубокой древности и отрицание непосредственного прошлого.[10] Поэтому евразийцы отвергали петербургскую Россию во имя Святой Руси. Тут видна аналогия с немецкими группировками времен Веймарской республики, которые отвергали вильгельмовскую Германию во имя идеи средневекового рейха.[11]

Послереволюционные эмигрантские группировки по сути продолжали национальное возрождение, которое стало развиваться в русской интеллигенции после 1905 года. Еще во время Русско-японской войны среди интеллигенции преобладали пораженческие настроения. Но уже в 1914 году эти же люди в своем подавляющем большинстве провозглашали идею «защиты отечества». Исключением здесь были лишь большевики и некоторые другие лево-радикальные группы. Это обращение к нации и государству в эмиграции еще более усилилось. Этим можно объяснить преклонение перед большевиками, которые для многих националистически настроенных эмигрантских кругов были примерно с 1920 года гарантами имперского единства России. Итальянские фашисты, немецкие национал-социалисты и большевики импонировали послереволюционным эмигрантским группировкам прежде всего тем, что, несмотря на свои террористические методы действий, они способствовали, якобы, возрождению национального величия их государств.[12] Ли-

---

geistige Gesicht der Weimarer Zeit//Zeitschrift für Politik 8, 1961. C. 1-10; Hecker, H.: «Die Tat» und ihr Osteuropa-Bild 1909-1939. Köln, 1974; Breuer, S.: Anatomie der Konservativer Revolution. Darmstadt, 1993; Luks, «Eurasier» und «Konservative Revolution».

10   Трубецкой, Н.: У дверей реакция? Революция?//Евразийский временник 3, 1923. С. 18-29.

11   Winkler, H.A.: Der lange Weg nach Westen. Erster Band. Deutsche Geschichte vom Ende des Alten Reiches bis zum Untergang der Weimarer Republik. München, 2002. C. 524.

12   См. Евразийство. Опыт систематического изложения. Париж, 1926. С. 52, 56; Алексеев, Н.: Теория государства. Теоретическое государствоведение. Государственный идеал. Издание евразийцев. 1931. С. 10; Трубецкой, Н.: О

берально мыслящие авторы, однако, ясно увидели, что это мнимое возрождение уже заключает в себе источник разложения. Например, Ф. Степун в споре с антидемократическим кредо евразийцев писал, что их идеи созвучны духу времени, но в этом не только их сила, но и слабость, потому что дух времени всегда не поспевает за действительностью. Поэтому у евразийцев не хватает перспективы, чтобы верно оценить односторонность и утопизм собственного мировоззрения.[13]

II.

Чрезвычайное распространение антидемократических, точнее антипарламентских идей в среде русского изгнания удивительно тем, что в своей критике парламентаризма эмигранты никоим образом не могли опираться на русский опыт. Кризис парламентаризма со всеми сопутствующими ему обстоятельствами мог лишь краем задеть Россию, поскольку в ней парламентские структуры никогда не были полностью развернуты. Таким образом, в русском зарубежье отражались некоторые тенденции, которые были характерны скорее для Запада, нежели для России. То есть эмиграция действовала как своеобразный мост между Востоком и Западом.

Несмотря на это обстоятельство, в среде русской эмиграции были очень широко распространены антизападные настроения. Традиционный спор между западниками и славянофилами, который был одним из главных движущих моментов русского самосознания, получил новые чрезвычайно динамичные по силе импульсы.

К началу XX столетия западники, казалось, окончательно разрешили конфликт в свою пользу. Россия переживала тогда период модернизации, и ее структуры все больше становились похожими на западные. Автократическая система власти преобразовывалась после 1905 года постепенно в конституционную монархию. Благодаря реформам Витте и Столыпина начало существенно изменяться хозяйственное и социаль-

---

государственном строе и форме правления // Евразийская хроника 8, 1927. С. 3-9.

13   Степун, Ф.: «Евразийский временник». Книга третья // Современные записки 21, 1924. С. 400-407.

ное устройство страны. Оба государственных деятеля старались содействовать прорыву капиталистических принципов и оттеснению несовременных стереотипов мышления и деятельности. Похожий процесс «модернизации» переживала и интеллектуальная элита страны. Она, как и западные образованные слои, в это время была охвачена настроением декаданса; русский авангард представлял собой важнейшую часть мирового искусства того времени. Различие между Востоком и Западом начинало сглаживаться. Однако для многих остался незамеченным тот факт, что низшие слои русского общества почти не участвовали в этом новом процессе. Лишь в 1917 году такое положение дел проявилось со всей отчетливостью. Только тогда пропасть между европеизированными высшими слоями общества и «народом» стала заметной для всех. В послереволюционной России по многим причинам нельзя было больше свободно дискутировать о последствиях этого явления. Это можно было делать только в эмиграции.

Антизападные настроения особенно отчетливо отразились в программных заявлениях евразийцев. Они полагали, что по сути Россия лишь по ошибке очутилась в европейском сообществе государств. На самом деле в Европе ей нечего искать. Нужно повернуться к Востоку, а окно в Европу, открытое Петром Первым, снова закрыть.[14] Идею европейского превосходства, заимствованную европейцами у Древнего Рима, евразийцы рассматривали как своего рода бич человечества, как главный источник кризисов XX века. Самоуверенность европейцев настолько сильна, что она распространилась и на многие другие неевропейские народы, писал Н. Трубецкой в своей книге «Европа и человечество». Осознание собственной отсталости побуждает неевропейцев перепрыгивать необходимые ступени развития, пожирает все их силы и еще больше отчуждает от собственных традиций.[15] Конечно же, эмигрантские авторы критиковали и западный эгоизм, присущее западному

---

14   См. Исход к востоку. Предчувствия и свершения. Утверждение евразийцев. София, 1921.

15   Трубецкой, Н.: Европа и человечество // его же: История. Культура. Язык. М., 1995.

человеку одностороннее и индивидуалистическое стремление отстаивать личные права.[16]

Этому раздираемому распрями Западу идеологи евразийства противопоставляли гармонический образ Древней Руси, осененной православием. Основа православного мироустройства — не борьба личности за свои права, вообще не самодовлеющая личность, а братская любовь и солидарность людей, что и сообщало древнерусскому обществу, якобы, беспримерную однородность.[17]

Вызов евразийцев был встречен зарубежной общественностью по-разному. Представители старой интеллигенции, считавшие спор между западниками и славянофилами достоянием прошлого, крайне резко критиковали евразийские идеи. Полемика шла главным образом на страницах журналов «Путь» и «Современные записки».

Среди критиков евразийства нужно назвать в первую очередь авторов, продолжавших развивать в эмиграции идеи русского религиозного возрождения начала века. Федор Степун писал в 1924 году в «Современных записках» о том, что нельзя представлять себе Европу и Азию в виде двух квартир, где попеременно проживает Россия; европеизм и азиатское начало - это две составные части сущности России. Ни одной из них мы не вправе пренебречь, ни от одной не в силах убежать.[18] Николай Бердяев возражал против постулата, будто какая-либо культура, например, западная, может стать предпочтительным носителем зла. Христианство не допускает географического разделения добра и зла.[19]

Было бы, однако, странно, если бы радикальная антизападная программа евразийцев вызвала только негативные отклики.

Вызов, брошенный западноевропейской цивилизации и культуре, прозвучал непосредственно после окончательного поражения белых армий. Это поражение противников большевистского режима многие эмигранты объясняли недостаточной поддержкой и непоследовательным по-

---

16   См. Алексеев, Н.: Обязанность и право // Евразийская хроника 10, 1928. С. 19-26..

17   См. Шахматов, М.: Подвиг власти (Опыт по истории государственных идеалов в России) // Евразийский временник 3, 1923. С. 55-80; его же: Государство правды // Евразийский временник 4, 1924. С. 268-304; Сувчинский, П.: Страсти и опасности // Россия и Латинство. Сборник статей. Берлин, 192. С. 27-29.

18   Степун, Евразийский временник. С. 405-406.

ведением западных держав. Отношение союзников к участникам разбитого Белого движения, бежавшим за границу, оскорбляло русских. Многие националистически настроенные эмигрантские группировки – сменовеховцы, младороссы и другие – были в том или ином отношении близки евразийцам. Многие говорили о противостоянии Запада и Востока, о том, что русские призваны спасти мир от губительных западных влияний.[20]

Однако эти резкие выступления против Запада имели не только русские корни. Здесь играли значительную роль культурно-пессимистические течения, которые были тогда очень распространены на Западе. При этом нужно указать на следующий парадокс. Культурный пессимизм отдельных «послереволюционных» группировок с их антизападными ориентациями вовсе не отражал тех тенденций развития, которые были характерны для тогдашнего Советского Союза. По сути советская интеллигенция в отличие от большинства эмигрантов верила в прогресс и науку; большевистская идея о необходимости догнать Запад оказывала на нее гипнотическое воздействие. Таким образом, эмигранты, благодаря распространенному в их среде культурному пессимизму, воспринимали некоторые установки – как и в случае с антипарламентаризмом, – не могущие появиться в Советской России из-за ее оторванности от внешнего мира. И в этом, следовательно, проявилось не очень желаемое сходство эмигрантов со столь нелюбимым Западом.

III.

В идеологических спорах русского зарубежья наряду с дебатами о месте России в Европе важную роль играл вопрос о причинах и характере русской революции. Ханс ф. Римша в 1927 году полагал, что эмиграция не в состоянии объективно проанализировать процессы развития в Советской России. Все, что эмигранты пишут о России, в высшей степе-

---

19 Бердяев, Н.: Евразийцы // Путь 1, 1925. С. 134-139.
20 См. Ширинский-Шихматов, Ю.: Российский национал-максимализм и евразийство // Евразийский сборник, 6, 1929. С. 25-32; Варшавский, В.: Незамеченное поколение. New York, 1956; Williams, Culture in Exile. С. 253-258, 268-270, 275.

ни субъективно и потому недостоверно.[21] В сегодняшней историографии тоже можно найти сходные утверждения, например, о некритической идеализации дореволюционной России эмиграцией как таковой.[22] Но в действительности существовали и влиятельные эмигрантские группы, для которых ностальгические тенденции были относительно чужды. Прежде всего это «послереволюционные группировки», которые безжалостно критиковали русское прошлое и внесли много нового в переоценку революции и процессов, приведших к ней.

Они выступали против распространенного в консервативных эмигрантских кругах мнения, что революция была результатом международного заговора и ненависти инородцев к России. Против такого рода установок выступил один из основателей сменовеховства Николай Устрялов, который писал: «Нет, ни нам, ни «народу» неуместно снимать с себя полную ответственность за нынешний кризис — ни за темный, ни за светлый его лики. Он наш, он подлинно русский, он весь в нашей психологии, в нашем прошлом, — и ничего подобного не может быть и не будет на Западе. И если даже окажется математически доказанным, как это ныне не совсем удачно доказывается подчас, что девяносто процентов русских революционеров — инородцы, главным образом, евреи, то это отнюдь не опровергает чисто русского характера явления. Если к нему и прикладываются «чужие» руки, — душа у него, «нутро» его, худо ли, хорошо ли, все же истинно русское, — интеллигентское, преломленное сквозь психику народа».[23]

По мнению евразийцев, революция воплотила в себе радикальный протест народа против того, что было создано Петром Первым, она была конечным следствием раскола нации, вызванного петровской реформой. Петр уничтожил фундамент, на котором покоилась внутренняя мощь России; ни одному из иностранных завоевателей еще не удавалось до такой степени разрушить национальную культуру и формировавшийся веками национальный уклад, писал Николай Трубецкой.[24]

21   Rimscha, Rußland. С. 196-197.
22   Fitzpatrick, S.: The Russian Revolution 1917-1932. Oxford, 1982. С. 11.
23   Устрялов, Н.: Патриотика // Смена вех. Сборник статей. Прага, 1921. С. 46.
24   И.Р. (=Николай Трубецкой): Наследие Чингисхана. Взгляд на русскую историю не с Запада, а с Востока. Берлин, 1925. С. 35-39; см. также Alexeiew, N.: Der russische Gedanke 1, 1929/1930. С. 149-162.

Петр Сувчинский развил эту мысль: русские крестьяне с готовностью приняли большевистский лозунг непримиримой классовой борьбы не только потому, что хотели отобрать землю у помещиков; немалую роль сыграло здесь и стремление освободиться от чуждого и непонятного народу культурного слоя.[25]

Нужно сказать, что в этом смысле взгляды евразийцев не так уж сильно отличались от позиций некоторых их оппонентов, таких как Бердяев, Степун, Георгий Федотов и другие. И Федотов и Бердяев рассматривали революцию тоже как закономерное следствие раскола, произведенного в России реформами Петра. В 1924 году Бердяев говорил (повторяя многих), что пропасть между высшим слоем и простым народом в России велика, как ни в одной другой стране.[26] По словам Федотова, со времен Петра народ в России перестал понимать свое собственное государство, его политические цели, его идеологию.[27] Владимир Вейдле, в целом занимавший позицию, противоположную евразийцам, также говорил о культурной пропасти между европеизированной элитой и низшими слоями населения петербургской империи.[28] Но несмотря на критику некоторых аспектов европеизации, эти авторы, в отличие от евразийцев, все-таки считали петровские реформы единственно возможным путем развития России. Сближение с Западом уберегло русскую культуру от полного застоя; без импульсов с Запада были бы немыслимы культурные достижения России XIX столетия.[29]

IV.

Когда в начале тридцатых годов началась сталинская индустриализация и коллективизация страны, некоторые послереволюционные эмигрантские группировки были захвачены громадным масштабом этих событий. Хотя они и критиковали жестокую форму этого процесса, но считали индустриализацию России неизбежной. В 1933 году евразиец

25 Сувчинский, Петр: Идеи и методы // Евразийский временник 4, 1925. С. 24-65.
26 Berdjaev, Nikolaj: Das Neue Mittelalter. Betrachtungen über das Schicksal Rußlands und Europas. Tübingen, 1950. C. 80.
27 Федотов, Г.: Революция идет // Современные записки 39, 1929. С. 306-359.
28 Вейдле, В.: Задача России. New York, 1956. C. 81.
29 См. Федотов, Революция идет. С. 310.

Пейль говорил об эпохе централизованного планового хозяйства, которая только начинается и которая идет на смену периоду хозяйственного хаоса.[30] Для другого евразийца, Петра Савицкого, это означало конец эпохи подражания Западу, ибо ему казалось, что в России сейчас возникает грандиозная модель общества, могущая послужить Западу образцом для подражания.[31] «Национализация» большевизма, предпринятая сталинистами в тридцатые годы, чтобы создать более широкую легитимацию для своего господства, тоже вызвала в среде русского изгнания вполне положительный отклик. Однако либерально-демократические силы в эмигрантском лагере подвергали эти тенденции острейшей критике.

В 1931 году, вскоре после начала коллективизации, Г. П. Федотов писал: теперь решается судьба России на следующие столетия. Если народ не отстоит себя в этой последней борьбе, он перестанет быть субъектом истории.[32] То, что сталинисты смогли осуществить свой план, привело Федотова в следующей статье к мысли о том, что их успех связан в первую очередь, с тем, что в России после уничтожения интеллигенции больше нет общественного слоя, который бы ценил свободу превыше всего.

Защита свободы и главных ценностей цивилизации — вот что было объявленной целью основанного в 1931 году Федотовым журнала «Новый град». Он боролся с тоталитарными установками, как правыми, так и левыми. Чудовищное попрание традиционных европейских ценностей национал-социалистами вызывало у авторов журнала такое же возмущение, как и разрушительная деятельность сталинистов в самой России.[33] Это именно идеи «Нового града» и близких ему по духу эмигрант-

---

30 Пейль, В.: За идеократию и план // Новая эпоха: Идеократия. Политика. Экономика. Нарва, 1933. С. 3-5.
31 Савицкий, П.: Очередные вопросы экономики Евразии // Новая эпоха. С. 10-15.
32 Федотов, Г.: Проблемы будущей России // Современные записки 43, 1931. С. 406-437.
33 См. Степун, Ф.: Г.П. Федотов // его же: Сочинения. М., 2000. С. 747-761; Мень, А.: Возращение к истокам // http//men/fedotov/2html; Raeff, M.: «Novyj Grad» and Germany: A Chapter in the intellectual History of the Russian Emigration of the 1930s // Auerbach, I./Hillgruber,A./Schramm, G. (Hrsg.): Felder und Vorfelder russischer Geschichte. Studien zu Ehren von Peter Scheibert. Freiburg, 1985. С. 255-265; Luks. L.: Demokratie oder Ideokratie? Zur ideengeschichtlichen

ских журналов «Путь» и «Современные записки» начали в годы горбачевской перестройки вдохновлять людей, мечтающих о возвращении России в Европу.

А как обстоят дела с программами евразийцев, младороссов, национал-максималистов и других послереволюционных эмигрантских группировок — с их явно антидемократическим кредо? Нельзя забывать, что они тоже олицетворяют определенные духовные традиции России, и ныне находят еще большее количество последователей в переживающем революционные потрясения и ищущем новые ориентиры постсоветском обществе, чем «русские европейцы».

Entwicklung der «ersten» russischen Emigration (1920-1940) // его же: Freiheit oder imperiale Größe? Essays zu einem russischen Dilemma. Stuttgart, 2009. C. 100-123.

II.5 «Третий путь» или назад в «Третий рейх»? О «неоевразийской» группе «Элементы»*

Многие поборники имперских идей в сегодняшней России считают развал Советской империи своего рода апокалипсисом. Они не могут утешиться даже тем, что на протяжении 20-го столетия другие европейские державы также потеряли свои империи, и что ускорение освободительных процессов в результате Второй мировой войны сделало Советское государство живым анахронизмом.

С другой стороны, можно вполне понять распространяющуюся в настоящее время в России неуверенность. Ведь Россия, в отличие от Великобритании или Франции, должна была распрощаться не только с империей, но одновременно с господствовавшей на протяжении нескольких поколений политической и экономической системой, с самой идеологией, которая эту систему узаконивала. Поэтому события 1991 г., приведшие к краху советской империи, лучше сравнивать не с распадом западных колониальных государств, а с переворотами 1917-1918 годов в самой России. Ведь и тогда, со многих точек зрения, Россия пережила крах. В 1917-1918 годах развалилась не только Российская империя, не только экономическая и политическая система страны, но и доктрина, на протяжении веков лежавшая в основе русской государственности. Не в последнюю очередь именно это способствовало распространению в русском обществе того времени апокалиптических настроений. Писатель и философ Василий Розанов выразил основное ощущение своих соотечественников, назвав свое сочинение, написанное в те годы, «Апокалипсисом нашего времени». Сходные настроения, кажется, господствуют и в сегодняшней России, прежде всего в националистических и имперски-настроенных кругах. Уже в заключительной фазе перестройки, когда эрозия коммунистической идеологии становилась все более очевидной, многие поборники имперской русской идеи отправились на поиски нового связующего звена для всех народов и религиозных сообществ Советской империи и обнаружили для себя евразийскую идею – программу движения, возникшего в

1921 г. в русской эмиграции и сошедшего со сцены к концу 1930-х годов.[1] Многие группировки и публицистические органы в сегодняшней России исповедуют евразийскую программу. С особой настойчивостью делает это появившийся в 1992 г. журнал «Элементы», даже обозначенный как «евразийское обозрение». Ввиду того, что евразийское движение принадлежало к самым оригинальным идеологическим течениям русской эмиграции, признание их идей вполне может послужить повышению реноме соответствующей группы. На славе прежних «евразийцев» пытается сделать свой капитал и журнал «Элементы», издатели которого рассматривают себя как духовных наследников «классического» евразийства. Справедливы ли такие притязания? Этот вопрос будет стоять в центре данной работы.

I.

Кажется, что идеологическое кредо группы «Элементов» полностью соответствует программе евразийцев. Обе группировки являются страстными защитниками культурного партикуляризма и радикальными противниками идей универсализма. Евразийцы считали универсализм свойством западноевропейцев — «романо-германских» народов, которые навязывают всем народам мира собственные представления о ценностях и обществе. Если европейцы говорят о человечестве, они понимают под этим только западноевропейскую цивилизацию, писал в 1920 г. один из основателей евразийского движения князь Николай Трубецкой. За так называемым универсализмом и космополитизмом западноевропейцев скрывается исключительно их стремление к мировому господству.[2]

---

*   Ранее опубл. в «Вопросах философии» 5, 2000. По-немецки в журнале: Studies in East European Thought 52 (1-2), 2000.

1   См. Böss, Otto: Die Lehre der Eurasier. Ein Beitrag zur russischen Ideengeschichte des 20. Jahrhunderts. Wiesbaden, 1961; Riasanovsky, Nicholas: The Emergence of Eurasianism // California Slavic Studies 4, 1967. C. 39-72; Luks, Leonid: Die Ideologie der Eurasier im zeitgeschichtlichen Zusammenhang // Jahrbücher für Geschichte Osteuropas 34, 1986. C. 374-395.

2   Я опираюсь здесь на немецкое издание работы Трубецкого: Трубецкой, Н.С.: Европа и человечество. Мюнхен, 1922, изданное С. Якобсоном и Ф. Шлецером.

Не иначе оценивают издатели «Элементов» сегодняшние теории глобализации, модель one-world или же идеи «нового мирового порядка». Все эти «мондиалистские» концепции инспирируются правящими кругами Запада, прежде всего американской правящей элитой, целью которых являются достижение мирового господства.[3]

В то время как евразийцы рассматривали весь Запад, точнее говоря «романо-германские» народы как врагов незападноевропейского мира, образ врага «Элементов» редуцируется до англосаксонских морских держав, интересы которых, якобы, диаметрально противоречат интересам держав континентальных. Морские державы выступают за упразднение границ, за унификацию культур, за общество melting-pot . Все это выдается западными или «атлантическими» последователями «мондиализма» за прогресс. Континентальные державы, напротив, опираются на традицию, имеют глубокие корни. Культурные особенности отдельных народов считаются ценным достоянием и ни в коем случае не рассматриваются как отвлекающий фактор, который стоит на пути т.н. «прогресса». Это противоречие считается «Элементами» непреодолимым. Для того чтобы осуществить свой мондиалистский план, морские державы должны стремиться к тому, чтобы лишить все культуры мира их особенностей, смешать их воедино, в т.н. «мировую культуру». Континентальные державы со своей стороны должны пытаться, если они хотят выжить, сдержать такое наступление всеми возможными способами, даже с помощью военной силы. Речь идет о жизни и смерти.[4]

Наряду с неприятием «навязываемого Западом» универсализма, группу «Элементов» связывает с евразийцами также радикальное отрицание либерально-демократической системы. Евразийцы выступали за сильное интервенционистское государство и считали либеральное «мягкотелое государство» реликтом прошлого. Оно слишком пассивно, чтобы соответствовать требованиям современности. Тогдашний кризис парламентской демократии привел к тому, что государство оказалось

---

3   Ср. Элементы 1, 1992. С. 3; Элементы 2, 1992. С. 1-8; Элементы 3, 1993. С. 5; Элементы 5, 1994. С. 7-11.
4   Элементы 2, 1992. С. 27; Элементы 3, 1993. С. 3, 8; Элементы 4, 1993. С. 48.

не в состоянии увлечь людей своими идеалами.[5] Поэтому оно, как считали евразийцы, обречено на крах. Толерантность правящих на Западе демократий к конкурирующим идеологиям являлась для евразийцев проявлением слабости. Жизнестойкое государство с жизнестойкой идеологией не должно допускать с точки зрения евразийцев оппозиционных течений. Программный документ евразийцев 1926 г. «Евразийство» выступает за установление однопартийной системы, при которой самодержавная партия пронизывает все государственные институты и создает широко разветвленную сеть организаций и обществ. Авторы документа вполне отдавали себе отчет в том, что такая система схожа с фашистской диктатурой в Италии или же с большевистской системой. Но это ни в коем случае не пугало их.[6]

Многопартийная система отвергалась евразийцами также и потому, что отдельные партии, якобы, стояли только на защите эгоистических интересов своих клиентов и не учитывали интересов всей общественности. Защиту собственнических интересов евразийцы считали типично западным явлением. Правовед Н. Алексеев, который принадлежал к ведущим евразийцам, писал в 1928 г. в этой связи: на Западе со времен Ренессанса сформировалась позиция борьбы личности за свои права, хотя она и была принята лишь после горькой борьбы.[7] Внутренне разорванному Западу евразийцы пытались противопоставить древнерусский идеал гармонии, который берет свой исток в православии. Центральной идеей в православии является не идея борьбы личности и постоянный конфликт, а идея единения, утверждали, вслед за славянофилами 19-го века, евразийцы.[8]

Группа «Элементы» также обличает западный индивидуализм и эгоизм с крайней остротой и радикально отвергает либерализм как эконо-

5   См. Евразийство. Опыт систематического изложения. Париж, 1926. С. 55-56; Алексеев, Н.: Евразийство и государство // Евразийская хроника. Вып. IX. Париж, 1927. С. 36-37; Его же: Образованность и право // Евразийская хроника. Вып. Х. Париж, 1928. С. 23-24.
6   Евразийство. С. 52.
7   Алексеев, Н.: Обязанность и право.
8   Шахматов, М.: Подвиг власти (Опыт по истории государственных идеалов России) // Евразийский временник 3, 1923. С. 55-80; Его же: Государство правды (Опыт по истории государственных идеалов в России) // Евразийский временник 4, 1925. С. 268-304; Сувчинский, П.: Страсти и опасности // Россия и латинство. Сборник статей. Берлин, 1923. С. 27-28.

мический, так и политический. Однако в отличие от евразийцев, «Элементы» рассматривают либеральные группировки не как «потерпевших поражение» неудачников, но как «победителей в истории». И в самом деле за последние десятилетия отношения между защитниками и врагами «открытого общества» существенно изменились. В 20-е и 30-е годы, когда евразийцы клеймили либеральное государство за его пассивность и слабость, либерализм в действительности переживал чрезвычайно глубокий кризис. Находившееся под давлением со стороны как крайне правых, так и крайне левых, либеральное государство боролось за выживание. После падения Третьего рейха, но прежде всего после развала советской империи, приговоренный к смерти либерализм восстал словно «феникс из пепла». Такие либеральные принципы, как свободный рынок и многопартийная система утвердились, за некоторыми небольшими исключениями, по всей Европе. И эта победа либерализма для издателей «Элементов» представляется беспрецедентным поражением всего незападного человечества. Они хотят любой ценой повернуть назад колесо истории, потому что жизнь в мире, где правят либеральные принципы, для них бессмысленна.

«Элементы» рисуют либерализм как «наиболее последовательную, агрессивную и радикальную форму <...> европейского нигилизма», как воплощение духа антитрадиции, цинизма и скепсиса.[9] Либерализм разрушает любую духовную, историческую и культурную непрерывность, он просто враг всего рода человеческого, утверждают издатели журнала. Как роковую ошибку рассматривают «Элементы» то, что слова «либерализм» и «демократия» зачастую выступают синонимами. На самом деле, продолжают авторы, либерализм не имеет ничего общего с демократией – властью народа. Защитники либерализма представляют собой небольшую, одержимую жаждой власти и никем не избранную элиту, которая использует демократическую риторику только затем, чтобы создать у народа иллюзию его причастности к политическим решениям верхушки. В реальности, так считает главный редактор журнала Александр Дугин, ни в какой другой политической системе народ не обделен властью так, как при т.н. «демократиях». «Одно из высших проявлений

---

9   Элементы 5, 1994. С. 5.

этой стратегии социальной лжи заключается в том, что термин „демократия" применяется именно к тем социальным режимам, где „власть" принадлежит народу в еще меньшей степени, чем где бы то ни было в другом месте».[10] Политические и идеологические противники евразийцев и их эпигонов, таким образом, четко определены. Кто же их единомышленники? К ним в первую очередь относятся радикальные противники либерализма и парламентской демократии как из правого, так и из левого лагеря, и не в последнюю очередь коммунисты и фашисты. Уже первые русские критики евразийской программы обратили внимание на духовную близость евразийцев к большевизму и итальянскому фашизму. Большевизм и итальянский фашизм рассматриваются евразийцами абсолютно в позитивном свете, писал в 1924 г. Федор Степун. Единственное, что они бескомпромиссно отвергают и ненавидят – это демократия.[11]

Что связывало евразийцев, которые, так же, как и другие эмигранты, принадлежали к проигравшим в гражданской войне, с их победителями – большевиками? В первую очередь острейшая критика предреволюционной России и признание исторической необходимости революции 1917 г. Евразийцы отвергали предреволюционную, петровскую, Россию прежде всего по культурным и идеологическим мотивам. Для них европеизация России, которую начал Петр, была ложной тропой истории. Петр I разрушил фундамент, на котором покоилась внутренне сильная Россия, пишет Трубецкой. Ни один вражеский завоеватель не был в состоянии разрушить национальную русскую культуру в таких масштабах, как это сделал Петр.[12]

Поэтому евразийцы рассматривают революцию 1917 г. как судилище над постпетровской Россией, как справедливую реакцию простого народа на режим, расколовший Россию.[13]

---

10 Там же. С. 8.
11 Степун, Федор: Евразийский временник. Кн. 3 // Современные записки 21, 1924. С. 403.
12 И.Р. (Трубецкой): Наследие Чингисхана. Взгляд на русскую историю не с Запада, а с Востока. Берлин, 1925. С 35-39; Alekseev, N.: Das russische Westlertum // Der russische Gedanke 1, 1929/1930. С. 149-162.
13 Флоровский, Георгий: О патриотизме праведном и греховном // На путях утверждения евразийцев. Кн. вторая. М./Берлин, 1922. С. 230-293.

В этом признании «внутренней логики и правды» русской революции евразийцы, очевидно, совпадают с большевиками, при том, что их мнение относительно самой революции кардинально отличается от мнения большевиков. Большевики утверждали, что низшие слои русского общества протестовали против экономического и политического угнетения, евразийцы — что против культурного. Ожидания, которые большевики, с одной, и евразийцы, с другой стороны, связывали с революцией, были полностью различны. Основной целью большевиков было преодоление русской «отсталости», электрификация, индустриализация и модернизация страны; другими словами – завершение работы, начатой Петром Великим. Евразийцы, напротив, надеялись, что переворот 1917 г. навсегда закроет «окно в Европу», прорубленное Петром. Они мечтали о возврате к культурным и религиозным ценностям старой, допетровской России. Своей идеализацией «великого» прошлого Древней Руси евразийцы совсем непохожи на большевиков, в гораздо большей степени здесь они сближаются с итальянскими фашистами, которые также хотели вернуться к великому прошлому своей страны (Древний Рим, эпоха Возрождения) и которые насмехались и презирали новейшую историю Италии, попавшую под влияние либеральных идей.[14]

II.

Сродство евразийцев как с крайне левым, так и с крайне правым полюсами тогдашнего политического спектра Европы вызывало смятение многих наблюдателей, которые хотели политически классифицировать евразийское движение. Сами евразийцы иронизировали по поводу этих идентификационных трудностей и объясняли своим критикам, что они не являются ни правыми, ни левыми, ни вписываются ни в какое традиционное деление и занимают некую «третью» позицию, которая выходит за рамки схемы левые-правые.[15]

---

14 См. Трубецкой, Н.: У дверей реакция? Революция? // Евразийский временник. Кн. третья. Берлин, 1923 и т.д.

15 См. Трубецкой, Н.: Там же. 1923; Его же, Мы и другие (прим. 14).

Сходные аргументы звучат и в устах издателей «Элементов». Они также не хотят знать о схеме «правое-левое» и выдают себя за «третью» силу, которая вдохновляется идеологией как левых, так и правых. Единственное, что интересует их в этих идеологиях, это их отношение к либерализму. Чем радикальней эти идеологии ставят под вопрос либеральный образ мира, тем у них больше шансов попасть в духовный пантеон «Элементов». Большой интерес вызывают у журнала, к примеру, т.н. национал-большевистские течения, которые пытались преодолеть пропасть между коммунизмом и правым экстремизмом. Наряду с евразийцами это, к примеру, движение «Смена вех»,[16] которое к началу 20-х годов по «патриотическим» мотивам капитулировало перед советской властью — в знак благодарности за восстановление большевиками территориальной целостности Российской империи. Однако особое восхищение издателей «Элементов» вызывают деятели немецкой «консервативной революции», которые со своей стороны внесли особую лепту в духовное выхолащивание Веймарской демократии и облагораживание национал-социалистических идей.

«Элементы» определяют все эти течения словом «национал-большевизм». «Национал-большевизм» называется интереснейшим явлением XX в. В заглавной статье восьмого номера журнала читаем: «Все, что привело эти идеологии (фашизм и большевизм) к гибели, – строго равно их отступлению от духа и буквы этой несформулированной, но существовавшей виртуально доктрины».[17]

Как составные части этой доктрины среди прочих называются: 1. Эсхатологическая заостренность, ясное понимание того, что современная цивилизация вплотную приблизилась к своему концу. 2. Ненависть к правящим западным цивилизациям, пронизанным духом Просвещения. Отождествление космополитичного развитого капитализма с абсолютным злом. Антибуржуазный пафос. 3. Спартанский (прусский) аскетический стиль. Признание достоинства рабочих людей. Поиск возможности слияния с народными слоями, которые не были испорчены «дегенерирующей» элитой «старого режима». Стремление к созданию новой, соединенной с народом «аристократии». 4. Радикальное отрицание ин-

---

16   См. Элементы 8, 1996/97.
17   Либо – мы, либо – ничто // Элементы 8, 1996/97. С. 2.

дивидуализма, потребительской идеологии и «торгашеского духа», который журнал отождествляет с семитским влиянием. 5. И наконец, по мнению журнала, самое примечательное свойство национал-большевизма состоит в его готовности пожертвовать собой во имя идеалов, предпочтение радикальных решений и отрицание филистерского духа и заурядности.[18]

Этот вытащенный на свет из Веймарского чулана идеологический конструкт, с которым «Элементы» широко себя идентифицируют, признается журналом единственной альтернативой либеральному образу мысли, «либеральному Антихристу», который повсеместно правит на земле. Либерализм уже победил всех других врагов. Остался только национал-большевизм. Либо мировое господство либерализма и с ним конец света, либо национал-большевизм. Таково кредо «Элементов».[19]

Журнал ни в коем случае не хочет мириться с окончательной победой своих кровных врагов-либералов и взывает к ответному наступлению, к жестокому отмщению, дабы отплатить врагам на Западе за позорное поражение. Журнал славит войну и насилие, так же как это делали сторонники консервативной революции в Веймаре. Они опирались на «Понятие политического» Карла Шмитта, для которого различие между другом и врагом представлялось важнейшим критерием в политике. Это различие является альфой и омегой также и для «Элементов». Как врагов журнал рассматривает: «новый мировой порядок», «открытое общество», мировое правительство, планетарный рынок, общечеловеческие ценности и ... универсализацию Запада».[20]

Все противники этих «врагов» записываются «Элементами» в категорию «друзей». Примирение между двумя лагерями невозможно: «Две несводимые друг к другу позиции, два всеохватывающих супермировоззрения, два взаимоисключающих проекта будущего человечества. Между ними только вражда, ненависть, жесточайшая борьба по правилам и без правил, на уничтожение, до последней капли крови. Между ними горы трупов... Кто из нас подытожит историю? Кто всадит последнюю пу-

---

18   Там же.
19   Там же. С. 3.
20   Рука так и тянется к кобуре // Элементы 7, 1996. С. 2.

лю в плоть поверженного врага? Они или мы?.. Это решит война. "Отец вещей"».[21]

Такая позиция не имеет ничего общего с евразийством. Целью евразийцев было не разрушение Запада, но ограждение России и всего евразийского субконтинента от культурного воздействия Запада. Их программа была не экспансионистской, а изоляционистской. Развал Российской империи в результате переворота 1917 г. был для них травматическим переживанием, они хотели любой ценой предотвратить дальнейшее разрушение российской государственности. Евразийцев интересовала не власть над миром, а поиски элемента, способного скрепить многонациональную империю. Они сознавали, что пролетарский интернационализм, с помощью которого большевики в 1917 г. объединили развалившуюся империю, не сможет сцементировать Россию на продолжительное время. Национальные эмоции рабочих, как правило, сильнее, чем классовая солидарность, говорил в 1927 г. Трубецкой. Россия именно поэтому должна искать нового носителя единства, если она хочет остаться единым государством. Таким носителем может стать лишь евразийская идея, потому что она подчеркивает общность между всеми народами России.[22]

Для «Элементов» не может быть и речи о подобного рода самоограничении, типичном для евразийцев. Не восстановление равновесия между Западом и Востоком, а тотальная победа над западными противниками является для них единственной приемлемой целью — при этом они примиряются с полным поражением собственного лагеря. Пристрастие к планам борьбы до последнего конца, до «гибели богов», находит отражение в беспримерном культурном пессимизме «Элементов» (позиции, нетипичной для России, конечно, если не принимать во внимание поэтов и мыслителей «серебряного века» на рубеже веков). Совсем иначе обстояли дела в Германии. Здесь с рубежа веков, и особенно после развала кайзеровской империи, культурный пессимизм представлял собой весьма распространенное явление — главным образом в националистическом, правом лагере. Деятели «консервативной револю-

---

21 Там же.
22 Трубецкой, Н.: Общеевропейский национализм // Евразийская хроника 7, 1927. С. 28-29.

ции», вызывающие такое восхищение у «Элементов», беспрестанно предавались апокалиптическим настроениям. Евразийцы, напротив, были не настолько пессимистичны, в них жила уверенность, что после «падения Запада» культурный центр мира переместится на Восток: «Не уходит ли к востоку богиня Культуры, чья палатка столько веков была раскинута среди долин и холмов Европейского Запада?»- вопрошал в 1921 г. евразиец Петр Савицкий.[23]

III.

Таким образом, издатели «Элементов» со своими апокалиптическими ожиданиями на грани истерики оказываются связанными не с евразийцами, а в гораздо больше степени с Веймарскими правыми.

Демонизация либерализма также выглядит точной копией программы Веймарских правых экстремистов и имеет мало общего с надменно-насмешливой позицией евразийцев по отношению к либерально-демократическому государству. Тот факт, что радикально-националистические круги в Веймаре и в постсоветской России боролись или борются с либерализмом сходными аргументами, конечно, связан с тем, что обе группировки хотят или хотели повергнуть не только своих внешнеполитических врагов – Запад – но в большей степени врагов внутриполитических – собственное правительство. В обоих случаях собственный режим выдается за марионетку Запада, за воплощение национального предательства.

Как и когда-то в Веймаре, либерализм и парламентская демократия ассоциируются в посткоммунистической России с крахом гегемониального положения обоих государств на европейском континенте, с потерей территорий и с возникновением новой диаспоры. В обоих случаях к национальному унижению присоединяются глубокий экономический кризис и потеря определенных ориентиров. К тому же крах в обеих странах произошел неожиданно, внутренне, страны не были к нему готовы. В кайзеровской Германии практически до последнего момента ве-

---

23 Савицкий, Петр: Поворот к востоку // Исход к востоку. Предчувствия и свершения. Утверждение евразийцев. София, 1921. С. 3.

рили в победу в мировой войне. Когда Эрих Людендорф 3 октября 1918 г. от имени верховного главнокомандующего объявил о поражении только что назначенному на должность канцлера Максу фон Бадену, тот не мог понять, что на самом деле произошло, рассказывают некоторые историки. Так же растерянно прореагировало советское население на крушение империи, которая еще до 1991 г. вместе с США вершила судьбами мира. Это неожиданное падение дало повод некоторым националистически настроенным кругам в сегодняшней России, так же как когда-то в Веймарской республике после краха кайзеровской империи, говорить о заговоре темных сил как внутри страны, так и за ее рубежами. Особенно ревностно распространяют легенду о новом «ударе ножом в спину» те политические силы, которые в советские времена путем истощения сил собственной нации во время холодной войны, подготовляли развал империи. Эти аргументы схожи с аргументами прежних немецких сторонников тезиса об «ударе ножом в спину». Крах обеих империй представляется как результат изощренной интриги западных демократий. В открытой, «честной» борьбе западные державы, якобы, не в состоянии победить своих противников. Поэтому они обращаются к вероломным средствам ведения психологической войны. Пропагандой «западных ценностей» они ослабили и свергли советский колосс.

Таким образом один из самых радикальных переворотов в русской истории, подготовленный глубинными историческими процессами, вменяется в вину небольшому кругу заговорщиков.

Сходным образом революция 1917 г. рассматривалась многими эмигрантскими кругами, прежде всего правого толка, как результат действий мелких кружков заговорщиков всех цветов. Евразийцы отвергали такое объяснение.[24] Для них революция была, как уже сказано, результатом глубинных исторических процессов. Таким образом, «Элементы» со своей «теорией заговора» встают на защиту такой мировоззренческой позиции, которая не имеет ничего общего с «классическим» евразийством.

---

24 Ср. среди прочего Бохан, С.: Мы // Утверждения 3, 1932. С. 75-78.

Как все сторонники «теорий заговоров», авторы «Элементов» считают своих видимых политических противников марионетками в руках невидимых и одновременно вездесущих сил, которые, пытаясь контролировать ход истории, действуют подпольно. Журнал объясняет, что совсем непросто конкретно определить т.н. «мондиалистские» силы – врагов рода человеческого par excellence: «Диктатура нынешней элиты страшна именно тем, что она завуалирована. С невидимым врагом намного сложнее сражаться».[25]

Несмотря на это, «Элементы» все же не сдаются и отправляются на поиски этих почти неуловимых властителей сегодняшнего мира. По ходу своих поисков они обнаруживают старых знакомых, которые во все эпохи, почти для всех приверженцев «теорий заговоров» являлись воплощением зла – евреев.

Почти явно подтверждает тезис о мировом еврейском заговоре «военный эксперт» журнала Евгений Морозов. Тот факт, что в конфликте на Ближнем Востоке Соединенные Штаты поддерживают маленький и бедный Израиль, а не богатые сырьем арабские государства, имеет, по мнению автора, только одно правдоподобное объяснение: кто-то заставляет Соединенные Штаты действовать вопреки своим интересам, США кому-то подчиняются. И этот «кто-то» для «эксперта» – сионистское мировое правительство.[26]

Еще более субтильно, нежели Морозов, отстаивают свой тезис о мировом еврейском заговоре другие издатели «Элементов». В редакционной статье второго номера, к примеру, речь идет о религиозном измерении «нового мирового порядка». «Мондиалисты» пытаются опустошить и уничтожить все религии и вероисповедания мира, так считают авторы, однако это не означает, что у «мондиалистов» нет никаких религиозных представлений. Их стремление к мировому господству обнаруживает мессианские черты, они ожидают пришествия некоей светлой личности, которая придаст миру новый вид — пришествие некоего «Машийаха». Такое использование имени Мессии в его первоначаль-

---

25   Либо – мы, либо – ничто. С. 3.
26   Морозов Евгений. План «Анаконда» // Элементы 4, 1993. С. 26.

ной иудейской форме не случайно. Так журнал напоминает об истинной религиозной принадлежности «большинства мондиалистов».[27]

К важнейшим агентам «мондиализма» в России принадлежат, по мнению «Элементов», космополитически настроенные силы и защитники малого народа[28] – оба понятия зачастую выступают в России синонимами слова «еврей». Последнее прозвище ввел в обиход известный советский диссидент и антисемит Игорь Шафаревич.

Конспиративный образ мира, прославление войны и насилия, стремление к тотальной победе над Западом, вместо отграничения от его культурных влияний – все это коренным образом отличает «Элементы» от их евразийских предшественников. И еще одним крайне важным пунктом своей программы журнал прямо противоречит евразийцам начала 20-го века. Для евразийцев будущее России лежало лишь на Востоке, лишь на Востоке они искали союзников, с которыми можно было бы вместе противостоять культурной гегемонии Запада. Для «Элементов» восточный компонент играет довольно неопределенную роль. Правда, издатели время от времени говорят об исламском фундаментализме, прежде всего в его иранском варианте, как о потенциальном союзнике России в ее борьбе против т.н. «мондиализма».[29] Но все же своих наиболее важных союзников и товарищей по духу они обнаруживают не на Востоке, а на Западе. В первую очередь это западные правые экстремисты. Сторонники французских, бельгийских, немецких и итальянских правых неоднократно выступают на страницах журнала, а некоторые из них даже принадлежат к числу официальных издателей.

Таким образом, девиз «Элементов» звучит так: «Правые экстремисты всех стран – Запада и Востока – соединяйтесь!», вместо евразийского девиза: «Исход к Востоку!»

Перед евразийцами не стояло и вопроса о сотрудничестве с политическими силами Запада любой масти. Они критиковали как русских царей, которые на основе принципов легитимизма солидаризировались

---

27 Идеология мирового правительства // Элементы 2, 1992. С. 1-2.
28 Перспективы гражданской войны // Элементы 6, 1995. С. 24-28.
29 Это вопрос веры // Элементы 1, 1992. С. 12-13; Геополитические проблемы ближнего зарубежья // Элементы 3, 1993. С. 24-5; Ось Москва-Тегеран // Элементы 6, 1995. С. 42; Иранский взгляд на Православие // Элементы 6, 1995. С. 44.

с западными монархами, так и большевиков, которые во имя «пролетарской солидарности» массивно поддерживали западных коммунистов. В обоих случаях российские режимы оказывались впутанными в ненужные конфликты.[30]

Таким образом, благодаря опоре на западноевропейских правых, а также по другим видимым причинам, «Элементы» явно нарушают заветы евразийцев. Почему же тогда журнал, несмотря ни на что, подчеркивает евразийский характер своей программы? Создается впечатление, что такое признание представляет собой своего рода обманный маневр с целью придать распропагандированной журналом правоэкстремистской программе вид респектабельности, облагородить ее.

Если не евразийцы, то кто же тогда является истинным духовным предшественником «Элементов»? Без сомнений, – это Веймарские правые, столь часто цитируемые журналом. Запрещенные в советские времена правоэкстремистские идеи теперь по несчетным каналам стекаются в Россию, и «Элементы» принадлежат к важнейшим распространителям этих идей. В отличие от послевоенной Германии, Россия не смогла поставить иммунологический барьер против правоэкстремистских искушений, что с успехом используют «Элементы». Тексты Карла Шмитга, Артура Меллера ван ден Брука, Эрнста Юнгера и других крайних противников Веймарской республики, в которых они демонизируют либерализм, глумятся над правовым государством и призывают к войне, выдаются «Элементами» за последнее слово европейской мысли.[31] О том, что эти идеи на Западе, не в последнюю очередь в самой Германии, уже на протяжении поколений, прежде всего после падения Третьего рейха, отправлены на «задворки истории», журнал старательно умалчивает. Создается впечатление, что издатели «Элементов» и их товарищи по духу хотят превратить Россию в экспериментальное поле, на котором испытываются устаревшие западные идеи, точно так же, как это сделали большевики после 1917 года. И тогда большевистское правительство выдавало свое материалистическое и атеистическое мировоззрение, свою веру в «чудеса» техники и индустрии за последнее слово

---

30   И.Р. (Трубецкой), Наследие. С. 48-49.
31   См. Элементы 1, 1992. С. 51-53; Элементы 3, 1993. С. 30-33; Элементы 4, 1993. С. 55-61 и т.д.

европейской культуры. На Западе же к тому времени вера в науку и технику уже была расшатана. Разрушения Первой мировой войны, которые отчасти были вызваны продуктами научно-технической революции, имели такие масштабы, что открыли европейцам глаза на губительные аспекты технического прогресса. Большевики не замечали, насколько «несовременной» была их вера в «прогресс». Наивная позитивистская вера в прочность материального мира, которую исповедовали большевики, также была к тому времени поставлена под вопрос интеллектуальной элитой, и не только на Западе, но и в России.[32]

Сходным образом издатели «Элементов», кажется, не осознают, насколько устаревшими являются идеи Веймарской консервативной революции сегодня, особенно ввиду их полной дискредитации националсоциализмом. Здесь видна некоторая аналогия с идеями марксизма дискредитированными «реально существующим социализмом». Однако в случае марксизма речь идет об, очевидно, более амбивалентном феномене, чем консервативная революция. Наряду с террористическо-утопистскими потенциями, которые ярко выразились в большевизме, марксизм содержит и эмансипаторские тенденции, которые наиболее сильно проявились в европейской социал-демократии. Подобная амбивалентность не обнаруживается в консервативной революции, мечтавшей о национальной диктатуре, о ликвидации правового государства «без чести и достоинства» (Эрнст Форстхоф),[33] о безграничной экспансии, основанной на войне, о Германии, сосредоточенной на мировом господстве. Ее страстное стремление к «Третьему рейху»[34] должно было неизбежно вылиться в настоящий Третий рейх, который и возник 30 января 1933 г. Неожиданные победы НСДАП на выборах в рейхстаг в начале 30-х годов были с воодушевлением встречены большинством консервативных революционеров. (Левоориентированный Эрнст Никиш вместе со своей группой «Сопротивление» принадлежал к небольшому числу скептиков.[35]) И это несмотря на то, что некоторые элитарные кру-

32 См. Luks, Leonid: Entstehung der kommunistischen Faschismustheorie. Die Auseinandersetzung der Komintern mit Faschismus und Nationalsozialismus 1921-1935. Stuttgart, 1985. С. 197-199.
33 Forsthoff, Ernst: Der totale Staat. Hamburg, 1933. С. 13, 20.
34 Moeller von den Bruck, Arthur: Das dritte Reich. Hamburg, 1931.
35 Niekisch, Ernst: Hitler – ein deutsches Verhängnis. Berlin, 1932.

ги консервативной революции насмехались над плебейским характером национал-социалистического движения, как, впрочем, и над попытками Гитлера захватить власть не революционными, а законными парламентскими способами. Это были, однако, не слишком важные детали. Для абсолютного большинства представителей консервативно-революционного лагеря восхождение НСДАП символизировало конец ненавистной либеральной эпохи, начало национального возрождения.[36]

Не без основания они считали создание Третьего рейха не в последнюю очередь и своей заслугой. Лишь постепенно, словно ученики чародея, они начали осознавать, какого джинна выпустили из бутылки. Иллюзии постепенно рушились. Некоторые зачинатели событий 30 января 1933 г. пали жертвой гитлеровской деспотии (Эдгар Юнг), другие же ушли во «внутреннюю эмиграцию» (Эрнст Юнгер).

Что же думают по поводу Третьего рейха издатели «Элементов»? В отличие от консервативных революционеров времен Веймарской республики, они имеют возможность осознать его характер и последствия его апокалиптических преступлений. Осуждают ли их «Элементы»? Нужно иметь в виду, что отношение к национал-социалистическому режиму у них весьма критическое. Но они говорят, как правило, об его ошибках, а не о преступлениях. В отличие от либеральных «мондиалистов», национал-социалисты ни в коем случае не демонизируются, а рассматриваются как духовные союзники, которые просто заблуждались. Гитлер критикуется за его твердолобый национализм, за антирусские и антиславянские настроения. Эти его ошибки помешали возникновению широкого паневропейского альянса против западных демократий.[37] Гитлеровская политика по отношению к евреям, как правило, замалчивается. Крах Третьего рейха вызывает, в общем, сожаление издателей «Элементов». Хотя Третий рейх исказил некоторые постулаты консервативной революции, «но все же поражение Германии во Второй

---

36 См. Rauschning, Hermann: The Conservative Revolution. New York, 1941; Mohler, Armin: Die Konservative Revolution in Deutschland. Der Grundriß ihrer Weltanschauung. Stuttgart, 1950.

37 Элементы 1, 1992. С. 53; Элементы 3, 1993. С. 21; Элементы 5, 1994. С. 29; Элементы 8, 1997. С. 29.

мировой войне было сокрушительным поражением всей идеологии Третьего пути», считает Александр Дугин.[38]

Дугин рассматривает Третий рейх, однако, не как целостное образование. Наряду с непримиримыми германоцентристами в нем были также и открытые миру, проевропейски настроенные силы. Они апеллировали почти ко всем народам Европы, призывая их принять участие в крестовом походе против западной «плутократии» и против коммунизма. Эту идеологию представляло, в первую очередь ... «Ваффен-СС и особенно научный сектор этой организации "Анненэрбе"» (sic!), которые рассматриваются Дугиным как своего рода «интеллектуальный оазис» в Третьем рейхе: «Вместо узко национального германизма внешней пропаганды, СС стояло за единую Европу, разделенную на этнические регионы... и при этом этническим немцам никакой особой роли не отводилось. Сама эта организация была международной, и в нее входили даже представители „небелых" народов... СС воспроизводило определенные стороны средневекового духовного рыцарского Ордена с типичными идеалами преодоления плоти, нестяжательства, медитативной практики».[39]

Невольно это прославление СС напоминает известную речь Генриха Гиммлера в октябре 1943 г., в которой он хвалил членов СС за то, что выполняя историческое задание по «истреблению еврейского народа... они сохранили свою внутреннюю порядочность».[40]

Гитлер в журнале не только осуждается. В шестом номере журнала напечатано интервью с Леоном Дегреллем – бывшим лидером крайне правой валлонской партии и одновременно лидером СС-дивизиона «Валлония». Дегрелль, который принадлежал к любимцам «лидера нацизма», называет Гитлера величайшей фигурой европейской истории: «Гитлер был величайший человек европейской истории. Он боролся за идеал, за идею. Он развивался. Начав с узко национального сугубо германского лидера, он постепенно учился мыслить европейскими категориями и так вплоть до общепланетарного масштаба... Часто его изобра-

---

38 Дугин, Александр: Консервативная революция. Краткая история идеологий третьего пути // Элементы 1, 1992. С. 54.
39 Там же.
40 Цит. по: Thamer, Hans-Ulrich: Verführung und Gewalt. Deutschland 1933-1945. Berlin, 1986. С. 703.

жают как истерика, психопата, с трясущимися руками. Это все пропаганда. Он был удивительно воспитанный и обаятельный человек, вежливый, внимательный, сосредоточенный. Проиграв эту войну, потеряли шанс своего великого будущего не только Германия, но вся Европа, весь мир. Посмотрите, какой мир построили сегодня победители, его враги. Царство денег, насилия, смешения, вырождения, низменных недочеловеческих инстинктов... Нет высшей Идеи. Мы сражались за нечто Великое. И, Вы знаете, духовно мы не проиграли. У них нет одного – Веры... Это была война идеалистов и романтиков против двух типов материализма — капиталистического и марксистского. Они могут отнять у нас нашу жизнь. Нашей Веры у нас они не отнимут. Поэтому я и написал книгу с таким названием: «Гитлер на тысячу лет».[41]

Это прославление массового убийцы одним из его помощников прокомментировано лишь такими словами: «Последней Фольксфюрер умер как верующий христианин в присутствии кюре, после последнего причастия. Он был верен своей Идее до последнего часа».[42]

IV.

К идеологическому профилю «Элементов» принадлежит наряду с полной идентификацией с национал-большевистскими и частично с национал-социалистическими позициями, также известный интерес к геополитической проблематике. На первый взгляд кажется, что вот здесь журнал сходится с евразийцами, которые придавали в своих работах большое значение геополитическим и географическим факторам. Но и это впечатление обманчиво. Евразийцы, особенно влиятельнейший экономист и географ движения Петр Савицкий, интересовались в первую очередь культурными и экономическими аспектами геополитики и географии, вопросами географического влияния на разные народы и этносы, тем как оно, это влияние, сказывается на постепенном сближении и единении народов. Одновременно евразийцы настаивали на экономической автаркии евразийского субконтинента, изучали географические

---

41 Последний фольксфюрер // Элементы 6, 1995. С. 48.
42 Там же.

факторы, которые были бы благоприятны для создания независимой экономической системы. Такие вопросы играют для «Элементов» второстепенную роль. Самые важные аспекты, связанные с геополитикой, интересующие «Элементы» – стратегического толка, вопросы об удобной исходной позиции в будущей, страстно желаемой борьбе материков, в которой сойдутся континентальные и морские державы.[43]

Американскому миру, униполярности мира, «Элементы» противопоставляют биполярную концепцию, которая должна возобновит конфронтацию между Востоком и Западом. Журнал рекомендует всем противникам «мондиалистов» или англосаксонских морских держав закончить все свои внутренние споры и сосредоточиться на создании великого континентального альянса – только так можно добиться победы в предстоящей смертельной битве. Этот альянс должен объединить всех прошлых, нынешних и будущих противников англосаксонских демократий – Германию и Японию, Россию и Китай, Индию и исламские государства, наконец, «порабощенную» Западную Европу.[44] Издатели журнала признают, что такой стратегический союз с Западной Европой противоречит представлениям их евразийских предшественников. Однако в сравнении с 20-ми годами, когда евразийцы развивали свои тезисы, расположение сил в мире основательно переменилось. Преимущество «мондиалистов» стало таким впечатляющим, что их противники должны мобилизовать все силы – без оглядки на культурные противоречия, например, между Россией и Западной Европой.[45]

Какие государства должны доминировать в так называемой «антимондиалистской» коалиции? Речь, по мнению журнала, идет только о двух государствах: о Германии и о России. Однако для того чтобы справиться с этой ролью, они должны полностью освободиться от «мондиалистских» влияний, как внешних, так и внутренних, и возродить свои имперские традиции. Для континентального альянса было бы большим преимуществом, если бы его возглавляла возрожденная Российская империя, так считают «Элементы». Стратегически Россия расположена в

43   См. Геополитические проблемы ближнего зарубежья // Элементы 3, 1993. С. 18-20; А.Д. (Александр Дугин): От сакральной географии к геополитике // Элементы 3, 1993. С. 37-39; Россия и пространство // Элементы 4, 1993. С. 31-35.
44   Россия и пространство. С. 31.
45   Там же. С. 31-35.

центре евразийского пространства, а значит, гораздо менее уязвима, чем Германия, которая находится на окраине. Кроме того, Германия, в случае возрождения своей прежней мощи, может пережить новую волну национальной мании величия, как это уже произошло во время Второй мировой войны, что может иметь для континентального альянса роковые последствия. Несмотря на такую опасность, Европа, в которой доминирует антиамерикански настроенная Германия, была бы предпочтительней Европы в ее сегодняшнем виде. Издатели «Элементов» были бы даже готовы встать под знамена рейха в своей борьбе с «мондиализмом». Конечно, русские знамена были бы предпочтительней. Возрождение Российской империи и гегемония России на всем европейском пространстве является для них судьбоносным вопросом. Если Россия откажется от своих имперских притязаний, то другие государства используют вакуум власти, образовавшийся в результате развала Советского Союза, и превратят Россию в свою колонию. Этого может достичь или уже упомянутая Германия, или Китай. Итак, по мнению издателей журнала, перед Россией стоит только одна альтернатива: снова стать провинцией другой гегемониальной державы, либо восстановить собственную гегемонию. Но в отличие от тех, кто испытывает ностальгию по империи в сегодняшней России, издатели «Элементов» не удовлетворяются простым возвратом к прежнему. Реставрация первоначальных границ Российской империи представляет собой только первую ступень их стратегического плана. Ведь главной целью восстановления империи им видится борьба с американским мировым господством, борьба с «мировым злом», борьба не на жизнь, а на смерть. И опять журнал показывает, как далеко он уходит от основ «классического» русского евразийства и как сильно его программа напоминает «революционную территориальную политику» Веймарских правых. Многие сторонники радикального крыла Веймарских правых считали, что мировое господство является единственным средством, которое в состоянии облегчить страдания немцев: «Власть над миром является адекватной возможностью... облегчить страдания народу перенаселенной страны», – писал в 1923 г. один из проповедников консервативной революции Меллер ван ден Брук в своей книге «Третий рейх». Десять лет спустя «реально существующий» Третий рейх начал осуществлять эту программу. Итак, идейный корпус журнала «Элементы» оказывается импортированным продуктом. Так или иначе речь идет о давно испорченном продукте, гниение которого началось 30 января 1933 г. Именно Германия – страна, в которой этот продукт был произведен, знает, каким неприятным может быть его вкус.

Перевод с немецкого А.В. Маркин

II.6 Европеизм? Евразийство? Национализм? – куда качнется идеологический маятник в постсоветской России?

20 лет тому назад рухнул Советский Союз. Исчезло государство попытавшееся осуществить созданную «Коммунистическим Манифестом» утопию. Но сам факт, что Россия была первой страной, в которой начертанный Марксом и Энгельсом утопический проект стал идейной основой легитимирующей всю государственность весьма примечателен. Он показывает, что идеи в России принимают всерьез. Характерная для Запада «игра в идеи» России почти неведома. Поэтому и политические системы, которые здесь возникали, были, как правило, идеократиями.

Возникшее на обломках «Золотой Орды» московское царство было заворожено идеей «государства правды», верой в то, что Москва это и есть непреходящий Третий Рим олицетворяющий православный идеал на земле.

Петр I, в свою очередь, повернул взор русского человека с неба на землю, сверг богоизбранный Третий Рим с пьедестала и «заразил» высший слой страны идеей европеизма. Основная драма будущей России таким образом была предопределена. Византийско-монгольское наследие и петровский замысел обречены были теперь на противоборство и на сосуществование. Превратить Россию в «нормальную» европейскую страну не удалось ни Петру, ни его преемникам. Но и путь к допетровской старине был окончательно закрыт.

В отличие от петровской революции, большевистская привела не к преодолению раскола между Западом и Востоком, а наоборот. Новый режим беспощадно боролся при помощи «красного», а потом сталинского террора, против русского европеизма, изгнал сотни тысяч его приверженцев за пределы страны и закрыл открытое Петром окно в Европу. Результатом этого процесса был «Упадок творчества». Так один из основоположников евразийства Николай Трубецкой назвал свою опубликованную в судьбоносном 1937 году статью. Хотя статья не содержит ни единого слова о терроре, она являет собой уничтожающую критику сталинизма. Согласно автору, репрессивная политика режима привела к параличу творчества в стране: «Люди, вынужденные долго молчать, в конце концов разучиваются говорить».[1]

Евразийцы мечтали о том, чтобы прийти на место истощившей себя коммунистической партии. В вышеназванной статье Трубецкой писал, что положение в Советском Союзе хотя и вызывает озабоченность, но не является безнадежным: «Исход состоит в замене марксизма другой идеей-правительницей».[2] И для Трубецкого не было никакого сомнения в том, что эта другая идея может быть только «евразийской».[3]

Годом позже Трубецкой умер, и его смерть символизировала конец классического евразийства. Как тогда казалось, оно окончательно покинуло политическую сцену. Несмотря на свое безграничное честолюбие евразийцы таким образом не смогли создать действенную альтернативу коммунистической идеологии. В конечной стадии горбачевской перестройки, когда эрозия коммунистической идеологии становилась все более очевидной, многие защитники имперской идеи пустились однако на поиски новых объединяющих начал для всех народов и религиозных сообществ советского государства, и открыли при этом евразийские идеи.[4]

Слабостью евразийской идеи – и в прошлом и в настоящем – является однако то, что она так и не смогла добиться широкого признания, «овладеть массами». Несмотря на то что и евразийцы 20-30-х гг. - и неоевразийцы пытались и пытаются распространять свою программу в бесчисленном количестве изданий, их идеи все еще остаются достоянием отдельных элитарных кружков. Для русских националистов евразийская идея чересчур абстрактна, то же можно сказать и о большинстве интеллигентов в исламских республиках бывшего Советского Союза, При всей своей амбициозности программа евразийства, судя по всему, вновь обречена на провал.

---

1   Трубецкой, Николай: История. Культура, Язык. М., 1995. С. 446.
2   Там же. С. 448.
3   См. статью «Заметки о "революционно-традиционалистской" культурной модели "евразийцев" в этом сборнике.
4   См. статью "Третий путь" или назад в Третий рейх? О "неоевразийской" группе "Элементы"» в этом сборнике.

То что не евразийская а национальная идея является той основой, на которой зиждется современная российская государственность, кажется чем то естественным. Ведь Россия после развала СССР, в сущности, впервые образовалась как национальное государство. Таковым она не была ни в московский период, который вдохновлялся сверхнациональными, религиозными идеями, ни в эпоху петровского европеизированного самодержавия, ни тем более в большевистские времена, когда страна превратилась всего лишь в один из участков фронта мировой революции. Так что в России, в традиционной великой державе, происходит сегодня, как это ни парадоксально звучит, процесс nation building, как и во многих бывших республиках Советского Союза, которые в 1991 году впервые обрели государственную независимость. А такого рода процессы, как правило, связаны с поиском идентичности и с всплеском националистических эмоций. Такого рода явления наблюдались и наблюдаются во многих странах мира. Значит ли это, что Россия превращается в «нормальное» национальное государство с партикулярными целями, и отказывается от универсальных идей, которым она служила в течение последнего тысячелетия? Могут ли идейные установки, которые столетиями определяли сознание нации, бесследно исчезнуть? Вряд ли. Кроме того националистическая идеология, несмотря на ее чрезвычайное распространение – это не «последнее слово» исторического развития. Еще в начале 20-го века национальное государство рассматривалось на Западе как венец творения, вершина развития человечества. Однако трагический опыт первой и второй мировой войны наглядно показал, к каким ужасающим последствиям приводит обожествление национальных интересов отдельных государств. Без этого опыта интеграционные процессы начавшиеся в Европе во второй половине 20-го столетия были бы немыслимы. Эти процессы не могли не коснуться и России. Мечта о преодолении раскола между Западом и Востоком, о «возвращении в Европу» была мотором горбачевской перестройки. С особым рвением стремились представители радикального крыла реформаторского лагеря, как в свое время и радикальные западники петербургского периода, к тому, чтобы превратить Россию в «нормальную» европейскую страну. Но как и их предшественники, они недооценили своеобразие России. Каждая попытка перенести на российскую почву западные институты и модели без учета этого своеобразия, обречена на неудачу. Россия – «есть европейская держава», как говорила Екатерина II. Однако надо добавить, что ее европеизм отличается от западного. Когда на Западе, да и на Востоке утверждают, что Россия лишь в географическом но не в культурном смысле является частью Европы, забывают, что Европа это двуликий Янус, у которого есть и свой Запад и свой Восток, которые в сущности не могут существовать друг без друга. Ведь нельзя же себе представить западную культуру без Достоевского, Толстого, Чехова или Кандинского, а русскую без Шекспира, Сервантеса, Гете и Гегеля. Попытки изолировать эти взаимопроникающие сосуды друг от друга, приводит к увяданию обеих культур.

Когда рухнула берлинская стена и противостояние западного и восточного блока завершилось, у Европы вновь появился шанс обрести единство, как и в петербургские времена. Но единства пока не получилось, так как по обеим сторонам уже не существующего «железного занавеса» изоляционисты всех мастей, пытаются доказать, что пути Запада и России несовместимы, Но не иначе ведь обстояли дела и в петербургский период. Путешествуя по николаевской империи 14 лет после восстания декабристов и 2 года после смерти Пушкина, А. Кюстин назвал Россию страной рабов, а Пушкина всего на всего ловким подражателем западных образцов без самостоятельного творческого таланта. В России, в свою очередь националистически настроенные круги постоянно хоронили «гнилой Запад». Однако ни российские, ни западные изоляционисты не смогли помешать все более и белее интенсивному взаимодействию обеих культур. Это тогда Хомяков и Достоевский говорили о «священных камнях» Запада, а Томас Манн, в свою очередь, о «священной» русской литературе». Апогеем этого взаимопроникновения был «серебряный век», эпоха религиозно-философского ренессанса в России, который опирался и на западный рационализм и на православную духовность. Культура «серебряного века» показывает, что Запад и Восток не обречены на вечное противоборство, что синтез между ними возможен.

Хотя большевистская революция насильственно прервала дальнейшее углубление этого синтеза, идеи религиозно-философского ренессанса продолжали развиваться в эмиграции и после падения железного занавеса начали постепенно возвращаться на родину – также как и евразийские идеи и идеи националистически настроенных эмигрантских кругов. Все они вливаются в основные идейные потоки сегодняшней России.

В связи с последними событиями на Кавказе кажется, что национально настроенные сторонники особого пути России, радикально отвергающие западные модели развития, одержали окончательную победу в стране. Однако, в истории, как правило, не бывает ничего окончательного. Это отнюдь не исключено, что приверженцы русского европеизма, несмотря на ту маргинальную роль, которую они играют в сегодняшней России, при более благоприятных для них обстоятельствах, смогут вновь вернуться на политическую сцену, как это уже не раз бывало в истории страны. Значит ли это, что российский «маятник» качнется тогда полностью в другую сторону? А может быть прошли те времена когда Россия подчинялась единой «идее-правительнице» и все вышеназванные течения будут сосуществовать друг с другом. Входит ли страна постепенно в постидеократическую фазу своего развития?

III. «Особые пути» или «Возвращение в Европу»? Россия и Германия в XX столетии

III.1 Тоталитарная личность в контексте новейшей истории России и Германии

I.

Тоталитарные режимы 20-го века стремились создать нового человека. Скептического, борющегося за свою самореализацию индивидуалиста, перенятого ими от либерально-позитивистской эпохи, они хотели превратить в коллективного человека, слепо верующего и безоговорочно повинующегося. Эту цель не легко было осуществить, поскольку начиная с эпохи Просвещения Европа прошла мощный процесс эмансипации, который к середине 19-го века охватил и консервативные монархии Центральной и Восточной Европы. Даже в дотоле самодержавно управляемой Российской Империи были после проигранной Крымской войны начаты грандиозные реформы, напоминавшие петровские реформы начала 18-го века, - реформы, которые могут быть охарактеризованы как вторая модернизация, или европеизация, России. В 1861 году было отменено крепостное право, была значительно ослаблена цензура, в результате судебной реформы 1864 года возникли независимые суды, что создавало первые предпосылки для разделения властей в стране. Многие из тех требований, которые поколениями выдвигали критики российского самодержавия, осуществлялись одно за другим. Однако для радикальных противников монархии – для революционной интеллигенции – эти процессы не имели никакого значения. Напротив: чем либеральнее делалось общественное устройство, тем радикальнее боролась с ним интеллигенция. Эта неадекватная, совершенно иррациональная реакция кажется на первый взгляд поразительной. Но не относится ли неадекватный, иррациональный образ действий к сущности тоталитарного характера? Для начала я хочу заняться одной из его разновидностей – нетерпеливым революционным утопистом, стремящимся к разрушению существующего несовершенного мира, чтобы на его развалинах как можно быстрее построить общественный рай на земле. В России этот человеческий тип проявился в особенно радикальной форме. По словам историка Теодора Шидера, безоговорочность и абсолютность, отличавшие революционную веру русской интеллигенции, были на Западе практически неизвестны.[1]

В 1869 году, т. е. как раз в то самое время, когда либеральное правление Александра Второго коренным образом обновляло Россию, больше того преображало ее до неузнаваемости, один из наиболее радикальных противников режима, Сергей Нечаев, пишет «Катехизис революционера», в котором можно было прочесть следующее: «Революционер - человек обреченный. ... Он в глубине своего существа, не на словах только, а на деле, разорвал всякую связь с гражданским порядком и со всем образованным миром, и со всеми законами, приличиями, общепринятыми условиями, нравственностью этого мира. Он для него - враг беспощадный, и если он продолжает жить в нем, то для того только, чтоб его вернее разрушить. ... Все это поганое общество должно быть раздроблено на несколько категорий. Первая категория - неотлагаемо осужденных на смерть.» К ним, по мнению Нечаева, относятся самые умные и энергичные представители существующего режима. «Вторая категория должна состоять именно из тех людей, которым даруют только временно (!) жизнь, дабы они рядом зверских поступков довели народ до неотвратимого бунта. К третьей категории принадлежит множество высокопоставленных скотов или личностей, не отличающихся ни особенным умом и энергиею, но пользующихся по положению богатством, связями, влиянием и силою. Надо их эксплуатировать всевозможными манерами и путями ... ».[2]

В этих рассуждениях уже намечаются первые контуры будущего тоталитарного характера – создателя и создания тоталитарных режимов 20-го века. Такой характер ориентирован на тотальную конфронтацию.

1   Schieder, Theodor: Das Problem der Revolution im 19. Jahrhundert // Schieder, Th.: Staat und Gesellschaft im Wandel unserer Zeit. Studien zur Geschichte des 19. und 20. Jahrhunderts. München, 1971. С. 42-44.

2   Революционный радикализм в России: век девятнадцатый. Документальная публикация. Ред. Е.Л.Рудницкая. Археографический центр. Москва, 1997.

Поэтому наиболее «умные» представители правительства, воплощающие в себе «человеческое начало» существующего режима, особенно ему ненавистны. Ведь они в состоянии сделать этот несовершенный, обреченный на разрушение мир более выносимым в глазах народа. Деспотические натуры в правительственном лагере ему милее, потому что они не смягчают «искусственно» социальные и политические противоречия, а значит, приближают революционный взрыв.

Революционер, считает Нечаев, не должен испытывать никаких человеческих чувств по отношению к врагам; по сути они для него и не люди, но «скоты». Однако и по отношению к своим соратникам он не должен проявлять слабость или сочувствие, поскольку эти соратники тоже не представляют ценности сами по себе, но являются лишь «революционным капиталом»: «У каждого товарища должно быть под рукою несколько революционеров второго и третьего разрядов, то есть не совсем посвященных. На них он должен смотреть, как на часть общего революционного капитала, отданного в его распоряжение. Он должен экономически тратить свою часть капитала, стараясь всегда извлечь из него наибольшую пользу. На себя он смотрит, как на капитал, обреченный на трату для торжества революционного дела.»[3]

Таким образом революционный утопист – а Нечаев воплощает его в наиболее чистой форме – склоняется к тому, чтобы лишить человеческого облика не только своих врагов, но и себя самого. Он имеет дело уже не с конкретными людьми, но с абстрактными силами, воплощениями добра и зла. Чувства вины или сомнения, одолевающие человеческую личность, уже не играют для него никакой роли. Революционер превращается в орудие уничтожения, из любви к будущему идеальному человечеству ведущее беспощадную борьбу на истребление с представителями существующего несовершенного мира. В духе Нечаева действовала возникшая в 1879 году «Народная воля», важнейшей целью которой было убийство Александра Второго – пожалуй, самого либерального царя в новой русской истории. Нечаев писал: «Итак, прежде всего должны быть уничтожены люди, особенно вредные для революционной организации, и такие, внезапная и насильственная смерть которых мо-

---

3   Там же.

жет навести наибольший страх на правительство и, лишив его умных и энергических деятелей, потрясти его силу». Либеральный царь был с точки зрения «Народной воли» прямо-таки создан для этой роли. Организация начала настоящую охоту на царя. Шесть покушений не удались. При седьмой попытке – 1 марта 1881 года – террористы добились, наконец, желаемого успеха. Убийство Александра Второго произошло как раз в то самое время, когда царь вместе со своим ближайшем сотрудником М.Т. Лорис-Меликовым работал над документом, в котором России было обещано некое подобие конституции. Члены «Народной воли» смотрели на цареубийство как на своего рода искупительный акт; подобные искупительные фантазии относятся, наряду с тенденцией к дегуманизации противника, к наиболее существенным чертам тоталитарного характера. Ему свойственно манихейское мышление. Он знает лишь абсолютное зло – в случае радикальной интеллигенции это было русское самодержавие – и абсолютное добро – для интеллигенции это был русский простой народ. Интеллигенция, писал в этой связи русский философ Семен Франк, верит в возможность достижения абсолютного счастья на земле путем простого механического устранения врагов обожествляемого ею народа. Вопреки своему безбожию, интеллигенция, по Франку, продолжает мыслить в религиозных категориях – ее «бог» это народ, ее «дьявол» - царское самодержавие.[4]

Искупление, к которому стремилось радикальное крыло русской интеллигенции из лагеря «народников», распространялось, в общем и целом, только на Россию, оно было скорее партикулярным, чем универсальным. Целью народников было в первую очередь освобождение страдающего русского народа, который они хотели повести в райское, «светлое» будущее. Однако этот хилиазм русских революционеров приобрел особую взрывоопасность, когда в конце 19 – начале 20 века он соприкоснулся с марксистским утопизмом. Важнейшим результатом этого синтеза было создание в 1903 году большевистской партии – первой тоталитарной партии новейшей эпохи, не имевшей аналогов на Западе. Эта централизованная, строго дисциплинированная организация профессиональных революционеров принципиально отличалась от всех

---

4   Франк, Семен: Этика нигилизма // Вехи. Сборник статей о русской интеллигенции. М., 1909. С. 175-201.

других партий, входивших в основанный в 1889 году Второй Интернационал. Прототипом этой партии послужила для ее основателя, Владимира Ленина, вовсе не та партия, которая во Втором Интернационале вызывала наибольшее восхищение, именно Социал-Демократическая Партия Германии. Такая партия, как СДПГ, могла развернуть свою деятельность лишь в условиях парламентаризма. Россия же к моменту основания большевистской партии была еще самодержавной монархией без парламента и политических партий. Лишь после революции 1905 года царизм превратился в полуконституционную монархию. Поэтому Ленин искал прообразов для организационной структуры своей партии не на Западе, а в самой России. Такой прообраз он нашел в организации «Народной воли». В качестве ортодоксального марксиста Ленин отвергал индивидуальный террор, но организационная структура «Народной воли» ему импонировала. Это была дисциплинированная и централизованная организация заговорщиков. Именно такую организацию, но действующую по марксистской программе, и хотел создать Ленин: «Дайте нам организацию революционеров - и мы перевернем Россию!», писал он в 1902 в программной работе «Что делать?».[5] Через пятнадцать лет ему удалось с помощью такой партии создать первый тоталитарный режим Новейшего Времени и тем самым направить историю 20-го века по новому пути.

Тоталитарный характер выкристаллизовался в конце 19-го века не только на левом, но и на правом краю политического спектра. В отличие от левых утопистов, стремившихся искусственно ускорить историческое развитие, чтобы как можно скорее достичь «светлого будущего», правые экстремисты были радикальными противниками современности. «Золотым веком» было для них не будущее, но прошлое по ту сторону индустриализации и Просвещения. Сверхчеловеческим усилием воли они хотели искусственно остановить бурное развитие стремительно меняющегося мира. Начавшийся в эпохи Просвещения процесс эмансипации, победное шествие всеобщего избирательного права, усиливающееся нивеллирование сословных различий – все это они отождествляли с закатом Европы. Одной из опасностей для европейской цивилизации ка-

---

залось им так называемое «восстание масс»; организованное рабочее движение они считали наиболее опасной формой этого восстания. Ради отражения этой грозящей снизу опасности некоторые из правоэкстремистских группировок, например социал-дарвинисты, готовы были пересмотреть традиционные понятия морали. Так, с их точки зрения, следовало защищать вовсе не слабых и обездоленных от сильных и привилигированных, а как раз наоборот – лучших и сильных от слабых, т.е. от массы. Сострадание к слабым социал-дарвинисты считали совершенно устаревшим требованием. Они идеализировали законы биологической природы и стремились полностью перенести господствующее в природе право сильнейшего на человеческое общество.

Поскольку цель воинствующих противников современности – возврат к доиндустриальному и допросветительскому состоянию вещей – была совершенно утопической и недостижимой, то и разработанные ими методы осуществления этой цели неизбежно должны были приобрести абсурдный характер. В этом контексте может быть рассмотрена и радикализация антисемитских эмоций – эмоций, которым суждено было стать чрезвычайно важной составляющей частью этого восстания против современности. Отождествляя современность с евреями, которых среди поборников модернизации и эмансипации было и в самом деле немало, антисемиты по видимости вырывались из некоего порочного круга. Бесперспективная борьба против всемогущих и анонимных сил современности превращалась в борьбу против конкретных и вполне уязвимых евреев. Подчинение или, тем более, уничтожение евреев должно было автоматически привести к восстановлению патриархальной идиллии. Так контуры холокоста наметились уже в конце 19-го – начале 20-го века.

Один из проповедников расового антисемитизма, Хьюстон Стюарт Чемберлен, которого Йозеф Геббельс занес в галерею предков национал-социализма, восхищался непримиримостью, с которой древний Рим боролся со своими противниками-семитами.

В своих «Основах 19го века» (1899) Чемберлен издевается над теми, кто осуждает разрушение Римом Карфагена за безнравственность, и пишет: «Одно ... ясно, как солнце в полдень: если бы финикийский народ не был бы уничтожен, ... человечество никогда не имело бы этого 19 столетия, на которое мы теперь, при всем смиренном сознании наших слабостей... оглядываемся с гордостью. При ни с чем не сравнимой живучести семитов, достаточно было бы малейшего проявления милосердия – и финикийская нация бы воскресла; в полусожженном Карфагене ее огонь тлел бы под пеплом, чтобы снова вспыхнуть ярким пламенем при первых признаках намечающегося распада римской империи. ... В евреях мы видим другую и не менее опасную разновидность этого яда, разъедающего все благородное и творческое. Только слепец или лицемер откажется признать, что проблема еврейства среди нас относится к сложнейшим и опаснейшим проблемам современности.»[6] Способ решения этой трудной проблемы косвенно намечается Чемберленом. Не случайно говорит он так подробно о судьбе Карфагена. Суровость Рима импонирует ему гораздо больше, чем наивное с его точки зрения великодушие современных европейцев: «Руководствуясь идеальными мотивами, индоевропеец по-дружески открыл двери – еврей ворвался в них как враг, захватил все позиции и закрепил ... в щелях и проломах нашего своеобразия флаг своей сущности, вечно чуждой нам».[7]

Подобно тому, как русские революционеры хотели построить социальный рай на земле путем устранения представителей старого порядка, антисемиты стремились к построению расового рая на земле путем устранения «расово чуждых» евреев. Чемберлен говорит в этой связи о «святости чистой расы».[8]

В этой непримиримой борьбе моральные сомнения и человеческие чувства не должны были играть никакой роли. Таким образом расисты, подобно левым утопистам, дегуманизировали не только своих противников, но и себя самих.

Когда Чемберлен представил общественности свои мысли о решении еврейского вопроса, Европа, не в последнюю очередь из-за все усиливавшихся националистических эмоций и непрерывной гонки вооружений («сухой войны», по выражению Ганса Дельбрюка), представляла собой пороховую бочку. Тем не менее идеи Чемберлена, в силу их ради-

---

6   Chamberlain, Houston Stewart: Die Grundlagen des Neunzehnten Jahrhunderts. München o.J.. Т. 1. С. 162 и сл.

7   Там же. С. 382.

8   Там же. С. 367 и далее.

кальности, производили на тогдашнее общество чрезвычайно странное впечатление. Не менее странным казалось сочинение председателя «Всегерманского Союза» Генриха Класа «Если бы я был кайзером», которое он опубликовал незадолго до начала Первой мировой войны. Подобно Чемберлену Клас требовал суровости при решении еврейского вопроса. Он писал: «Оздоровление нашей народной жизни .... возможно лишь в том случае, если еврейское влияние будет либо полностью исключено либо сведено к терпимым, неопасным размерам. ... Для достижения этого нужны следующие меры: евреи не допускаются к занятию каких бы то ни было официальных должностей. ... Они лишаются как активного, так и пассивного избирательного права. Профессии адвоката и учителя для них запретны; также и руководство театрами. Газеты, в которых сотрудничают евреи, должны быть специально помечены. ... В качестве возмещения за охрану, которую евреи получают от государства в качестве иноплеменников, они платят двойные налоги.»[9]

Клас ясно сознавал, до какой степени его предложения должны были провоцировать тогдашнюю германскую общественность: «Я слышу и вижу, как читатель внутренне воздевает руки к небу в ужасе от холодной жестокости этих предложений – а то и смотрит на них как на порождения больной фантазии, тем более что в кругах безобидной либеральной буржуазии давно привыкли сетовать вместе с евреями на их недостаточное равноправие. ... Но на самом деле все как раз наоборот. Еще никогда за всю историю человечества великий, талантливый, трудолюбивый народ не попадал так быстро и до такой степени без сопротивления под влияние и духовное руководство другого, чуждого ему народа, с совсем иными наклонностями, как в наши дни немецкий народ попал под еврейское господство».[10]

Прошло около двадцати лет после того, как были написаны эти слова, отражавшие мнение маргинальной группы („lunatic fringe", как говорят англичане), и в Германии пришел к власти режим, не просто реализовавший предложения Класа, но пошедший много-много дальше.

9   Frymann, Daniel (i.e. Claß, Heinrich): Wenn ich der Kaiser wär´- politische Wahrheiten und Notwendigkeiten. 5. erw. Auflage. Leipzig, 1914. C. 74, 76.
10 Там же. C. 77.

Николай Бердяев говорит в этой связи, что в 19-ом веке часто приходилось слышать сожаления о том, что утопии хоть и прекрасны, но не могут быть осуществлены; в 20 же веке человечество столкнулось с совсем другим положением вещей: утопии гораздо легче осуществить, чем считалось раньше, вопрос в том, как предотвратить их осуществление.[11]

II.

Обстоятельства, приведшие к тому, что люди с левыми или правыми тоталитарными убеждениями смогли – сначала в России, потом в Германии – переместиться с общественно-политической периферии в центр власти, не могут здесь быть разобраны; эта темы выходит далеко за рамки данной статьи. Во второй ее части я хотел бы обратиться к проблематике тоталитарной личности в так называемой «режимной» фазе, к вопросу о том, укрепляются и развиваются ли на более зрелой стадии развития те свойства тоталитарного характера, которые сложились в период его возникновения.

Прежде всего рассмотрим столь характерную для тоталитарной личности тенденцию к дегуманизации противника, к отказу ему в человеческой сущности. Так, например, представители бывших русских высших классов были сразу же после захвата власти большевиками объявлены людьми «второго сорта». Советская конституция 1918 года лишала их как активных, так и пассивных избирательных прав. Здесь следует вспомнить, что пятью годами ранее Генрих Клас делал аналогичные предложения по отношению к немецким евреям. Диктатура пролетариата лишает своих классовых врагов буржуазных свобод, поскольку буржуазия лишь использует эти свободы в контрреволюционных целях, утверждал один из ведущих большевистских теоретиков, Николай Бухарин, в 1918 году.[12] Представители «эксплуататорских классов» имели во время гражданской войны наихудшее материальное обеспечение и, как правило, получали продовольственные карточки самой низшей катего-

---

11   Berdjaev, Nikolaj: Das Neue Mittelalter. Betrachtungen über das Schicksal Rußlands und Europas. Tübingen, 1950. C. 122.

12   Bucharin, Nikolaj: Das Programm der Kommunisten (Bolschewiki). Wien, 1918.

рии. Они неоднократно облагались особыми налогами – «контрибуция-ми» (которые в октябре 1918 года, к примеру, составили в общей сложности 10 млрд. рублей). В рамках трудовой повинности они должны были выполнять самые низкие работы. Существенным элементом «красного террора» во время гражданской войны было взятие «заложников» - произвольные аресты бесчисленных граждан, которые органами террора рассматривались как своего рода человеческий залог. На акты сопротивления ему режим нередко отвечал массовыми расстрелами таких заложников. В категорию заложников, которые в таких случаях уничтожались в первую очередь, входили представители бывших имущих классов.[13]

Судьба лишившегося власти русского высшего слоя напоминает на первый взгляд судьбу евреев в Третьем Рейхе. И в том и в другом случае имеет место постоянная радикализация преследований – лишение прав и достоинства, выделение в особую категорию, наконец физическое уничтожение. Тем не менее, между этими двумя типами преследований есть существенное различие. Конечной целью национал-социалистов, особенно после начала германо-советской войны, был тотальный геноцид, полное уничтожение евреев независимо от их возраста, пола, религиозной принадлежности или профессии. Поход большевиков против буржуазно-дворянских слоев России носил иной характер. Большевики пытались расколоть своих «классовых врагов». Часть из них была уничтожена, другие же привлечены к выполнению задач режима. Сотни тысяч «буржуазных» специалистов работали в советских учреждениях и предприятиях. Красная армия была бы не дееспособна без бывших офицеров царской армии. Количество таких офицеров в рядах Красной армии составляло в 1919 году 35 тысяч, а в 1920 – уже 48 тысяч.[14] Даже оба первых главнокомандующих Красной армии – Иоаким Вацетис и Сергей Каменев – принадлежали в царское время к высшему офицерству. Не следует забывать, что многие большевистские лидеры были буржуазного или дворянского происхождения – не в последнюю очередь

---

13   Pipes, Richard: Die russische Revolution. Berlin, 1992. T. 2. C. 805-809; Volkogonov, Dmitrij: Lenin. Berlin, 1994. C. 257 и далее.

14   Гражданская война и военная интервенция в СССР. Энциклопедия. Под ред. С.С. Хромова и др. Москва, 1983. С. 106. Altrichter, Helmut: Staat und Revolution in Sowjetrussland 1917-1922/23. Darmstadt, 1981. C. 183.

сам Ленин. Таким образом политика большевиков по отношению к «классовым врагам» носила более дифференцированный характер, чем политика национал-социалистов по отношению к евреям. Авторы, склоняющиеся к отождествлению большевизма и национал-социализма, оставляют этот факт без внимания.

Большевики были убеждены, что им удастся мгновенно установить общественный порядок, основанный на идеалах равенства, справедливости и братства; возможно это было, по их мнению, потому, что они якобы представляли интересы подавляющего большинства человечества, т.е. интересы «эксплуатируемых классов». Изоляция «эксплуататоров», лишение их прав и собственности казалось им достаточной предпосылкой для установления социального рая на земле. По сути дела они мыслили так же, как в свое время мыслили заговорщики из организации «Народная воля», исходившие из того, что убийство царя – этого символа старого порядка – автоматически преобразит всю страну. Разница между большевиками и народовольцами заключалась в том, что большевики в отличие от своих предшественников располагали якобы «научной» программой преобразования общества, т.е. марксизмом. Кроме того, в противоположность «Народной воле» они опирались не на крошечную организацию заговорщиков, но на гигантский аппарат тоталитарного государства. Поэтому их политические действия, включая террор, приняли систематический характер. Однако при всех различиях их вера в то, что «добро» автоматически восторжествует после удаления «зла», напоминает аналогичную веру народников. Троцкий в своих воспоминаниях рассказывает, что Ленин в первое время после прихода большевиков к власти неоднократно заявлял: «Через полгода у нас будет социализм, и мы станем сильнейшим государством на земле».[15] Так большевики сделались жертвой своего собственного утопизма. Семен Франк называет утопизм классической ересью, попыткой спасти мир одной лишь человеческой волей. Так как утопист действует вопреки структуре творения и вопреки человеческой природе, то его действия, по Франку, заранее обречены на неудачу. Таким образом он объявляет войну как творению,

---

15 Trockij, Lev: Über Lenin. Material für einen Biographen. Frankfurt/Main, 1964. C. 106.

так и человеческой природе и превращается из якобы спасителя в злейшего врага человеческого рода.[16]

Поскольку строптивая действительность сопротивлялась радикальным попыткам преобразования, предпринимаемым большевиками, то эти последние провозглашали врагами рабочего класса все новые социальные группы и ставили под сомнение их право на принадлежность к человечеству. Наряду с представителями бывших верхних слоев общества к этой категории были теперь отнесены и «кулаки». В августе 1918 года Ленин писал: «Кулаки - самые зверские, самые грубые, самые дикие эксплуататоры ... Эти кровопийцы нажились на народной нужде ... Эти пауки жирели на счет разоренных войною крестьян, на счет голодных рабочих ... Эти пиявки пили кровь трудящихся ... Эти вампиры подбирали и подбирают себе помещичьи земли ... Беспощадная война против этих кулаков! Смерть им!»[17]

Расширяясь, сфера имущих слоев общества, объявляемых враждебными, начала распространяться на так наз. «мелких владельцев», т.е. на подавляющее большинство русского российского крестьянства, составлявшее примерно 80% населения. В апреле 1918 года Ленин обвинил их в безудержном эгоизме и назвал их решительными врагами пролетариата: «Их орудие - подрыв всего того, что пролетариат декретирует и стремится осуществить в деле устроения организованного социалистического хозяйства. Здесь мелкобуржуазная стихия - стихия мелких собственников и разнузданного эгоизма - выступает решительным врагом пролетариата».[18]

А как обстояло дело с самой партией, которая насильственно оборвала мощный процесс эмансипации, продолжавшийся в России со времени реформ Александра Второго вплоть до Октябрьской революции, и лишила порабощенное ею общество всякой самостоятельности? Большевики были необыкновенно уверены в себе и чрезвычайно горды тем, что совершили величайшую, как они полагали, революцию в истории человечества. Первые полтора десятилетия после Октябрьской револю-

16   Франк, Семен: Ересь утопизма // Франк, Семен: По ту сторону правого и левого. Сборник статей. Париж, 1972. С. 83-106.
17   Ленин, ПСС. Т. 37. С. 40-41.
18   Ленин, ПСС. Т. 36. С. 245-246.

ции большевистская партия вела себя как всемогущий демиург, способный в кратчайшее время создать никогда прежде не существовавший общественный порядок и нового человека. Однако в унифицированном обществе столь самонадеянная партия оказывалась чужеродным телом. В 1936-38 гг. – в эпоху Большого террора – это чужеродное тело было интегрировано в общий социальный организм и превращено в послушное орудие в руках власти. Процесс дегуманизации, который они начали в 1917 году по отношению к своим противникам, был таким образом распространен на самих большевиков. Во время показательных процессов 1936-38 гг. генеральный прокурор СССР Вышинский называл в своих речах многих из ближайших соратников Ленина, создателей советского государства, «цепными псами капитализма», «змеиным отродьем», которое «должно быть растоптано».[19]

На пленуме ЦК в марте 1937 г. один из ближайших приспешников Сталина, Микоян, охарактеризовал некоторых представителей так наз. «Ленинской гвардии» и своих бывших товарищей следующим образом: «Троцкий, Зиновьев и Бухарин ... создали новый тип людей, извергов, а не людей, зверей, которые выступают открыто за линию партии, ... а на деле ведут беспринципную подрывную работу против партии.»[20]

После такой аргументации все психологические барьеры в борьбе Сталинской клики с внутрипартийными противниками были сняты, законы неписаного «большевистского кодекса чести», запрещавшего физическое уничтожение внутрипартийных конкурентов, утратили силу.

Партийные оппозиционеры, с которыми боролись сталинисты, в прошлом сами нередко утверждали, что кулаки или представители бывших верхних слоев общества – это звери, а не люди. Теперь им пришлось на собственном опыте познать реальные последствие такого рода стилистических упражнений. За былые дерзания пришлось расплачиваться.

Как и большевики, национал-социалисты стремились создать нового человека, свободного от моральных запретов, привитых иудео-христианской этикой. Как и большевики, они отрицали право своих противников

---

19   Lieber, Hans-Joachim/Ruffmann, Karl-Heinz (Hrsg.): Der Sowjetkommunismus. Dokumente. Köln/Berlin, 1963. Т. 1. С. 381.
20   Вопросы истории 4-5, 1992. С. 21.

на принадлежность к человечеству. С одним отличием. Поскольку враги национал-социализма провозглашались таковыми в первую очередь по биологическим признакам, в Третьем Рейхе, в отличие от большевистского государства, «неправильное происхождение» нельзя было искупить «правильным мировоззрением». Переход из одного лагеря в другой был невозможен. Евреи, считавшиеся самыми закоренелыми врагами арийской расы, должны были быть полностью «изолированы», а после начала германо-советской войны, точнее после Ванзейской конференции, подлежали тотальному уничтожению. Этой цели служили в первую очередь созданные на территории Польши лагеря уничтожения: Треблинка, Собибор, Бельжец, Хелмно и, прежде всего, Аушвитц-Биркенау. Как справедливо отмечают польские историки Ян Гумковский и Казимир Лещинский, само слово «лагерь» может в данном случае ввести в заблуждение. Узников, как правило, убивали там уже через несколько часов по их прибытии.[21] Такого рода фабрики смерти были неизвестны в советском «архипелаге ГУЛАГ», в котором людей, как правило, убивал рабский труд. Поэтому понятия Аушвитц-Биркенау и Треблинка и стали символами исключительности национал-социалистической системы террора. Относительно бесперебойное функционирование этого механизма уничтожения было возможно не в последнюю очередь потому, что исполнители, как правило, до глубины души проникались национал-социалистической догмой, по которой евреи – это не люди. «Бесчисленные заболевания имеют своей причиной одну бациллу – еврея!», провозглашал Гитлер в одном из своих монологов – и делал отсюда вывод: «Мы выздоровеем, когда элиминируем еврея».[22] В марте 1943 года ответственный за статистику инспектор при рейхсфюрере СС, Рихард Корхерр, составил отчет по «окончательному решению еврейского вопроса». Язык, которым написан этот отчет, вряд ли нуждается в комментариях. Корхерр пишет: «В Европе евреи скучиваются /häufen sich/, или скучивались, прежде всего в занятых Германией бывших польско-русских ... областях. Уменьшение еврейства в Европе составляет по-видимому ... уже

21 Gumkowski, Janusz/Leszczynski, Kazimierz: Okupacja hitlerowska w Polsce. Warschau, 1961. С. 69.
22 Werner, Jochmann (Hrsg.): Adolf Hitler. Monologe im Führerhauptquartier 1941-1944. München, 2000. С. 293.

около 4 млн. голов /Köpfe/. Большое поголовье /Bestände/ евреев наблюдается на европейском континенте, помимо России, ... теперь уже только в Венгрии и Румынии ..., может быть, еще и во Франции».[23]

Однако одной дегуманизации евреев было недостаточно, чтобы заглушить в соучастниках преступления неосознанное и не признаваемое
ими чувство вины. Для этого нужны были и хилиастические видения.
Эрих Гольдхаген (которого не следует путать с его сыном Даниелем, автором известной книги «Гитлер и его услужливые исполнители») пишет
по этому поводу: «Исполнители особенно склонялись к хилиастическим
мечтаниям сразу после какой-нибудь резни. Изнеможденные убийцы, постоянно преследуемые несознаваемым чувством вины. Убеждение в
том, что убийство евреев – это искупительный акт, было одной из суще-
ственнейших форм психологической поддержки, бальзамом для их совести.»[24]

Национал-социалистический террор, как и большевистский, не мог,
конечно, ограничиться только одной какой-то группой жертв. Все новые
и новые группы людей зачислялись в категорию «недочеловеков»: пси-
хически больные, польская интеллигенция, пленные красноармейцы. В
издаваемых отделом пропаганды вермахта «Сообщениях для войск»
можно было в июне 1941 года прочесть следующее: «Что такое большевики, знает всякий, кто хоть однажды заглянул в лицо кому-нибудь из
красных комиссаров. ... Назвать черты этих живодеров, по большей части еврейского происхождения, зверскими, было бы оскорблением для
зверей. Это воплощение инфернального, персонификация безумной ненависти ко всему благородному в человеке. В образе этих комиссаров
мы видим восстание недочеловеков против благородной крови.»[25]

Однако эта война на уничтожение, направляемая руководством
Третьего Рейха вовне, с течением времени неизбежно должна была об-

23 Цит. по Berenstein, Tatjana/Rutkowski, Adam: Hitlerowskie sprawozdanie
    statystyczne o zagladzie Żydow w Europie // Biuletyn Żydowskiego Instytutu
    Historycznego. Nr. 49. Warschau, 1964.
24 Goldhagen, Erich: Weltanschauung und Endlösung. Zum Antisemitismus der
    nationalsozialistischen Führungsschicht // Vierteljahrshefte für Zeitgeschichte, 1976.
    C. 402.
25 Boog, Horst/Förster, Jürgen/Hoffmann, Joachim/Klink, Ernst/Müller, Rolf-
    Dieter/Ueberschär, Gerd R.: Der Angriff auf die Sowjetunion. Frankfurt/M., 1996. C.
    528.

ратиться вовнутрь. Одной из ее последних жертв незадолго до конца войны стали сами немцы, ранее провозглашенные Гитлером «народом господ». Поскольку Гитлер видел в себе самом высшее свершение немецкой истории, он стремился к тому, чтобы с его смертью закончилась и эта история. 19 марта 1945 года в беседе с министром оборонной промышленности Шпеером он заявлял: «Если война будет проиграна, пропадет и немецкий народ. Нет никакой необходимости заботиться о материальной базе, которая может понадобиться немецкому народу для его примитивного существования в будущем. Напротив, лучше самим разрушить все это. Потому что народ оказался слабейшим, и будущее принадлежит исключительно более сильному восточному народу. После теперешней битвы все равно останутся одни неполноценные индивиды, достойные пали в ней.»[26]

В завещании Гитлера от 29 апреля 1945 года нет ни намека на раскаяние: «Настоящий виновник этой убийственной борьбы – еврейство!», пишет он за день до самоубийства. После чего он возлагает на вождей нации обязательство «строго соблюдать расовые законы и оказывать немилосердное сопротивление отравителю всех народов, интернациональному еврейству.»[27]

Эта беспримерная уверенность в своей правоте и неспособность к раскаянию свойственна была, однако, не только самому Гитлеру, но и многим из тех, кто слепо в него верил, причем не только до, но и после конца войны. В недавно разобранных магнитофонных записях бесед, которые Адольф Эйхманн вел в аргентинском изгнании с одним из своих единомышленников, есть и такие утверждения этого специалиста по окончательному решению еврейского вопроса: «Если бы мы убили все 10 млн евреев, указанных в первоначальной статистике Гиммлера», тогда он, Эйхманн, мог бы сказать: «Хорошо, мы уничтожили врага. ... Я ни в чем не раскаиваюсь. И ни коим образом не собираюсь молить о прощении.»[28]

---

26   Цит. по Thamer, Hans-Ulrich: Verführung und Gewalt. Deutschland 1933-1945. Berlin, 1986. C. 760.

27   Цит. по Goldhagen, Daniel Jonah: Hitlers willige Vollstrecker. Gewöhnliche Deutsche und der Holocaust. Berlin, 1996. C. 197.

28   Frankfurter Allgemeine Zeitung, 1.12.2000.

Так же и бывший глава советского правительства Молотов, вместе со Сталиным подписавший сотни «расстрельных списков», повинный, вместе с другими вождями, в гибели бесчисленных людей, не видит никаких причин приносить покаяние. В беседе с писателем Феликсом Чуевым в начале 70-ых годов он в частности говорит: «1937 год был необходим... Мы обязаны 1937-му году тем, что у нас во время войны не было пятой колонны.»[29]

Молотов решительнейшим образом возражает против утверждения, что большинство жертв террора были невиновны. Нет, заявляет этот ближайший помощник Сталина, террор был в основном направлен против тех, кто был действительно виноват.[30]

III.

Когда мы сегодня читаем такого рода невероятные заявления, мы невольно склоняемся к представлению о тоталитарной личности как о существе с другой планеты, не имеющем ничего общего с европейскими традициями. Однако на самом деле тоталитарный человек – это европейский феномен, точнее – продукт одного из глубочайших кризисов ценностей европейской культуры, который достиг своего апогея в первой половине 20-ого века. Кроме того, успехи тоталитарных движений были следствием своего рода предательства, совершенного европейскими элитами по отношению к тем ценностям, которые в течение столетий формировали европейскую культуру. Французский писатель Жюльен Бенда говорит в этой связи о «предательстве интеллектуалов». Эта формула представляется мне слишком узкой. Не одни лишь интеллектуалы оказались несостоятельны пред лицом тоталитарных движений левого и правого толка, но и другие столпы европейской культуры, или европейской системы, как то: политические партии, экономические и корпоративные союзы, большая часть церковных организаций. Биограф Гитлера Конрад Хайден говорит в связи с захватом власти национал-социалистами об эпохе безответственности, о бегстве германского полити-

---

29 Чуев, Феликс: Сто сорок бесед с Молотовым. Москва, 1991. С. 390.
30 Там же. С. 393.

ческого класса от ответственности.[31] Подобный упрек можно адресовать и политическому классу России в связи с большевистским захватом власти. Впрочем, одного лишь бегства старых элит от ответственности было бы недостаточно для объяснения триумфального шествия тоталитаризма. Необходима была еще и частичная идентификация этих элит с целями тоталитарных движений правого или левого толка. Характернейшим примером такого рода является политика старых и новых консервативных группировок Веймарской республики, которые, при всем их скепсисе по отношению к плебейской НСДАП, все-таки считали национал-социалистов своими единомышленниками, неотделимой составной частью национального фронта. Отвращение к Веймарской демократии, казавшейся правым группировкам воплощением национального позора и политического бессилия, служило тем общим знаменателем, который объединял все группировки национального лагеря. Политолог Ханс Буххайм пишет в этой связи: «Национальная гордость, не желавшая ... признавать поражение, но до поры до времени бессильная сделать что-нибудь бывшим противникам в мировой войне, обратилась против собственного государства, как если бы его устранение было условием и первым шагом на пути к новому подъему.»[32]

Тотальное отвержение правыми силами Веймарской эпохи самого свободного за всю предшествующую немецкую историю государства напоминает демонизацию либерального режима Александра Второго русскими революционерами полстолетием раньше. Мы снова сталкиваемся здесь с одним из центральных свойств тоталитарного характера – с полностью неадекватным поведением, потерей чувства реальности, созданием призрачной псевдодействительности, в которой действительное положение вещей буквально переворачивается с ног на голову.

Некоторые консервативные группировки, весьма и весьма поспособствовавшие уничтожению «слабой» Веймарской республики и созданию «сильного» национал-социалистического государства, вскоре после прихода национал-социалистов к власти начали менять свою позицию. Они отвернулись от ими самими вызванных духов; как пишет философ Хель-

31 Heiden, Konrad: Adolf Hitler. Das Zeitalter der Verantwortungslosigkeit. Zürich, 1936.
32 Buchheim, Hans: Das Dritte Reich. Grundlagen und politische Entwicklung. München, 1958. C. 54.

мут Кун: «Покуда дух развивал свои мысли, не считаясь с действительностью, действительность досталась адским силам.»[33]

Несмотря на растущий скепсис по отношению к новому режиму, большинство консерваторов все-таки приветствовало устранение Веймарской демократии и освобождение Германии от рестрикций Версальского договора как огромное достижение Гитлера. Ради этого они были готовы смириться с заключениями инакомыслящих в концентрационные лагеря, с убийством во время «путча Рема» многих представителей консервативного сословия, с провозглашением евреев людьми второго сорта. Военный историк Манфред Мессершмидт говорит в этой связи о «частичном совпадении целей», в немалой степени способствовавшем стабилизации национал-социалистического господства.[34] При этом отмечаемое Мессершмидтом частичное совпадение не ограничивалось областью политики. Многие представители консервативных элит взяли на вооружение даже и некоторые идеологические постулаты НСДАП, переняли гитлеровскую лексику. Ограничимся одним примером из многих. Так, командующий 6-ой армией генерал-фельдмаршал фон Райхенау через несколько месяцев после начала германо-советской войны высказывался следующим образом: «Солдат на Востоке – это не просто боец, сражающийся по правилам военного искусства, но также и носитель неумолимой национальной идеи, мститель за все те зверства, которым подверглись немцы и родственные им народы. Поэтому солдат должен хорошо понимать необходимость сурового, но справедливого возмездия, постигающего евреев-недочеловеков».[35]

Однако не только национал-социалистам, но и большевикам пошло на пользу предательство элит, прежде всего интеллектуалов, которые частично отождествляли себя с целями большевиков, несмотря на те террористические методы, которыми эти цели осуществлялись. Польский поэт Александр Ват, в 20-ых и 30-ых годах сочувствовавший коммунизму, очень ярко рисует этот феномен. В беседе со своим коллегой Че-

---

33 Kuhn, Helmut: Das geistige Gesicht der Weimarer Zeit // Zeitschrift für Politik 8, 1961. С. 4.

34 Messerschmidt, Manfred: Die Wehrmacht im NS-Staat // Bracher, Karl-Dietrich/Funke, Manfred/Jacobsen, Klaus-Adolf: Deutschland 1933-1945. Neue Studien zur nationalsozialistischen Herrschaft. Düsseldorf, 1992. С. 377-403.

35 Boog u.a., Der Angriff auf die Sowjetunion. С. 1246.

славом Милошем он так характеризует свои тогдашние настроения: «Я скорее боюсь крови. Но знаешь, это же абстрактная кровь, невидимая кровь, кровь по другую сторону стены – вот как Паскаль говорит об этой стороне реки. Кровь, которую проливают там, на другом берегу реки, - каким же чистым и великим должно быть дело, за которое проливают так много крови, безвинной крови. Это было необыкновенно притягательно. Эта высочайшая цена революции... Я поддерживаю коммунизм, хоть и знаю, что коммунизм имеет серьезные последствия. Но на мне греха нет, ведь Ленин, мой спаситель, взял на себя мой грех.»[36]

Даже коллективизация сельского хозяйства, проведенная Сталиным жесточайшими методами, и как ее следствие голод, унесший много миллионов жизней, не смогли поколебать тенденцию бесчисленных левых интеллектуалов к частичной самоидентификации с советским режимом. Артур Розенберг, в 1927 г. вынужденный выйти из КПГ из-за своих оппозиционных взглядов, писал в 1933 г.: «Когда ГПУ начало свои действия против кулаков, многие середняки полагали, что начнется преследование всего русского сельского населения. Однако Сталин и советское правительство никогда даже и в помыслах не имели идти войной против большинства русских крестьян.» Розенберг добавляет: «Снабжение продуктами питания ухудшилось. Но прямого голода нет.»[37]

Можно ли заключить из такого рода высказываний, что Розенберг не имел доступа к информации о действительном положении вещей в тогдашнем Советском Союзе? Вряд ли. Западные и русские социал-демократы, к примеру, часто сообщали об ужасах коллективизации. Можно с уверенностью предположить, что хотя бы часть этих сообщений была известна автору, одному из лучших знатоков рабочего движения. То, что он эти факты принимал к сведению лишь выборочно, говорит об идеологической ограниченности и узколобости, свойственной его анализу советской действительности.

Таким образом тоталитарным режимам шло на пользу то обстоятельство, что многие круги, отнюдь не безоговорочно солидаризировавшиеся с этими режимами, упорно продолжали мыслить по схеме «левое – правое», и рассматривали тоталитарные группировки, вопреки всем их

36   Wat, Aleksander: Jenseits von Wahrheit und Lüge. Frankfurt/M., 2000. С. 75 и сл.
37   Rosenberg, Arthur: Geschichte des Bolschewismus. Frankfurt/M., 1987. С. 243.

преступлениям, как своих единомышленников, как неотъемлемую часть революционного или же, наоборот, национального лагеря. Чтобы вырваться из этой схемы, особенно в 30-ые и 40-ые годы, когда конфликт между правым и левым тоталитаризмом достиг своего апогея, требовалось огромная сила самопреодоления. Лишь немногие были в ту пору способны на это. К этим немногим принадлежал Манес Шпербер, в 1937 г. – во время московских показательных процессов – отошедший от коммунизма. Он рассказывает о мучительных сомнениях, сопровождавших этот отход: «Из революции уходят через одну-единственную дверь – дверь, которая раскрывается в Ничто.»[38] Эта мучительная внутренняя борьба была не в последнюю очередь связана с тем, что любая критика генеральной линии партии воспринималась тогда изнутри коммунистического движения как косвенная поддержка фашизма. Как пишет Шпербер, сталинские пропагандисты провозгласили: «Тот, кто осмеливается критиковать коллективизацию, подавление оппозиции, ... московские процессы, тот выступает тем самым за Гитлера и против его жертв в Дахау, Ораниенбурге и Бухенвальде.»[39]

Перед аналогичной дилеммой стояли бывшие союзники Гитлера, когда они поняли, что НСДАП не обновляет, а разрушает страну. Многие ушли тогда во внутреннюю эмиграцию, и лишь немногие решились публично заявить о своем уходе из «национального коллектива». К этим немногим принадлежал Герман Раушнинг, который вскоре после вступления германских войск в Австрию, т.е. в период беспримерных внешнеполитических успехов Гитлера, настойчиво предупреждал своих соотечественников от продолжения начавшегося в 1933 году беснования.[40]

Пример Шпербера и Раушнинга показывает, что люди с тоталитарными убеждениями все-таки имеют шанс вырваться из тоталитарного тупика. Однако это возможно лишь в том случае, если они обладают достаточно тонким слухом, чтобы расслышать голос совести, который тоталитарная идеология пытается заглушить. Потому что совесть «старого», сформированного иудео-христианской этикой человека – вот главнейший противник тоталитаризма. На этом-то препятствии и споткнулись в

---

38 Sperber, Manés: Zur Analyse der Tyrannis. Wien, 1977. С. 15.
39 Там же. С. 12.
40 Rauschning, Hermann: Die Revolution des Nihilismus. Zürich, 1964.

конце концов тоталитарные режимы, еще примерно шестьдесят лет назад выдававшие себя за исторических победителей. 20-ый век, начавшийся беспримерным триумфальным шествием тоталитаризма в Европе, закончился его крушением. Но опыт тоталитаризма радикально изменил политический климат старого континента. Этот опыт показал, что падение в варварство возможно с любой высоты, что никакая нация не застрахована от него. Ведь и в тех странах, где тоталитарные партии не пришли к власти, имелись и до сих пор имеются многочисленные адепты тоталитарных идеологий. Люди с тоталитарными склонностями есть в любом обществе. Но для того, чтобы они переместились с периферии в центр власти, необходимы особенные исторические обстоятельства, как в России в 1917 и в Германии в 1933 году. Эти обстоятельства можно охарактеризовать как беспримерный внутренний развал демократической государственности. Потому что и первая русская, и первая немецкая демократия рухнули не из-за силы своих тоталитарных противников, но из-за слабости своей собственной воли. Пред лицом готовых к решительной борьбе противников у тоталитарных сил нет абсолютно никаких шансов. Наоборот, пред лицом слабости они проявляют исключительную жестокость. Рыцарское отношение, благородство по отношению к побежденным им совершенно чужды. Величайшие преступления как большевиков, так и национал-социалистов были совершены по отношению к беззащитным людям. Опыт показывает, таким образом, что только обороноспособная демократия может противостоять тоталитарным врагам открытого общества.

Перевод с немецкого Алексея Рыбакова

(Опубл. в «Вестнике Европы», 3, 2001.)

III.2 О двойственности сталинизма и национал-социализма

Режимы, установленные Сталиным и Гитлером, воплощавшие, по определению, неограниченный произвол, зависели в значительной степени и от политических способностей, и от настроений обоих диктаторов. Можно ли обнаружить, несмотря на это, определенную логику в функционировании этих режимов? Можно ли совместить произвол и «рациональность»? Этому вопросу посвящена данная статья.

В этой связи я хотел бы указать на двойственность, типичную для политического образа действий обоих диктаторов. Их захватывающие дух успехи были достигнуты не в последнюю очередь благодаря тому, что доктринерская и параноидальная картина мира соединялась у них со способностью действовать в духе Николо Макиавелли. Они были непредсказуемы и предсказуемы одновременно, чем запутывали и деморализовывали как противников, так и союзников.

Эта двойственность проходит красной нитью через деятельность обоих тиранов, на этом, в определенном смысле, базировалась вся логика их господства. Эта двуликость сталинизма и национал-социализма, их маятниковые движения между доктринерским и прагматичным полюсами, затрудняют для многих наблюдателей классификацию этих систем. Одни склоняются к переоценке оппортунистского, другие - догматического компонента в поведении обоих диктаторов и оставляют без внимания тот факт, что связь между этими двумя аспектами составляла суть режимов и обуславливала их беспрецедентные триумфы.

Лев Троцкий называл Сталина «термидорианцем»,[1] не осознав значения начатой в 1929 году сталинской «революции сверху». Ведь в противоположность Термидору при сталинизме речь ни в коем случае не шла о попытке положить конец утопической террористической фазе революции. Наоборот, именно Сталин довел террористическую линию развития русской революции до ее апогея.

---

1   Trotzki, Lev: 1, Sowjetgesellschaft und stalinistische Diktatur, Band 1 (1929-1936). Hrsg. von H.Dahmer, R.Segall, R.Tosstorff. Frankfurt/Main, 1988. C. 47-49, 227-229, 403-405, 581-583.

Исаак Дейчер, разделяющий, по существу, взгляды Троцкого на «термидорианский» характер сталинского режима, выдвигает тезис, более точно определяющий суть сталинской эпохи. Сталинский переворот был, по его мнению, еще более глубоким, чем октябрьский переворот 1917 года. Именно Сталин создал в России ситуацию, из которой возвращение к предреволюционным условиям стало невозможным.[2]

И действительно, только Сталину удалось осуществить основной постулат марксизма – ликвидацию частной собственности. В июле 1932-го, к моменту, когда задача экспроприации собственности у более чем 100 млн. русских крестьян была почти осуществлена, Сталин писал своим соратникам, Молотову и Кагановичу: «Капитализм не мог бы разбить феодализм, он не развился бы и не окреп, если бы не объявил принцип *частной* собственности *основой* капиталистического общества (...). *Социализм* не сможет добить и похоронить капиталистические элементы (...), если он не объявит *общественную* собственность (...) священной и *неприкосновенной*».[3]

Но Сталин осуществил не только основной постулат «Коммунистического манифеста», сформулированный Марксом и Энгельсом, - «уничтожение частной собственности». Также и воплощение ленинской мечты о создании дисциплинированной партии, которая действует, а не вечно дискутирует,[4] стало возможным только в сталинскую эпоху. Сам Ленин, несмотря на свою уверенность в необходимости партийной дисциплины, не был в состоянии превратить созданную им партию в монолит. Это удалось только Сталину, и именно к началу 30-х годов, в период коллективизации сельского хозяйства. Тип большевика меняется, писал в 1932 г. эмигрантский историк Георгий Федотов. Безусловное проведение «генеральной линии» стало для партийного руководства теперь гораздо важнее добровольного признания большевистских идей. Партийная дисциплина ценится выше, чем революционный идеализм.[5]

---

2   Deutscher, Isaac: Russia after Stalin with a postscript on the Beria affair. London, 1953. C. 97-98.

3   Сталин и Каганович. Переписка. 1931-1936 гг. М., 2001. C. 240-241.

4   См. Валентинов, Николай (Вольский): Встречи с Лениным. 2-е изд. Нью-Йорк, 1979. С. 252-54.

5   Федотов, Георгий: Правда побежденных // Современные записки 51, 1932. C. 360-385, зд.: C. 381-382.

За дисциплинированием партии последовало ее обезглавливание в 1936-38 гг., во время «большого террора». Радикально-непредсказуемый и параноидальный характер сталинского режима обнаруживается теперь с полной ясностью. Вопреки общераспространенному мнению, начавшаяся в 1936 г. кампания тотальных репрессий была в первую очередь направлена не на сведение счетов Сталина с его критиками, бывшими партийными оппозиционерами. Последние с конца 20-х годов больше не играли существенной политической роли. Борьба с ними являлась только маргинальным аспектом «Большого террора». В центре внимания диктатора была господствующая властная элита, которая состояла в своем преобладающем большинстве из убежденных сталинистов. Таким образом, сталинский режим потрясал собственную основу. Это было операцией беспрецедентного размаха, которую невозможно сравнивать даже с якобинским террором. Во Франции через 2 года после начала террора, 9-го Термидора 1794-го, удалось лишить власти тирана. В Советском Союзе же Термидор состоялся лишь после смерти деспота – на XX съезде КПСС.

Сталинская мания преследования распространялась, как правило, не только на его партийных соратников, но и на их семьи. Председатель Коминтерна Димитров цитирует в своем дневнике следующее высказывание Сталина от ноября 1937-го: «Мы уничтожим каждого из врагов, даже если он старый большевик, мы полностью уничтожим его род, его семью. Каждого, кто в своих действиях и в мыслях (именно так - *Л.Л.*) предпримет покушение на единство социалистического государства, мы уничтожим безжалостно».[6]

Сталин однако умел отделять свой радикально-доктринерский и непредсказуемый внутриполитический курс от внешней политики. Именно поэтому с середины 30-х годов Советский Союз стал самым главным сторонником политики коллективной безопасности в Европе. Тогда же и Коминтерн отказался от выдвинутой им в 1928 году саморазрушительной теории социал-фашизма и объявил о готовности сотрудничать со всеми силами, находящимися под угрозой ультраправых режимов и партий. Даже осуждаемая до этого времени «буржуазная демократия» была

---

6   Dimitroff, Georgi: Tagebücher 1933-1945. Hrsg. v. B.H. Bayerlein. Berlin, 2000. C. 162.

реабилитирована сталинским руководством. На VII конгрессе Коминтерна в июле 1935 г. Георгий Димитров объяснял: коммунисты не являются анархистами, им ни в коем случае не может быть безразлично, господствует ли в определенной стране «буржуазная» демократия или фашистская диктатура. Теперь коммунисты должны бороться за каждую крупицу демократии в капиталистических странах.[7]

От этого умеренного и прозападного курса Сталин отказался только после Мюнхенского соглашения, когда ему стало ясно, каких размеров достигло западная политика умиротворения (Appeasement) по отношению к Третьему рейху. Сталин не устоял перед иллюзией возможности компромисса с Гитлером. Иллюзии, от которой западные страны освободились уже в марте 1939-го - после оккупации Праги немецкими войсками. Западная политика соглашательства по отношению к Третьему рейху в 1934-38 гг. была продолжена в 1939-41 гг. на Востоке.

Осторожная и гибкая внешняя политика Сталина в 1934-41 гг. побудила некоторых авторов к переоценке прагматичного компонента в его поведении: «Сталин руководствовался в своей внешней политике не чувствами или идеологией», - писал недавно Габриель Городецкий и добавлял: «Политика Сталина представляется совершенно разумной и продуманной, беззастенчивой и реалистичной, служащей ясно очерченным геополитическим интересам».[8]

При такой стилизации политики Сталина под традиционалистскую политику царизма Городецкий оставляет без внимания тот факт, что компонент мировой революции из сталинской внешней политики никогда не исчезал. Он потерял, правда, свой приоритет по сравнению с ранне-большевистским периодом, но ни в коем случае не прекращал формировать советскую мировую политику. Несмотря на это, рискованная игра ва-банк была чужда внешнеполитическому образу действий Сталина. В этом его курс коренным образом отличался от курса Гитлера. Как исторические детерминисты коммунисты, в том числе и Сталин, были убеждены в том, что победа коммунизма в мировом масштабе и без того неизбежна. Они не должны были для этой победы всё ставить на одну кар-

7   VII Congress of the Communist International. Abridged Stenographic Report of
     Proceedings. Москва, 1939. С. 360-361, 368-370.
8   Gorodetsky, Gabriel: Die große Täuschung. Berlin, 2001. С. 403.

ту. Для Гитлера положение дел выглядело иначе. Он считал себя единственным политиком, который был в состоянии решить такие «грандиозные» задачи, как захват жизненного пространства на Востоке или объявленное им «окончательное решение еврейского вопроса». Гитлер не верил в достойных наследников.[9] Франк-Лотар Кроль пишет о его «финалистском» мышлении. По представлениям Гитлера, решительную борьбу между арийской и еврейской расами нужно вести до неизбежного конца: «Так или иначе будет достигнуто окончательное завершение всей прежней истории, представляемое не (...) как неопределенная возможность в туманном будущем. Завершение и конец были близки как никогда ранее и должны были произойти непосредственно еще при жизни Гитлера».[10]

Таким образом, Гитлер находился в постоянном цейтноте, что обуславливало непрерывную радикализацию его расовой и внешней политики. У этой радикализации имелась также и другая причина - тот факт, что национал-социалистский режим был, в отличие от большевистского, установлен не в результате насильственного свержения предыдущего режима, а вследствие компромисса с господствующими элитами. Национал-социалисты пытались завуалировать это обстоятельство. Передача власти интерпретировалась как «захват власти», была стилизована под «революцию». Между тем путь социальной революции из-за союза НСДАП с консервативной элитой в Германии был закрыт. Территориальная экспансия являлась, по сути, единственным вентилем для снятия накапливаемых напряжений.

Национал-социализм, будучи все более непредсказуемым в своей внешней политике, казался, несмотря на происходящие эксцессы, величиной, соблюдающей некоторые правила политической игры по отношению к консервативным союзникам внутри Германии. Логика гитлеровской системы коренным образом отличалась от сталинской. Национал-социализм был непредсказуем во внешней, но с определенной точки зрения предсказуем во внутренней политике для его консератив-

---

9   См. Domarus, Max: Hitler. Reden und Proklamationen 1932-1945. Wiesbaden, 1973. Т. 1. С. 745.

10 Kroll, Frank-Lothar: Geschichte und Politik im Weltbild Hitlers // Vierteljahrshefte für Zeitgeschichte 3, 1996. С. 327-353, зд.: С. 337.

ных партнеров по коалиции. В благодарность за победу над «второй» национал-социалистической революцией с ее «антикапиталистической» и антифеодальной направленностью, которую воплощал вождь СА Эрнст Рем, консервативный истеблишмент предоставил режиму налаженный и весьма эффективный военный, государственный и экономический аппарат. Это позволило Гитлеру в течение короткого времени достигнуть беспрецедентных внешнеполитических успехов. Несмотря на определенный скепсис по отношению к авантюрному курсу режима, сопротивление захватывало только небольшую часть консервативного истеблишмента. Такое положение вещей не меняли ни истребительная война на Востоке, ни Холокост. Таким образом, готовность к сопротивлению парализовывалась тем фактом, что цели консервативных союзников НСДАП, с некоторыми ограничениями, во многих пунктах совпадали с внешнеполитической программой Гитлера. Немецкий историк Манфред Мессершмит говорит в этой связи о «частичном тождестве целей».[11]

Чем ближе режим приближался к осуществлению своей расово-политической утопии, тем сильнее Гитлер воспринимал союз с консерваторами как оковы. И особенно после неудачного покушения 20 июля 1944 г. он говорил: «Мы ликвидировали классовую борьбу слева, но при этом, к сожалению, мы забыли довести до конца классовую борьбу справа».[12]

Несмотря на свои антифеодальные обиды, Гитлер не решился, однако, на сведение счетов со старой элитой на сталинский манер, хотя он и восхищался образом действий Сталина по отношению к советской элите и офицерскому корпусу. Решающий бой с аристократией должен подождать до тех пор, пока не окончится война, - говорил он сразу после 20 июля. Сейчас не время для раскола нации.[13]

Таким образом, гитлеровский режим, вопреки жестокой расправе с заговорщиками 20 июля и их семьями, сохранял даже в своей конечной фазе ту двойственность, которая была для него характерна с момента его возникновения.

---

11 Messerschmidt, Manfred: Die Wehrmacht im NS-Staat // Bracher, Karl-Dieter/Funke, Manfred/Jacobsen, Hans-Adolf (Hrsg.): Deutschland 1933-1945. Neue Studien zur nationalsozialistischen Herrschaft. Düsseldorf, 1992. С. 377-403.

12 Kershaw, Ian: Hitler 1936-1945. Stuttgart, 2000. С. 903.

13 Там же.

Сталинский режим тоже был вплоть до смерти диктатора двуликим. Советская внешняя политика оставалась осторожной и гибкой, несмотря на беспрецедентное распространение влияния Москвы вследствие полного крушения ее традиционных соперников - Германии и Японии. Тот факт, что конфликт между Западом и Востоком после 1945 г. принял форму «холодной», а не «горячей» войны, указывает на то, что сталинская система располагала в своей внешней политике гораздо более эффективными механизмами контроля, чем гитлеровский режим. Относительная стабильность на внешнеполитическом фланге давала советскому руководству возможность сконцентрировать внимание в первую очередь на внутреннем фронте, и проводить вместе с восточноевропейскими коммунистами революцию сверху, превратившую страны-сателлиты в этом регионе за короткое время в копии Советского Союза.

Только после начала войны в Корее Сталин, как казалось, потерял характерную для него внешнеполитическую гибкость и попытался во всем соцлагере создать атмосферу решающего боя. В начале октября 1950 он писал руководителю китайской Коммунистической партии Мао Дзе-дуну: «Конечно, я считался (...) с тем, что несмотря на свою неготовность к большой войне, США все же из-за престижа может втянуться в большую войну (...). Следует ли этого бояться? По-моему, не следует, так как мы вместе будем сильнее, чем США и Англия, а другие капиталистические европейские государства без Германии, которая не может сейчас оказать США какой-либо помощи, - не представляют серьезной военной силы. Если война неизбежна, то пусть она будет теперь, а не через несколько лет, когда японский милитаризм будет восстановлен как союзник США».[14]

А в октябре 1952 г. Сталин писал в газете «Правда»: «Чтобы устранить неизбежность войн, нужно уничтожить империализм».[15]

Но даже и тогда образ действий Сталина отличался очевидной двойственностью. Советский диктатор боялся прямо провоцировать США и вел в Корее войну в первую очередь с помощью так называемых

---

14 Оказать военную помощь корейским товарищам // Источник 1, 1999. С. 123-136, зд.: С. 133; см. также Волкогонов, Дмитрий: Семь вождей. Т. 1. М., 1995. С. 296; Торкунов, А.В.: Загадочная война. Корейский конфликт 1950-1953 годов. М., 2000. С. 116-117.

15 Сталин, И.В.: Сочинения. Т. 16. 1946-1952. М., 1997. С. 179.

«добровольцев» из Китая. Хотя, по расчетам Дмитрия Волкогонова, в этой войне принимали участие также тысячи советских армейских консультантов и пилотов. Однако многие носили корейскую или китайскую форму в целях маскировки, им было также строго запрещено появляться вблизи линии фронта, чтобы не попасть в плен.[16]

Таким образом, сталинская система, как и гитлеровский режим, сохраняла свою двуликость до самого конца, оставаясь верной своей логике.

Авторизованный перевод с немецкого Людмилы Блюменкранц

(Этот текст базируется на докладе, прочитанном в марте 2003 г. в рамках конференции «Сталин – предварительные итоги с немецкой точки зрения», Институт современной истории, Мюнхен. Немецкая версия статьи была опубликована в: Jürgen Zarusky (Hrsg.): Stalin und die Deutschen. Neue Beiträge der Forschung. München, 2006, С. 225-230.)

---

16   Волкогонов, Семь вождей. Т. 1. С. 299-300.

III.3 «Особые пути» - «пути в никуда»? – о крахе особых путей России и Германии в ХХ веке

ХХ столетие, окончившееся в Европе победоносным шествием либерально-демократической системы, начиналось с бунта против плюралистически устроенных обществ и отстаиваемых ими ценностей. В своем радикализме бунт этот превзошел все предшествующие волнения подобного рода. Германия и Россия образовали центр этого восстания против ценностей, которые принято ассоциировать с Западом. Конечно, необходимо иметь в виду, что этот бунт в Германии, с одной стороны, и в России с другой вдохновлялся диаметрально противоположными идеями. В Германии антизападное восстание было направлено в первую очередь против идеалов Французской революции, против так называемых «идей 1789 года». Этим идеалам противопостоял дух лета 1914 года. Казалось, что Германии удалось создать некую альтернативу западной модели: обновленное военной эйфорией 1914 года немецкое общество. В своем патриотическом воодушевлении немцы, словно бы преодолели все политические, конфессиональные, социальные и региональные конфликты. Расколотая прежде нация более «не знала никаких партий».

Несмотря на то, что Германия была частью западного мира, радикальная критика многих конститутивных для этого мира ценностей являлась традиционным элементом немецкой культурной истории. Гельмут Плесснер объясняет немецкий протест против Запада, достигший своей первой кульминации в 1914 году, среди прочего тем, что Германия «упустила» 17 век, эпоху, когда началось победное шествие просвещения и политического гуманизма. В немалой степени это «упущение» было виной тому, что Германия оказалась «опоздавшей» нацией превратившись в противника Запада и сформировавших Запад идей.[1]

Иначе обстояло дело в начале ХХ века в России. Здесь отталкивание от Запада вдохновлялось западными же идеями, прежде всего идея-

---

1   Plessner, Helmuth: Die verspätete Nation. Stuttgart, 1974.

ми 1789 года. В 1917 году казалось, что России суждено стать новым прибежищем идеалов 1789 года, идеалов, которые якобы предала западная буржуазия.

Во второй половине XIX и в начале XX веков Россия относилась к тем сравнительно немногим европейским странам, где непрерывно усиливались социальные конфликты. В Западной и в Центральной Европе они, напротив, утихали. Революционная эпоха там закончилась после неудавшейся революции 1848 года. Западные правительства, до 1848 года одержимые постоянным страхом перед призраком революции, теперь могли, наконец, вздохнуть спокойно. После событий 1848-49 годов в западном мире усилился процесс общественной интеграции и консолидации. При этом национализм служил объединяющей идеей, успешно отвлекавшей все более широкие слои общества от внутренних конфликтов.

Какой контраст с Россией! Сорок восьмой год практически не затронул страну, поэтому здесь не наступило и разочарование в революционной идее. В то время, как на Западе многие из прежних радикалов, стали все больше склоняться к национальной идее, в России становился все привлекательней революционный идеал. Любая критика этого идеала воспринималась радикально настроенной частью российских образованных кругов как предательство, писал в 1924 году русский философ Семен Франк. В предреволюционной России требовалось немалое гражданское мужество, чтобы открыто признаться в приверженности политике компромиссов.[2] Как утверждает историк Теодор Шидер, бескомпромиссность и абсолютизм революционных убеждений русской интеллигенции, на Западе были практически неизвестны.[3]

То, что после «неудавшейся революции» 1905 года впервые в истории России было введено разделение властей, что страна сделала громадный шаг к созданию правового государства, не произвело почти никакого впечатления на приверженцев радикальных социальных программ. Их интересовала не эволюция, а революция, решительное унич-

---

2   Франк, Семен: Крушение кумиров. Berlin, 1924. С. 15-16.
3   Schieder, Theodor: Das Problem der Revolution im 19. Jahrhundert // Schieder, Th.: Staat und Gesellschaft im Wandel unserer Zeit. Studien zur Geschichte des 19. und 20. Jahrhunderts. 2. Aufl. München, 1970. С. 11-57.

тожение старого общества, крах старого несовершенного мира и создание социального рая на земле. В сторонниках либеральной модели, понимавших политику как искусство возможного, социальные утописты видели наиболее опасных врагов, куда опаснее консерваторов, защитников *Ancien régime*. Либералы старались смягчить классовые противоречия и приглушить народный гнев. Этим они, по мнению леворадикальных критиков либерализма, в первую очередь большевиков, лишь способствовали продлению жизни обреченного на гибель порядка. Большевики играли на глубоко укорененном в народных слоях стремлении к социальной справедливости, прежде всего к социальному равенству. Российская этика – эгалитаристская и коллективистская, указывал в этой связи русский историк и философ Георгий Федотов; из всех форм справедливости равенство стоит для русских на первом месте.[4]

I.

После прихода к власти большевики пытались еще более обострить и без того острые социальные противоречия в стране, разжигая социальную ненависть: «Ни один еще вопрос классовой борьбы не решался в истории иначе, как насилием», проповедовал 11 января 1918 года Ленин на III Всероссийском съезде Советов. «Насилие, когда оно происходит со стороны трудящихся, эксплуатируемых масс против эксплуататоров, – да, мы за такое насилие! […] Да, мы начали и ведем войну против эксплуататоров. Чем прямее мы это скажем, тем скорее эта война кончится».[5]

Внедрить идею гражданской войны большевики пытались не только в городе, среди промышленных рабочих, но и в деревне. 20 мая 1918 года председатель Всероссийского Центрального Исполнительного Комитета Яков Свердлов провозгласил: «Только в том случае, если мы сможем расколоть деревню на два непримиримых враждебных лагеря, если мы сможем разжечь там ту же гражданскую войну, которая шла не так

4   Федотов, Георгий: Народ и власть // Вестник РСХД 94, 1969. С. 89.
5   Ленин: ПСС. М., 1958-1965. Т. 35. С. 265, 268.

давно в городах, [...] только в том случае мы сможем сказать, что мы и по отношению к деревне сделаем то, что смогли сделать для городов».[6]

Большевики были уверены, что им удастся мгновенно преодолеть буржуазные порядки и построить новое, никогда еще не существовавшее общество. Троцкий в своих воспоминаниях рассказывает, что Ленин в первое время после прихода большевиков к власти неоднократно заявлял: «Через полгода у нас будет социализм, и мы станем сильнейшим государством на земле».[7] Подобно Марксу и Энгельсу, Ленин искренне восхищался эффективностью капиталистической системы. Созданные этой системой структуры (Ленин называл их аппаратами) основатель большевистской партии считал своего рода нейтральными объектами, вполне пригодными для использования и в «социалистическом государстве». Незадолго до захвата большевиками власти Ленин писал:»(Этот аппарат) надо вырвать из подчинения капиталистам ... Его надо подчинить пролетарским Советам. ... Крупные банки есть тот «государственный аппарат», который нам нужен для осуществления социализма и который мы берем готовым у капитализма, причем нашей задачей является здесь лишь отсечь то, что *капиталистически уродует* этот превосходный аппарат.»[8]

Декретом от 14.12.1917 о национализации банков и учреждении Госбанка этот замысел Ленина большевики начали претворять в жизнь.

К 28 июня 1918 года все крупные предприятия были национализированы, 21 ноября правительство национализировало практически всю внутреннюю торговлю. Контролируемое государством распределение товаров должно было заменить рынок, который для ортодоксальных марксистов всегда был бельмом на глазу. Левобольшевистский экономист Осинский писал осенью 1918 года: «Рынок – это очаг заразы, из которого постоянно просачиваются возбудители болезни капитализма. Контроль над механизмом общественного обмена сделает невозмож-

6   Цит. по Наше отечество. Опыт политической истории. М., 1991. Т. 2. С. 49.
7   Trockij, Lev: Über Lenin. Material für einen Biographen. Frankfurt/Main, 1964. С. 106.
8   Ленин, ПСС. Т. 34. С. 107.

ным спекуляцию, накопление нового капитала, возникновение новых частных собственников».[9]

Таким образом, все более усиливающаяся с середины 1918 года экономическая диктатура отнюдь не была всего лишь временной мерой. Партия не просто реагировала на крах механизмов снабжения, но и активно действовала сама. Распад прежних структур понимался как шанс сформировать новые структуры согласно собственным идеологическим представлениям.

Наряду с упразднением рынка и последовательным обесцениванием денег, следующим элементом созданной большевиками с середины 1918 года и достраивавшейся в последующие годы системы, которая позже получила наименование «военного коммунизма», являлась всеобщая трудовая повинность.

О всеобщей трудовой повинности Ленин грезил еще до коммунистического переворота. В работе «Удержат ли большевики государственную власть?», датируемой октябрем 1917 года, он писал: «Кто не работает, тот не должен есть» – вот основное, первейшее и главнейшее правило, которое […] введут Советы рабочих депутатов, когда они станут властью».[10]

Этот постулат большевики начали осуществлять уже вскоре после захвата власти. В «трудовом законе» от 10.12.1918 всем гражданкам и гражданам в возрасте от 16 до 50 лет вменялась в обязанность «трудовая повинность».

Многие усматривают в военном коммунизме определенное сходство с немецкой военной экономикой времен первой Мировой войны. Большевики сами неоднократно утверждали, что на создание системы военного коммунизма их вдохновил немецкий опыт. В действительности между обеими системами существовали кардинальные качественные различия. В случае немецкой военной экономики речь шла о чрезвычайном положении в рамках существующей «капиталистической» системы. Военный коммунизм, напротив, подрывал эту систему и служил ее альтернативой. Военная экономика Германии характеризовалась контролем

---

9   Pipes, Die Russische Revolution. Band 2. C. 572.
10   Ленин, ПСС. Т. 34. C. 311.

над рынком и частной собственностью, тогда как военный коммунизм упразднил их. Тем самым оказались парализованы важнейшие движущие силы экономики. Будучи ортодоксальными марксистами, большевики, конечно, не уставали говорить о примате экономики, но на деле экономика в системе военного коммунизма всецело зависела от государства, т. е. от политики – экономика была не более, чем придатком политики. Этой сменой приоритетов большевики положили начало одному из глубочайших переворотов в новой истории – едва ли не самому радикальному бунту против либеральной модели общества.

II.

Но и в Германии того времени борьба с либеральными ценностями, точнее говоря, с демократическим парламентаризмом обострилась до предела. После поражения якобы «не побежденной на поле боя» нации в первой Мировой войне правые все настойчивей демонизировали победителей, так и отстаиваемые ими демократические ценности.

Суровость Версальского договора, по своему характеру, кстати, не слишком сильно отличавшегося от заключенного немцами победоносного мира на востоке в марте 1918 года (Брест-Литовский мир), поборники национального реванша считали вполне достаточным основанием для того, чтобы смести существующий европейский уклад. Оскорбленное национальное самолюбие стало господствующим мотивом их образа мыслей, определяло их тактику.[11]

Заимствованный у Запада либерализм был провозглашен сторонниками Консервативной революции и других националистических группировок смертельным врагом немцев. Западные государства, неспособные одолеть немцев на поле брани, говорили они, пытаются сделать это путем революционной и либерально-пацифистской пропаганды. И наивные немцы позволили отравить себя этим ядом.[12]

Поборники Консервативной революции в своей критике парламентской демократии и либерализма основывались на традиционно консер-

---

11   См. Moeller van den Bruck: Das dritte Reich. Hamburg, 1931. С. 71 и сл.
12   Там же. С. 69 и далее.

вативных представлениях и клеймили либерализм как жизнеразрушающую силу. Он якобы разрушает органические связи в обществе и разжигает низменные, эгоистические инстинкты. Не служение общему делу, а собственным интересам – вот к чему зовет либерализм. Карл Шмитт вообще отказывался признать Веймарскую республику государством. В ней, утверждал Шмитт, отдельные сегменты общества (партии, объединения и т.п.) захватили власть, которую используют исключительно в собственных интересах. Государство как олицетворение общенациональных задач упразднено. Главной и неустранимой слабостью так называемого законодательного государства, эти критики считали мнимую неспособность такого государства принимать решения, справляться с реальной опасностью. В законодательном государстве властвуют не люди, не правители, а буква закона, сетовал Карл Шмитт. Исходное понятие господства, согласно Шмитту, стало недействительным, подменено абстрактными нормами.[13] Последователь Шмитта Эрнст Форстхофф вторил учителю: честь и достоинство – личные понятия; правовое государство, которое сводит на нет все личное, лишено достоинства и чести.[14]

Так зародилась в кругах консервативных революционеров тоска по настоящему властителю, по «цезарю». Харизматический вождь, чье появление предсказывали крупные европейские мыслители на рубеже XIX-XX в., одни с беспокойством, другие – с надеждой, должен был сбросить власть безликих учреждений, заменив ее диктатом персонифицированной воли.

Грезы консервативных революционеров о национальной диктатуре, об упразднении либерального государства «без чести и достоинства», о Германии, готовой к войне, грезящей о безграничной экспансии, вплоть до господства над миром, их тоска по сильной руке, по завершающей историю «третьей империи» закономерно должны были воплотиться в фактически установленный 30 января 1933 года Третий рейх. Победы НСДАП на выборах в парламент в начале 30-х годов вызвали ликование

---

13   Schmitt, Carl: Legalität und Legitimität. München/Leipzig, 1932; его же: Der Hüter der Verfassung. Tübingen, 1931; его же: Der Begriff des Politischen. 4. erw. Aufl. Berlin, 1963.

14   Forsthoff, Ernst: Der totale Staat. Hamburg, 1933. С.13 и 20.

у большинства консервативных революционеров. К немногочисленным скептикам относились Эрнст Никиш вместе со своей группой «Сопротивление» и Эвальд фон Клейст-Шменцин. В элитарных кругах Консервативной революции иронизировали, правда, над плебейским характером национал-социалистического движения, да и косо посматривали на попытку Гитлера захватить власть не революционными, а легальными парламентскими средствами; но это были малосущественные детали. В глазах большинства радикальных критиков веймарской демократии, принадлежавших консервативно-революционному либо правому лагерю, взлет НСДАП означал конец ненавистной им либеральной эпохи и начало национального возрождения. Вот почему в первое время после образования Третьего рейха они относились к новому государству – не без основания - как к собственному детищу. Но это была история с учеником чародея. Лишь постепенно им стало ясно, каких демонов они растревожили. Утрата иллюзий приняла весьма широкие масштабы.[15]

III.

Борьба с либеральными моделями развития достигла кульминации к началу тридцатых годов и в Советской России. После победы в гражданской войне большевикам пришлось отказаться от попытки немедленно воплотить в жизнь коммунистическую утопию. Мятежи против системы военного коммунизма приобрели в то время масштабы чуть ли не новой гражданской войны. Последним предупреждением для большевиков стало восстание кронштадских матросов. Еще в дни восстания Ленин заявил, что диктаторские меры в экономике были обоснованными только во время гражданской войны. Теперь война окончилась и продолжение этой политики более не оправдано: «Пока мы не переделали (крестьянство), пока крупная машина его не переделала, надо обеспечить ему возможность свободы хозяйничать».[16]

---

15 См. Kuhn, Helmut: Das geistige Gesicht der Weimarer Zeit // Zeitschrift für Politik 8, 1961. С. 4.
16 Ленин, ПСС. Т. 43. С. 29.

Была провозглашена новая экономическая политика. Объекты ненависти ортодоксальных марксистов – частная собственность и свободный рынок – были частично реабилитированы.

Итак намерение осуществить общественную утопию с первого раза не удалось. Однако, эта утопическая идея отнюдь не перестала вдохновлять партию. Победив в гражданской войне, большевики осуществили только политическую часть своей программы – теперь партия обладала неограниченной монополией власти в государстве. Но в стране, где огромное большинство населения составляли крестьяне эта всевластная партия представляла собой не более чем кучку людей. Не существовало сколько нибудь значительного социального слоя, на который партия могла бы опереться. Большевики же мечтали о приумножении и укреплении класса, от имени которого они правили и о возобновлении «социалистического наступления», приостановленного в 1921 году. Особенно после крушения надежд на всемирную революцию, в частности после так называемого немецкого Октября 1923 года, партии требовались новые масштабные задачи.

Пробил час Сталина. Нереальной мечте о мировой революции Сталин противопоставил реалистическую на первый взгляд концепцию «построения социализма в одной отдельно взятой стране». Выяснилось, что за «мягкие» годы НЭПа большевизм отнюдь не растерял своей воинственности. Его волюнтаристски-утопический потенциал в двадцатые годы не был израсходован. Именно к этому потенциалу теперь апеллировал Сталин. Большевистское руководство вновь попыталось посредством массового террора подогнать под свою доктрину социальную действительность. На этот раз, однако, у крестьян решили отнять не только продукты их труда, но и всю их собственность. Так был аннулирован один из важнейших результатов большевистской революции – радикальная земельная реформа 1917 года. Георгий Федотов говорил в 1930 году: то, что ныне происходит в России, – не продолжение Октябрьской революции, а новая революция, цель которой отменить провозглашенную в Октябре земельную реформу.[17]

---

17 Федотов, Георгий: Проблемы будущей России // Современные записки 43, 1930.
    С. 406-437.

Сопротивление крестьян было отчаянным. Но в противостоянии тоталитарному государству, где господствующая верхушка сосредоточила в своих руках не знавшую прецедентов власть, у них не было шансов на успех. Задача, которая многим казалась неосуществимой, – экспроприация ста с лишним миллионов крестьян – была выполнена.

Несмотря на скрытое и явное сопротивление крестьян, внутри большевистской партии преобладали сторонники «революционной атаки» на деревню. Эта атака должна была раз и навсегда покончить с непопулярной в партии новой экономической политикой. Революционная лихорадка охватила широкие партийные круги, для которых коллективизация и тесно связанная с ней программа индустриализации были как бы возвращением к романтической эпохе революционных экспериментов и социальных грез – к военному коммунизму. Частная собственность и свободный рынок в Советском Союзе в результате сталинской революции были в значительной мере упразднены. Теперь режим мог безраздельно распоряжаться всем экономическим потенциалом страны, ее материальными и человеческими ресурсами. Именно это, а не чаемое повышение урожайности, стало реальным итогом коллективизации. Только теперь могли развернуться фанатики централизованной плановой экономики. С крайне непростым сосуществованием государственного и частного экономических секторов, повлекшим за собой множество конфликтов, было покончено. Свободное развитие экономических сил, выглядевшее в глазах марксистов как воплощение хаоса, было остановлено суровой государственной регламентацией. Казалось, наступила новая эра. Она завораживала не только сталинистов.

Не следует забывать, что примерно в это же время на Западе разразился мировой экономический кризис, значительно поколебавший веру в способность либеральной экономической системы к саморегулированию. Возросло число приверженцев централизованных экономических методов.

Такое неожиданное сближение со сталинизмом можно было наблюдать прежде всего в лагере марксистских критиков Сталина. То, что почти все средства производства в СССР отныне находились в руках государства, эти люди безоговорочно приветствовали. Типичным можно считать высказывание Троцкого, одного из самых острых критиков сталинистской системы. В 1936 году он писал:

«Крушение советского режима неминуемо привело бы к крушению планового хозяйства и, тем самым, к упразднению государственной собственности. [...] Падение нынешней бюрократической диктатуры [диктатуры Сталина – Л.Л.], без замены ее новой социалистической властью, означало бы, таким образом, возврат к капиталистическим отношениям, при катастрофическом упадке хозяйства и культуры».[18]

Национализация средств производства и коллективизация сельского хозяйства были безоговорочно поддержаны и другими критиками Сталина в левом лагере. Оценка, данная этим процессам бывшим членом левой оппозиции в КПГ Артуром Розенбергом, была крайне апологетической. В своей «Истории большевизма» (1933) он разъяснял: «Когда ГПУ набросилось на кулаков, многие крестьяне полагали, что вслед за этим начнется тотальное преследование русского сельского населения.   Но Сталин и Советское правительство никогда, даже в самых отдаленных мыслях, не планировали вести войну против массы российских крестьян».[19]

Допустимо ли заключить на основании таких высказываний, что Розенберг не имел доступа к информации о тогдашнем положении в Советском Союзе? Едва ли. В начале 30-х годов как западные, так и русские социал-демократы неоднократно и подробно сообщали об ужасах коллективизации. Розенбергу, одному из лучших знатоков рабочего движения, была, конечно, известна по крайней мере часть этих сообщений. То, что он воспринимал эти данные селективно, свидетельствует об идеологической узколобости.

Бесчеловечность, с которой проводилась коллективизация, не могла коснуться одних лишь крестьян, – она неизбежно должна была распространиться и на другие слои населения. Ближайшей жертвой коллективизации стали те, кто сыграл в ее осуществлении решающую роль.

---

18   Trockij, Lev: Die verratene Revolution. Zürich, 1958. C. 244.
19   Rosenberg, Arthur: Geschichte des Bolschewismus. Frankfurt/Main, 1987. C. 243.

IV.

Частичная идентификация троцкистов и других оппозиционных левых сил со сталинизмом напоминает еще об одном трагическом недоразумении того времени – о частичном отождествлении немецких консерваторов с целями Гитлера при одновременном скепсисе относительно методов, какими Гитлер пытался достичь этих целей. Упразднение Веймарской демократии и отмена ограничений, наложенных Версальским договором, большинство немецких консерваторов считало выдающимся успехом Гитлера. Заключение инакомыслящих в концентрационные лагеря и превращение евреев в людей второго сорта рассматривались как вынужденные издержки. Тенденция тоталитарного режима ко все большей радикализации, таящаяся в нем угроза в конечном итоге обратиться и против тех, кто его поддерживал, даже против его основателей, недооценивалась ни в Германии, ни в Советском Союзе.

Головокружительные успехи Гитлера и Сталина были обусловлены таким образом отнюдь не только фанатической преданностью соратников, но и близорукостью их союзников: в первом случае – немецких консерваторов, во втором – старых большевиков. И те, и другие, вопреки собственным опасениям, считали деспотов своими единомышленниками. Военный историк Манфред Мессершмидт указывал в этой связи на «частичное совпадение целей».[20] В 1933 году НСДАП пришла к власти в большой мере благодаря временному компромиссу с консервативными группировками, этот компромисс должен был быть оплачен. Захватив власть Гитлер отказался от радикальных экономических и социальных перемен и обуздал социал-радикальное крыло своего движения, которое помышляло о «второй революции» (Эрнст Рем и другие). Но так как новый общественный переворот был для национал-социалистической «революции», исключен, единственным вентилем, способным дать выход напряжению, оказалась не знающая предела территориальная экспансия вовне. Чтобы не подвергать опасности якобы гарантированное Гитлером внутриполитическое равновесие сил, его консервативные партнеры, за немногими исключениями, воздерживались от решительного со-

---

20   Messerschmidt, Manfred: Die Wehrmacht im NS-Staat // Bracher, Karl Dieter / Funke, Manfred / Jacobsen, Klaus-Adolf (Hrsg.): Deutschland 1933-1945. Neue Studien zur nationalsozialistischen Herrschaft. Düsseldorf, 1992. С. 377-403.

противления рискованным шагам Гитлера на внешнеполитической сцене.

Отмеченное Мессершмидтом «частичное совпадение целей» не ограничивалось политикой. Многие представители консервативной элиты усвоили нацистскую идеологию и даже взяли на вооружение гитлеровскую риторику – несмотря на то, что, к примеру, национал-социалистическая расовая теория в значительной мере выхолащивала такие центральные для национал-консервативных сил понятия, как «нация» и «государство». Это обстоятельство еще в 1931 году тонко подметил немецко-русский социал демократ Александр Шифрин. Он писал, что понятие расы подрывает понятие нации и государства – в результате государство превращается в исполнительный орган для сохранения и укрепления расы.[21]

Война против Советского Союза сознательно планировалась Гитлером как война нового типа - как мировоззренческая война на уничтожение.[22] Но и это не вызвало сколько нибудь решительного протеста у консервативных союзников Гитлера. Хуже того, аргументы «фюрера» увлекли даже некоторых генералов. Так, например, командующий 6 армией генерал-фельдмаршал Рейхенау заявил: «Солдат на Востоке – не только боец по правилам военного искусства, но и носитель непреклонной народной идеи и мститель за все зверства, совершенные против немцев и родственных им народов. Поэтому солдат должен полностью осознавать необходимость жестокого, но справедливого наказания еврейских представителей низшей расы».[23]

Сопротивление задуманной Гитлером новой форме войны, не признающей никаких ранее принятых этических и военных норм, было оказано лишь немногими представителями традиционных немецких элит.

---

21 Schifrin, Alexander: Gedankenschatz des Hakenkreuzes // Die Gesellschaft 2, 1931. С. 114-115. 40 годами позже к аналогичному выводу пришел американский советолог Такер. Он охарактеризовал национал-социалистов как «фарисеев национализма» (Tucker, Robert C.: On revolutionary mass-movement Regimes // The Soviet political Mind. Stalinism and post-Stalin Change. New York, 1971. С. 16); ср. также Buchheim, Hans: Das Dritte Reich. Grundlagen und politische Entwicklung. München, 1958. С. 57 и сл.

22 См., в частности, Boog, Horst/Forster, Jürgen/Hoffmann, Joachim/Klink, Ernst/Müller, Rolf-Dieter/Ueberschär, Gerd R.: Der Angriff auf die Sowjetunion. Frankfurt/Main, 1996.

23 Там же. С. 1246.

Большинство консерваторов в сущности смирилось со всем этим. Английский историк Алан Баллок указывает что генеральный штаб, обычно столь самоуверенный, в годы второй Мировой войны практически превратился в послушный инструмент режима.[24]

V.

Но и принимавший все более радикальные формы сталинский террор, который с 1936 года обрушился и на старую большевистскую гвардию, не встретил сколько-нибудь серьезного сопротивления со стороны прежних соратников Сталина.

Существенной чертой сталинистской системы было то, что ее создатель не доверял не только контролируемым – подчиненному обществу, – но и самим контролерам – всевластному партаппарату. Отсюда и кампания по уничтожению коммунистической элиты, которая была подлинным базисом этой системы. Сталин, судя по всему, считал свой режим стабильным и надежным лишь при условии, когда никто из власть имущих, не мог чувствовать себя уверенно.

Об организованном сопротивлении тирану со стороны партийной олигархии не могло быть и речи. Большевики, ставшие жервами Сталина, как правило, считали себя связанными возникшим в ленинские времена «большевистским кодексом чести». Этот кодекс запрещал применять насилие по отношению к противникам внутри партии. Правда Ленин характеризовал диктатуру пролетариата как ничем не ограниченную, не связанную никакими законами и никакими правилами власть. Внутри партии, однако, большевики, в ленинский период соблюдали определенные правила игры. При всей своей исключительной жесткости, внутрипартийная дискуссия как правило не выходила за рамки словесных баталий. Большинство большевиков осталось верным этой традиции и во время Большого террора. Отступление от «большевистского кодекса чести» они и теперь считали недопустимым – в то время как для Сталина в борьбе с партийными соратниками не существовало никаких табу. Троцкистка Сафонова, случайно пережившая террор тридцатых годов,

---

24   Bullock, Alan: Hitler. Eine Studie über Tyrannei. Düsseldorf, 1977. С. 659 и сл.

вспоминала: «Мы отрицали террор как принцип, не предпринимали ни единой попытки [террора в борьбе против Сталина]».[25]

Эта позиция удивительным образом напоминает позицию старой немецкой элиты по отношению к Гитлеру. Большинство немецких консерваторов не допускало использование насилия против гитлеровской тирании: как и старые большевики в Советской России они ссылались на «кодекс чести» – для них это была клятва верности «вождю немецкого рейха и народа». Вдобавок борьба против режима парализовалась страхом перед анархией и коммунизмом. В свою очередь большевистские критики Сталина отказывались от применения насилия не в последнюю очередь из страха перед реставрацией капитализма. Для Сталина и Гитлера не были тайной моральные табу оппонентов. Биограф Гитлера Конрад Хайден пишет, что Гитлер знал своих противников лучше, чем они сами, внимательно наблюдал за ними и отлично умел использовать чужие слабости.[26] Эти слова Хайдена вполне применимы и к Сталину.

VI.

Трагическая участь большевиков, ставших жертвами Большого террора, не снимает с них ответственность за сталинский деспотизм. Путем насилия они собирались построить социалистический рай на земле. Вместо рая они создали систему, которую российский философ Бутенко в годы горбачевской перестройки охарактеризовал как «ад на земле». И такое развитие событий отнюдь не было чем то непредсказуемым. Террор породил террор и «революция пожрала своих детей».

Так революционный идеал, которому радикальная русская интеллигенция беззаветно служила на протяжении целого столетия, был дезавуирован именно тем политиком, который, по мнению огромной массы коммунистов, не исключая многих прежних скептиков и критиков, был «величайшим стратегом революционной борьбы» и «олицетворением партийной воли и разума» - Иосифом Сталиным.

25 Феофанов, Юрий: Мы думали, что так надо // Неделя 41, 1988. С.11.
26 Heiden, Konrad: Adolf Hitler. Band 2. Ein Mann gegen Europa. Zürich, 1937. С. 266.

«Вождь немецкого рейха и народа», в котором многие из соотечественников видели величайшего немца в истории, со своей стороны дезавуировал социал-дарвинистские идеи, обнажил античеловеческую суть расовой теории.

Разумеется, вера в революцию с одной стороны и в социал-дарвинистские идеи о праве сильного с другой – не являются типично русским или немецким феноменами. Однако именно русские провозвестники революционной идеи и немецкие поборники расистско-национальной идеи сумели, каковы бы ни были причины этого успеха, одержать полную победу в своих странах. Все альтернативные политические модели были сметены вместе с приверженцами этих моделей. Это открыло дорогу режиму произвола. Такой режим не останавливается ни перед чем.

Национал-социалистический режим достиг вершины своей радикальности незадолго до своего краха. Почитатель Рихарда Вагнера Гитлер пытался инсценировать гибель Третьего рейха как «сумерки богов». Гитлер считал себя и «новый порядок» апогеем немецкой истории. С его смертью должна была завершиться и немецкая история. В марте 1945 года Гитлер заявил в беседе с министром вооружений Шпеером:

«Если будет проиграна война, исчезнет и немецкий народ. Нет необходимости сохранять основы, которые нужны немецкому народу для продолжения примитивного существования. Напротив, лучше уничтожить сами эти основы. Ибо народ проявил свою слабость и будущее исключительно принадлежит более сильному восточному народу. Все, что останется после этой битвы, и без того неполноценно, ибо все наиболее ценные представители нации погибли на фронте».[27]

Так крах немецкого особого пути, сопротивления западным идеям открытого общества, правового государства и суверенности человеческой личности ознаменовался беспримерным саморазрушением.

Можно назвать своего рода парадоксом тот факт, что самая стабильная в истории Германии демократия была создана после величайшей катастрофы в истории страны. Однако оба эти явления тесно связаны друг с другом. Так как Германия в 1945 была совершенно разгромле-

---

27   Цит. по Thamer, Hans-Ulrich: Verführung und Gewalt. Deutschland 1933-1945. Berlin, 1986. C. 760.

на, здесь не мог, в отличие от 1918 года появиться миф о «непобежденной на поле боя нации», у которой, якобы, в последнюю минуту была украдена победа. После разгрома третьего рейха не возникла в Германии, в отличие от эпохи после Первой мировой войны также и зловещая легенда об «ударе ножом в спину», так как оппозиционные группировки, которые, согласно авторам этой легенды в 1918, якобы, предали страну, в 1945 не существовали. Они были разгромлены нацистами уже в 1933 году, сразу же после их прихода к власти. В 1945 году никто также, в отличие от 1918 года не сомневался в том, кто является главным виновником войны. Берлинский историк Генрих Август Винклер пишет: «Тот факт, что главная ответственность за войну лежит на руководстве Третьего Рейха был так очевиден, что легенды о якобы ни в чем не виноватой Германии не могли охватить массы».[28]

Таким образом вторая немецкая демократия могла развиваться без балласта мифов и легенд, которые в свое время отравляли политическую культуру Веймарской демократии и привели в конечном итоге к ее уничтожению.

Главным уроком, который создатели второй немецкой демократии извлекли из поражения первой заключался в их выводе, что демократия должна уметь себя защищать. Член парламентского Совета, который разрабатывал Основной Закон будущей демократической Германии, социал-демократ Карло Шмидт, говорил в сентябре 1948 года о нетерпимости, которую демократия должна проявлять по отношению к тем, кто использует демократические свободы для того, чтобы уничтожить демократию, а коллега Шмидта из партии ХСС, Швальбер, критиковал Веймарскую конституцию за то, что она врагам свободы давала чуть ли не больше свобод, чем ее защитникам, что в конце концом и привело к уничтожению немецкой демократии легальным путем.[29]

Стоит здесь вспомнить слова русского философа Федора Степуна, эмигрировавшего в 1922 в Германию, который уже в 1934 году, будучи свидетелем уничтожения Веймарской республики, пришел к тем же выводам, которые сформулировали 14 лет спустя «отцы» немецкого «Ос-

---

28   Winkler, Der lange Weg nach Westen. Band. 2. C. 122.
29   Там же. С. 132-133.

нового Закона». Степун писал: «Демократия ... должна быть лишь *демократией для демократов*. Против ханжества своих врагов ей приличествуют все формы действенной самообороны. Нельзя забывать, что демократия обязана защищать не только свободу мнения, но и *власть свободы*. Если эта власть не защитима словом, то ее надо защищать мечом. Это, по нашему времени положения элементарные и очевидные».[30]

После смерти Сталина выяснилось, что не только национал-социалистическая, но и сталинская система была тесно связана с личностью вождя и пережить его у нее не так много шансов. Буквально через несколько дней после смерти диктатора его ближайшие соратники, «послушные исполнители», приступили к постепенному, робкому демонтажу сталинской системы. Спустя месяц после кончины диктатора не кто иной, как многолетний руководитель сталинских органов террора Берия выступил против применения органами госбезопасности «изуверских методов допроса» и запретил пытки. Осуждению подвергся не только произвол органов террора, но и культ личности вождя. На пленуме ЦК в июле 1953г. глава советского правительства Маленков говорил: «Вы должны знать, товарищи, что культ личности т. Сталина в повседневной практике руководства принял болезненные формы и размеры. Методы коллективности в работе были отброшены, критика и самокритика в нашем высшем звене руководства вовсе отсутствовали. Мы не имеем права скрывать от вас, что такой уродливый культ личности привел к безапелляционности единоличных решений и в последние годы стал наносить серьезный ущерб делу руководства партией и страной».[31]

XX съезд КПСС в феврале 1956 года, на котором произошло «посмертное свержение тирана», положил начало процессу, который, несмотря на все попытки реставрации спохватившейся верхушки, уже нельзя было остановить. Этот процесс вел к постепенному отходу страны от революционного, классово-антагонистического особого пути, на который она вступила в 1917 году. Часть российской общественности дистанцировалась от господствующей с 1917 года этики классовой борьбы и повернулась лицом к универсальным ценностям, таким как права

30   Степун, Ф.А.: Сочинения. М., 2000. С. 501.
31   Цит. по Правда, 3.1.1991. С. 5.

человека. Это в первую очередь относится к сформированному в шестидесятые годы правозащитному движению. Конечно, это движение не сумело оказать влияния на широкие слои населения, оно осталось изолированным даже в среде самой интеллигенции. Тем не менее, правозащитникам удалось основательно изменить политическую культуру в СССР. В несвободной стране они действовали, по словам одного из ведущих диссидентов Андрея Амальрика, как свободные люди. Они снова ввели в обиход такое запрещенное понятие, как «оппозиция».[32] Единоборство маленькой группы советских правозащитников с автократическим государством на первый взгляд напоминает противостояние революционой российской интеллигенции российскому самодержавию в XIX – начале XX веков. Однако многие правозащитники сознательно дистанцировались от своих предполагаемых предшественников, во всяком случае, от их идеологии. Представители правозащитного движения отвергали типичную для старой интеллигенции идеализацию революции, и отказались от методов насильственного достижения «благих целей». В отличие от прежней революционной интеллигенции они стремились не к построению земного рая, но к восстановлению действующих во всем цивилизованном мире общечеловеческих норм и ценностей. Напрямую достичь своих целей им не удалось, все их организационные структуры были разгромлены к концу семидесятых – началу восьмидесятых годов. И все же они победили. Об этом свидетельствует то, что провозглашенное Горбачевым «новое мышление» во многих пунктах – осознанно или нет – опиралось на разработанные правозащитниками принципы. Тем самым Генеральный секретарь ЦК КПСС невольно совершил одно из крупнейших преобразований в истории XX века. Ибо «мораль классовой борьбы», сердцевина коммунистической идеологии, никак не согласовалась с декларируемым Горбачевым «приоритетом общечеловеческих ценностей».[33] Господствующая прежде коммунистическая иерархия ценностей была расшатана, а вместе с ней и весь политический фундамент

32   Amalrik, Andrej: Aufzeichnungen eines Revolutionärs. Berlin, 1983. С. 44-52.
33   Горбачев, Михаил: Перестройка и новое мышление. Москва, 1987. С. 149.

прежнего государственного строя. Начался постепенный «возврат России в Европу» – с многочисленными отступлениями, тернистый путь страны к «открытому обществу».

Авторизованный перевод с немецкого Дмитрия Атласа

III.4 «Веймарская Россия?» – заметки об одном спорном понятии

Все аналогии «хромают». Это правило касается и сравнения между постсоветской Россией и веймарской Германией, которое пустил в обиход в начале 90-х годов Александр Янов. Но несмотря на это между двумя государственными образованиями видны поразительные сходства, на которые я хотел бы указать в первой части статьи. Во второй части я перейду к различиям.

I. Аналогии между веймарской республикой и постсоветской Россией

1. Легенда о «внутреннем враге»

Политическую культуру веймарской республики с самого ее возникновения отравляла легенда об „ударе ножом в спину". Сочинили ее представители господствующих кругов, которые в годы первой мировой войны диктаторски правили страной и после неудачи весеннего наступления 1918 г. прекрасно понимали, что военная мощь Германии полностью исчерпалась, что без немедленного прекращения военных действий страну ожидает катастрофа. Но чтобы не нести ответственности за поражение, правящая верхушка передала власть бессильному до сих пор рейхстагу. Таким образом произошла не завоеванная снизу, а подаренная сверху парламентаризация страны.[1]

---

1   Gurian, Walter: Um des Reiches Zukunft. Freiburg, 1932.; Nipperdey, Thomas: Deutsche Geschichte 1866-1918. Zweiter Band. Machtstaat vor der Demokratie. München, 1992. C. 858-876; Winkler, Heinrich August: Der lange Weg nach Westen. Erster Band. Deutsche Geschichte vom Ende des Alten Reiches bis zum Untergang der Weimarer Republik. München, 2002. C. 361-377; Мисухин, Глеб: Россия в Веймарском зеркале, или Соблазн легкого узнавания // Pro et Contra 3, 1998. C. 111-123; Гайдар, Егор: Гибель империи. Уроки для современной России. М., 2006. C. 10-11.

И вот этот неожиданно оказавшийся у власти парламент должен был расплачиваться за военный крах рейха, ответственность за который лежала в первую очередь на военном командовании, которое своей политикой тотальной мобилизации довело страну до полного изнеможения.

Генерал Эрих Людендорф – негласный диктатор рейха в течение последних двух лет войны – утверждал в своих воспоминаниях, что Германия проиграла войну не на внешнем, а на внутреннем фронте. Пацифистские и пораженческие настроения демократической оппозиции якобы разложили боевую мораль армии.[2] То есть не всемогущее военное командование, а лишенные во время войны какого-либо политического влияния партии рейхстага были главным виновником поражения. Так родилась легенда об «ударе ножом в спину», вера в то, что стремление Германии к мировой гегемонии рухнуло не вследствие неосуществимости этой мечты, а из-за измены маленькой кучки внутренних врагов.

Эта «теория» поразительно напоминает аргументацию имперски настроеннных российских кругов в последние годы перестройки и в постсоветской России. Певец империи Александр Проханов писал в марте 1990 г.: «Впервые не только в истории отечества, но и мира, мы видим, как государство рушится не в результате внешних ударов [...] или стихийных бедствий, а в результате целеустремленных действий [его] вождей».[3]

Тон был задан. Все становилось понятным. Крушение советской империи происходило, оказывается, не из-за того, что партия не доверяла народу и душила его стремление к самостоятельности, не потому, что Советский Союз в эпоху третьей (электронной) промышленной революции превратился в живой анахронизм, т.е. в рай бюрократов, построенный на регламентации и подавлении творческой инициативы общества. Нет, виновны во всем были враги косности и застоя, пытающиеся вер-

---

2   Ludendorff, Erich: Meine Kriegserinnerungen 1914-1918. Berlin, 1919; Weimar Russia: Is there an Analogy, http://globetrotterberkely.edu/pubs/james html; Hanson, Stephen E./Kopstein Jeffrey C.: The Weimar/Russia Comparison // Post-Soviet Affairs 13, 3, 1997. С. 256.

3   Проханов, Александр: Идеология выживания // Наш Современник, 1990, С. 3-9; см. также Янов, Александр: После Ельцина. «Веймарская Россия». М., 1995; Hanson/Kopstein, Weimar. С. 266.

нуть страну, оторванную от стремительно развивающегося «1-го мира», в мировое сообщество. Однако модернизация страны была невозможной без ослабления патерналистских номенклатурных структур, скреплявших в единое целое и «внешнюю» советскую империю (соцлагерь) и «внутреннюю» (СССР). Но сердцевиной империи был не управленческий «новый класс», а вдохновляющая его идеология – идея пролетарского интернационализма. Эта идея, т.е. «надстройка», была «базисом» СССР. Ведь в названии СССР нет и намека на то, что страна эта является преемником империи Романовых. Союз Советских Социалистических Республик мог бы существовать в любой части мира, на любом континенте. Важнейшей предпосылкой существования этого государства была вера в непогрешимость партии и ее идеологии. Но ведь уже в брежневские времена в «светлое коммунистическое будущее», за исключением может быть Суслова и ему подобных, не верил никто. Существовала лишь игра в веру, маскарад, в котором участвовало наряду с партией и большинство населения – за исключением диссидентов. Но во время перестройки этот камуфляж рухнул под напором гласности. И у Горбачева на оставалось другого выхода как отказ от 6-ой статьи конституции, закреплявшей ведущую роль партии в стране. Советская империя нуждалась теперь спешно в новом идеологическом фундаменте, скрепляющем ее в одно целое. Но лихорадочные поиски такого фундамента, как известно, не увенчались успехом. Уже в 1927 подобные события с необычайной проницательностью предвидел основоположник евразийского движения князь Николай Трубецкой. Он писал тогда, что время единовластного господства русских в России в связи с растущим национальным сознанием нерусских народов ушло безвозвратно. Большевики хорошо это поняли и нашли нового носителя российского единства: вместо русского народа – пролетариат. Но это лишь кажущееся решение вопроса, продолжает Трубецкой. Национальные чувства рабочих куда сильнее их классовой солидарности. Если Россия хочет оставаться единым государством, она должна найти нового носителя своего единства и таковым с точки зрения Трубецкого может быть только евразийская идея, подчеркивающая общность между народами России-Евразии.[4]

---

4   Трубецкой, Николай: Общеевропейский национализм // Евразийская Хроника 7,

Слабостью евразийской идеи – и в прошлом и в настоящем – является однако то, что она так и не смогла добиться широкого признания, «овладеть массами» и таким образом предотвратить распад СССР.

Всем этим глубинным историческим процессам, которые привели к тектоническим сдвигам на всем пространстве между Эльбой и Владивостоком, ностальгически настроенные круги в постсоветской Росси не придают никакого значения. Для них дезинтеграция советской империи была всего лишь результатом заговора кучки «внутренних врагов».

2. Отрицание Запада

Кроме легенды об «ударе ножом в спину» многие национал-патриотические круги в постсоветской России объединяет с веймарской правой радикальное отрицание Запада.

После поражения якобы «не побежденной на поля боя» нации в первой мировой войне немецкие националисты все настойчивей демонизировали как победителей, так и отстаиваемые ими демократические ценности. Суровость Версальского договора, по своему характеру, кстати, не слишком сильно отличавшегося от заключенного немцами победоносного мира на востоке в марте 1918 года (Брест-Литовский мир) поборники национального реванша считали вполне достаточным основанием для того, чтобы смести существующий европейский уклад. Оскорбленное национальное самолюбие стало господствующим мотивом их образа мыслей, определяло их тактику; соображения касательно общеевропейского и христианского наследия уже не играли никакой роли: «Мы – притесняемый народ», – писал в 1923 г. один из провозвестников так называемой Консервативной революции Артур Меллер ван ден Брук: «Скудная территория, на которую нас оттеснили, таит в себе огромную опасность, от нас исходящую. Не следует ли нам строить нашу политику на основе этой опасности?».[5]

Заимствованный у Запада либерализм был провозглашен сторонниками Консервативной революции и других националистических группировок смертельным врагом немцев. Для Меллера ван ден Брука либера-

---

1927. С. 28-29.

5   Moeller van den Bruck, Arthur: Das Dritte Reich. Hamburg, 1931. С. 71-72.

лизм был «моральным заболеванием нации», свободой от каких бы то ни было убеждений, выдаваемой за убеждения.[6]

Характерная для консервативных революционеров псевдоэтическая установка проявляется здесь особенно отчетливо. Те, кто из-за допущенной в Версале несправедливости были готовы разрушить весь европейский порядок, кто готов был насмехаться над гуманизмом, не задумываясь бросали либерализму упрек в равнодушии к морали. Неудивительно, что этот морализаторский имморализм, заранее отпускавший грехи своим единомышленникам, но изображавший своих противников неисправимыми преступниками, многим казался весьма заманчивым.

Установление либеральной системы в Германии представлялось немецкими критиками Запада следствием коварных интриг западных демократий. Запад обладает иммунитетом против либерального яда, он не принимает всерьез либеральные принципы, утверждал Меллер ван ден Брук. Напротив, в Германии либерализм был воспринят буквально. Поэтому его разлагающие принципы сумели привести страну к гибели. Западные государства, неспособные одолеть немцев на поле брани, пытаются сделать это путем либерально-пацифистской пропаганды. И наивные немцы позволили отравить себя этим ядом.[7]

Жалость сторонников Консервативной революции к самим себе была столь же безгранична, как и их мания величия. Получалось, что единственным средством способным облегчить страдания немцев, было мировое господство. Меллер ван ден Брук разъяснял: «Власть над миром – единственная предоставленная перенаселенной стране возможность выжить. Наперекор всем препятствиям порыв людей в нашей перенаселенной стране направлен туда же, его цель – пространство, которое нам необходимо.»[8]

Парламентская демократия представлялась ее немецкими недоброжелателями как «лишенная рыцарских начал». Ноябрьская революция 1918 г. не была в состоянии защитить страну от внешнего врага, пишет Эрнст Юнгер. Поэтому от нее отвернулись солдаты. Эта революция, по

---

6   Там же. С. 69-71.
7   Там же.
8   Там же. С. 63, 71-72.

мнению Юнгера, отвергла такие понятия как «мужество, отвага, честь».[9] Освальд Шпенглер в свою очередь говорит о «неописуемой мерзости ноябрьских дней»: «Ни одного властного взгляда, ничего вдохновляюще-го, ни одного значительного лица, запоминающегося слова, дерзкого преступления».[10]

Демонизация западных ценностей характерна также и для многих национал-патриотически настроенных кругов постсоветской России. Своего рода рупором и идеологом этих сил является уже многие годы Александр Дугин. Издаваемый Дугиным в 90-е годы журнал «Элементы» рисует либерализм как «наиболее последовательную и радикальную форму ... европейского нигилизма», как воплощение духа антитрадиции, цинизма и скепсиса. Либерализм якобы разрушает любую духовную, ис-торическую и культурную непрерывность, он просто враг человечества. Как роковую ошибку рассматривают «Элементы» то, что «либерализм» и «демократия» зачастую выступают синонимами. На самом деле либе-рализм не имеет ничего общего с демократией – властью народа. За-щитники либерализма представляют собой небольшую, одержимую жа-ждой власти и никем не избранную элиту, которая использует демокра-тическую риторику только затем, чтобы создать у народа иллюзию его причастности к политическим решениям верхушки.[11]

9   См. Bastian, Klaus-Friedrich: Das Politische bei Ernst Jünger. Diss. Heidelberg, 1963. C. 66.
10   Spengler, Oswald: Preußentum und Sozialismus. München, 1920. C. 11; К теме «консервативная революция» в Веймарской республике см. также Rauschning, Hermann: The Conservative Revolution. New York, 1941; Mohler, Armin: Die Konservative Revolution in Deutschland. Der Grundriß ihrer Weltanschauung. Stuttgart, 1950; Sontheimer, Kurt: Antidemokratisches Denken in der Weimarer Republik. München, 1968; Sontheimer, K.: Der Tatkreis // Vierteljahrshefte für Zeitgeschichte 6, 1958. C. 229-260; Kuhn, Helmut: Das geistige Gesicht der Weimarer Republik // Zeitschrift für Politik 8, 1961. C. 1-10; von Klemperer, Klemens: Konservative Bewegungen. Zwischen Kaiserreich und Nationalsozialismus. München, 1962; Stern, Fritz: Kulturpessimismus als politische Gefahr. Bern, 1963; Breuer, Stefan: Anatomie der Konservativen Revolution. Darmstadt, 1993; Luks, Leonid: «Eurasier» und «Konservative Revolution». Zur antiwestlichen Versuchung in Rußland und in Deutschland // Koenen, Gerd und Kopelew, Lew (Hrsg.): Deutschland und die Russische Revolution 1917-1924. München, 1998. C. 219-239.
11   Элементы 5, 1994. C. 5; К идеологии Дугина и журнала «Элементы» см. Янов, После Ельцина; Геополитическое положение России. Представления и реальность. М., 2000; Люкс, Леонид: «Третий путь» или назад в Третий Рейх? О «неоевразийской» группе «Элементы» // Вопросы философии, 5, 2000; C. 33-44; Luks, Leonid: Eurasien aus neototalitärer Sicht – Zur Renaissance einer Ideologie im

Также как и веймарская правая, российские национал-патриоты отрицают пропагируемый Западом универсализм и являются страстными защитниками культурного партикуляризма и особых национальных путей. Прозападно настроенные круги обвиняются в недостаточном патриотизме. Такого рода обвинения прямо-таки обезоруживали и немецких и российских «западников». Они пытались во что бы то ни стало доказать, что судьба отечества им не безразлична. О «непобежденной на поле боя армии» заговорил впервые глава немецких социал-демократов Фридрих Эберт приветствуя от имени возникшего в Германии в ноябре 1918 революционного правительства возвращающихся с фронта солдат. Но все эти заверения в любви к отечеству не помогли ни социал-демократам, ни другим демократически настроенным политикам реабилитировать себя в глазах правых. Для последних демократы оставались изменниками родины, внутренним врагом, служившим интересам внешнего врага, т.е. Запада.

И здесь видно определенное сходство с судьбой демократов в ельцинской России.

Когда Ельцин и его единомышленники устранили в августе 1991 года коммунистическую диктатуру, они выступали не только под демократическими знаменами, но и под национальными русскими. Настроение подъема, царившее в Москве сразу после поражения коммунистического путча, очень напоминало атмосферу франкфуртской Паульскирхе в 1848 году (там заседало Национальное Собрание), когда идея свободы и национальная идея соединились в одно целое. Нельзя, однако, забывать, в каком направлении пошло развитие немецкого национального движения, так как целью, к которой оно стремилось, была не только свобода, но и великодержавная мощь. Характерным признаком этого поворота в немецком национальном движении была дискуссия в Паульскир-

heutigen Rußland // Totalitarismus und Demokratie 1, 2004, Heft 1. C. 63-76; Mathyl, Markus: Der „unaufhaltsame Aufstieg" des Aleksandr Dugin // Osteuropa 52, 2002, Heft 7. C. 885-900; Umland, Andreas: Postsowjetische Gegeneliten und ihr wachsender Einfluß auf Jugendkultur und Intellektuellendiskurs in Rußland. Der Fall Aleksandr Dugin (1990-2004) // Forum für osteuropäische Ideen- und Zeitgeschichte 10, 2006, Heft 1. C. 115-147; Умланд, Андреас: Три разновидности постсоветского фашизма. Концептуальные и контекстуальные интерпретации современного русского ультранационализма // Русский национализм: идеология и настроение. М., 2006. C. 223-262.

хе в июле 1848 г. по польскому вопросу. До тех пор солидарность с угнетенной Польшей была своего рода поверкой для либерально настроенных кругов в Европе и Германии. Однако это чувство солидарности заметно ослабело после начала революции 1848 года.[12]

Похожая ситуация складывалась в России после отстранения КПСС от власти. Победившие демократы все чаще говорили о национальных интересах России и все реже о солидарности с малыми народами. Многие демократы, выступавшие еще до августа 1991 г. за «возвращение России в Европу», после августовских событий заговорили «об особом пути России». Сторонники прозападной ориентации в российской политике, в первую очередь министр иностранных дел А. Козырев, выставлялись их критиками как политики, лишенные корней, далеко отошедшие от традиций своей страны. Вскоре после победы демократов один из советников Ельцина Е. Кожокин заявил: «Придя к власти западники должны перестать быть западниками. Западником можно быть только в оппозиции».[13]

Национально настроенные круги демократического лагеря упрекали прозападные группировки в правительстве в безмерной уступчивости по отношению к Западу, а также по отношению к ближайшим соседям России. Так, политический советник Президента России С. Станкевич заявил: «Наши соседи зачастую рассматривают Россию не как государство, а как груду, своего рода реликт, от которого можно отрезать ту или иную часть».[14] Председатель Комитета внешней политики Верховного Совета Е. Амбарцумов добавил, что понятия национальной гордости, национальной принадлежности и национальных интересов являются на Западе совершенно естественными. Почему же они не должны распространяться и на Россию?

---

12 Kaehler, C.A.: Realpolitik zur Zeit des Krimkrieges – eine Säkularbetrachtung // Historische Zeitschrift 174, 1952. C. 418; Gollwitzer, Heinz: Europabild und Europagedanke. Beiträge zur deutschen Geistesgeschichte des 18. und 19. Jahrhunderts. München, 1964. C. 262. Nipperdey, Thomas: Deutsche Geschichte1800-1866. Bürgerwelt und starker Staat. München, 1983. C. 627-630; Wehler, Hans Ulrich: Deutsche Gesellschaftsgeschichte. Band 2. Von der Reformära bis zur industriellen und politischen «Deutschen Doppelrevolution». München 1987. C. 743-744.

13 Московские Новости, 16.8.1992.

14 Россия 1992-й // Комсомольская правда, 26.5.1992.

Однако эта борьба российских демократов в защиту национальных интересов не реабилитировала их в глазах «непримиримой оппозиции». Для национал-патриотов демократы – это в первую очередь разрушители великой империи и агенты западных победителей в холодной войне, создавшие на российской территории антинациональный режим. Так что российским демократам не удалось, несмотря на их

национальную риторику, также как в свое время и их единомышленникам в веймарской Германии, преодолеть пропасть отделяющую их от их радикальных оппонентов. Но с другой стороны тот факт, что демократы в обоих случаях в какой то мере приспособились к аргументации своих противников, привел к тому, что они утратили инициативу в политическом дискурсе.

3. Новая диаспора

После первой мировой войны Германия потеряла 1/7 своих территорий. В первую очередь присоединенные к рейху в 1871 г. Эльзас и Лотарингию на западе и часть территорий с польским большинством на востоке. Особенно потеря польских территорий возмущала немцев, так как они должны были уступить 46.000 кв. км. территорий и проживающее там немецкое меньшинство государству, которое возникло всего лишь после первой мировой войны, т.е. в отличие от Франции не принадлежало к державам-победительницам. Стремление к пересмотру германских границ на Востоке было аксиомой внешней политики веймарской республики. Американский историк Харальд фон Рикхоф пишет, что это стремление приняло почти мистические черты и добавляет: Тот факт, что после 1918 года определенная часть немецкого населения попала под польское господство, в Германии считали своего рода патологией, а то, что до этого в течение многих поколений немалая часть поляков жила под немецким господством, считался чем-то естественным и само собой разумеющимся.[15]

---

15 von Riekhoff, Harald: German-Polish Relations 1918-1933. Baltimore, 1971. C. 265; см. также Weimar Russia: Is there an Analogy, http://globetrotterberkeley.edu/ pubs/james.html; Hanson/Kopstein, Weimar. C. 256; Brubaker, Rogers: Nationalism reframed. Nationhood and the national question in the New Europe. Cambridge, 1996. C. 125-126.

Не меньшим шоком и для россиян был тот факт, что после распада СССР Крым, Донбас, Прибалтика, Закавказье, Средняя Азия с проживающим там русским меньшинством оказались заграницей. Те авторы, которые проводят параллели между постсоветской Россией и веймарской Германией указывают не в последнюю очередь на проблему «новой диаспоры» и на попытки обоих государств повлиять на судьбу соотечественников, превратившихся из привилегированного слоя населения нередко в ущемляемое в своих правах меньшинство.

Позиция Москвы по отношению к миллионам русских, проживающих за российскими границами, вызывает озабоченность на Западе и Востоке. При этом нередко проводятся параллели с демагогическим использованием проблемы немецких национальных меньшинств после 1918 года. Американский политолог Фрэнсис Фукуяма сразу после распада СССР посоветовал московским политикам воспользоваться опытом Турции после первой мировой войны. Благодаря реформам Кемаля Ататюрка Османская империя в кратчайшие сроки стала современным национальным государством. Новая Турция отказалась от панисламистских и пантюрецких претензий и предоставила проживающие заграницей тюркские народы своей собственной судьбе.[16]

Советник российского президента Станкевич критически отнесся к совету Фукуямы. Судьба турок или тюркских народов, проживающих заграницей, ни в коем случае не оставила Анкару равнодушной, заявил он. Об этом свидетельствует интервенция на Кипр в 1974 году, предпринятая, по утверждению правительства Турции, для защиты турецкого меньшинства на острове. Как полагает Станкевич, нельзя также забывать о том, насколько интенсивными были усилия Турции по включению в сферу своих интересов ставших независимыми тюркских государств на территории бывшего Советского Союза. Подобная позиция, с точки зрения Станкевича, абсолютно естественна: «Нормальность» Турции проявляется в том, что она имеет собственные геополитические интересы и

---

16   Фукуяма, Фрэнсис: Неясность национального интереса // Независимая газета, 16.10.1992.

стремится их обеспечить. Таких же прав Станкевич добивался и для России.[17]

4. Переход от полузакрытого к открытому обществу

Веймарская республика, т.е. «первая немецкая демократия», была самым свободным государственным образованием в истории Германии за исключением ФРГ. Об этой свободе мечтали немцы давно, чуть ли не со времен освободительной войны против Наполеона в 1813 году. Девизом немецкой революции 1848 года были «Свобода и государственное единство!». Однако революция не смогла осуществить ни того, ни другого.

Правда, четверть века спустя Бисмарку удалось объединить Германию, но сделал он это авторитарным путем. Полной свободы немцы смогли добиться лишь вследствие ноябрьской революции 1918 года свергнувшей правящие династии и передавшей всю полноту власти обществу. Но эйфорических настроений эта неожиданно завоеванная свобода почти не вызвала, что и неудивительно. Установление демократического строя ассоциировалось в Германии с поражением в мировой войне, с унизительным версальским договором, потерей территорий, репарациями, а также с глубочайшим экономических кризисом, который достиг своего апогея в 1923 году небывалой в истории Германии инфляцией.

Все эти процессы напоминают то, что происходило в России после краха советского режима и в период зарождения «2-й русской демократии». Правда «2-ая русская демократия» не была, в отличие от веймарской республики, самым свободным государственным образованием во всей предыдущей истории страны. Строй, возникший в России после февральской революции 1917 года, был не менее свободным.

В апреле 1917 года Ленин назвал Россию «самой свободной страной в мире из всех воюющих стран»,[18] и он же, несколько месяцев спус-

---

17 Станкевич, Сергей: Россия уже сделала антиимперский выбор // Независимая газета, 6.11.1992; см. также Weimar Russia: Is there an Analogy, http://globetrotter berkeley.edu/pubs/melville.html; Brubaker, Nationalism. C. 107-109, 135-147; Ларюэль, М.: «Русская диаспора» и «российские соотечественники» // Демократия вертикали. М., 2006. C. 185-212.
18 Ленин, В.И.: Полное собрание сочинений. М.,1958-1965. Т. 31. C. 114-115.

тя, попытался обуздать эту свободу, что ему после большевистской победы в гражданской войне в конце концов и удалось. «Самая свободная страна мира» превратилась в первое в мире тоталитарное государство. Правда, после смерти Сталина характер коммунистической диктатуры существенно изменился. Власть имущие отказались от массового террора и тоталитарный строй превратился в полутоталитарный или даже патерналистски авторитарный. Но общество как таковое оставалось марионеткой в руках правящей номенклатуры и лишь во время перестройки оно перешло из «закрытого» в «полуоткрытое» состояние. Окончательное его освобождение произошло в августе 1991 года на баррикадах у Белого дома. Но также как и в веймарской Германии, это освобождение только на короткий срок вызвало эйфорическое настроение. Ведь после «августа» наступил «декабрь» (распад СССР), «январь» (шоковая терапия, которая в первые годы была связана с гиперинфляцией, с сокращением валового продукта в 1992 на 23%, и понижением уровня жизни населения чуть ли не на половину).

Очень быстро российские реформаторы растратили свой капитал доверия. Дискредитации демократической идеи способствовала и конфронтация между исполнительной и законодательной властью (президент/Верховный совет), завершившаяся роспуском парламента и обстрелом Белого дома.

Все эти события нанесли глубокую травму общественному сознанию, и одним из ее последствий было сокрушительное поражение демократов во время думских выборов в декабре 1993 года. Россия оказалась перед дилеммой, перед которой стояла когда-то веймарская Германия, когда радикальные антидемократы одержали неожиданную победу на выборах в рейхстаг в сентябре 1930 года. Эту дилемму один из лидеров СДПГ Рудольф Гильфердинг сформулировал так: «Утверждать демократию против воли большинства, которое отвергает демократию, и причем утверждать ее, действуя на основе политических средств, предоставленных демократической конституцией – это почти что решение квадратуры круга».[19]

---

19   Hilferding, Rudolf: In Krisennot // Die Gesellschaft 7, 1931. С. 1.

5. Реванш свергнутых элит

Начавшаяся 9 ноября 1918 г. революция в Германии качественно отличалась от французской революции 1789 и русской 1917 года. В отличие от двух последних она не переходила от умеренной к более радикальной стадии, а наоборот: радикально начав, она становилась все более и более умеренной. Ее главной политической силой была социал-демократическая партия, которая во что бы то ни стало хотела предотвратить развитие революции по русскому образцу 1917 года. Поэтому социал-демократы беспрерывно боролись против своего леворадикального крыла, завороженного опытом большевистского Октября. Влияние этих экстремистских группировок на традиционно умеренный рабочий класс Германии было маргинальным. 80% депутатов избранных на берлинский съезд Советов состоявшийся в середине декабря 1918 г. отвергало советскую модель и высказалось за преобразование Германии в парламентскую республику.[20] Но несмотря на все это, социал-демократическое большинство в Совете народных уполномоченных (СНУ), который правил в Германии начиная с 10-го ноября 1918 г. видело главную угрозу для немецкой демократии не справа, а слева.

Кульминацией хаотических попыток левых экстремистов вызвать в Германии революцию по «русскому образцу» было начавшееся 5-го января 1919 г. восстание в Берлине. СНУ удалось без труда подавить это восстание, однако он воспользовался при этом не только регулярными войсками, но и праворадикальными корпусами добровольцев. Как отмечал в середине 30-х годов хронист Веймарской республики Артур Розенберг, использование крайних противников демократии для защиты республики было непростительной ошибкой правительства.[21]

---

20 Winkler, Der lange Weg nach Westen. C. 385-386; Blasius, Dirk: Weimars Ende. Bürgerkrieg und Politik 1930-1933. Göttingen, 2006. C. 17-18; Weimar Russia: Is there an Analogy, http://globetrotterberkeley.edu/pubs/ feldman.html.

21 Rosenberg, Arthur: Geschichte der Weimarer Republik. Hrsg. v. K. Kersten. Frankfurt/Main, 1961; Не иначе оценивают тогдашнюю ситуацию и некоторые современные авторы. Берлинский историк Генрих Август Винклер в 1990 г. писал: «[Социал-демократы] прежде всего стремились предотвратить экономический и политический хаос; они переоценивали опасность слева и недооценивали опасность справа (Winkler, Heinrich August: Die Revolution von 1918/19 und das Problem der Kontinuität in der deutschen Geschichte // Historische Zeitschrift 250, 1990. C. 307).

На самом деле, восстание в Берлине было подавлено уже через несколько дней, 12-го января. Но социал-демократическое правительство утратило контроль над военщиной, которая теперь своими силами стала вершить самосуд. Жертвами расправ стали также и вожди созданной 31-го декабря 1918 г. Коммунистической партии Германии Карл Либкнехт и Роза Люксембург, которые были убиты 16 января.

Острая реакция социал-демократов на действия бывшего левого крыла их собственной партии была вызвана не только преувеличенным страхом перед анархией, но и тем, что социал-демократическое правительство хотело продемонстрировать свой патриотизм, тождество своих интересов с внутренними и внешними интересами германского государства. Германские социал-демократы, которых правые годами обвиняли в том, что они совершенно не привязаны к своему отечеству, хотели доказать, что судьба Германии им не безразлична.

Итак, ноябрьская революция, свергнувшая монархию и внесшая вначале панику в ряды правящих консервативных элит, ограничилась в борьбе со старым режимом всего лишь полумерами. Его управленческие, экономические и даже военные структуры (несмотря на ограничения версальского договора) остались почти нетронутыми. Все предпосылки для реванша свергнутых в ноябре 1918 г. элит были налицо. Но это стремление к преемственности, к преодолению возникшего вследствие революции разрыва охватило со временем и широкие слои населения. Символизировало этот рост ностальгических настроений избрание в 1925 году престарелого фельдмаршала Гинденбурга, который никогда не смирился с республиканским строем и оставался убежденным монархистом, президентом рейха.[22] При этом надо добавить, что это избрание произошло именно в тот момент, когда Веймарской республике удалось преодолеть послевоенный кризис, стабилизировать экономику, в период, когда демократические партии так называемой веймарской коалиции достигали наибольших успехов в парламентских выборах.

Эта двойственность показывает, каким хрупким государственным образованием была Веймарская республика, в которой демократические

---

22 Winkler, Der lange Weg nach Westen. С. 458-461; см. также Гайдар, Гибель империи. С. 15.

правила игры все еще не превратились в „the only game in town", по выражению современных политологов Х.Линца и А.Степана.

Так как президент был своего рода гарантом веймарской конституции и мог в кризисных ситуациях вводить в стране чрезвычайное положение (48-ая статья конституции), антидемократические установки Гинденбурга угрожали строю, который он призван был защищать. Его предшественник Эберт, будучи убежденным демократом, пользовался чрезвычайными полномочиями, особенно во время Рурского кризиса 1923, но только для того, чтобы бороться против врагов демократии и справа и слева (и против коммунистической и против нацистской попытки государственного переворота). Такой последовательной борьбы на два фронта от Гинденбурга нельзя было ожидать. Консервативные круги, влияющие на престарелого президента, видели существенную разницу между коммунистами и нацистами, Последних они считали своими потенциальными союзниками. Эта их установка и привела в конце концов к передаче власти Гитлеру и к уничтожению Веймарской демократии.

И в постсоветской России, как и в Веймарской Германии, происходит своего рода реванш свергнутых элит.

Августовская революция 1991 г. носила, так же как и ноябрьская революция в Германии, половинчатый характер. Многие русские демократы не желали рассматривать августовские события после подавления путча как революцию, потому что с революцией ассоциировались такие понятия как массовый террор и диктатура. Именно поэтому они отказались от расправы с побежденными в большевистском духе. С точки зрения одного из ведущих представителей демократического лагеря, Г. Попова, это решение имело чрезвычайное значение не только для России, но и для всего мира.

Позднее Ельцин вспоминал, что в сентябре-октябре страна буквально балансировала на краю пропасти. И все же удалось спасти Россию от революции, а человечество – от ее катастрофических последствий. В течение года не стихали призывы к решительной конфронтации, говорил президент. Но ни один из этих призывов не нашел отклика в сердцах русских людей. Именно это Ельцин считал общей победой.

Галина Старовойтова, принадлежавшая к самому решительному крылу в лагере демократов, считала, напротив, непростительной ошибкой демократов то обстоятельство, что они не в полной мере использовали свою победу в августе 1991 г. Именно тогда существовала уникальная возможность радикально обновить аппарат власти, пока он находился в шоке. Но этого не произошло. Прежние силовые и управленческие структуры получили временную передышку, которую использовали для консолидации своих рядов.

В России до сих пор идут споры о том, совершили ли в августе 1991 г. Ельцин и его сторонники ошибку, встав на путь компромиссов, а не революционной борьбы. В этой связи, однако, нельзя забывать, сколь скромной была организационная база Ельцина и его команды в момент их победы. Кроме того, надо добавить, что после победы над общим противником большинство демократических группировок перешло в оппозицию к новому руководству страны. Чтобы не исчезнуть с политической сцены, правительство Ельцина было вынуждено искать компромисс с прежними структурами, готовыми смириться с реформами. Здесь видно определенное сходство с поведением большевиков после 1917 года. Хотя большевики считали свою революцию самым радикальным переворотом в истории, им через несколько месяцев после прихода к власти пришлось искать поддержки у «буржуазных специалистов», т.е. у представителей «старого мира», который большевики хотели полностью разрушить. Иначе режим просто не смог бы обеспечить свое существование. Однако у большевиков было в распоряжении одно чрезвычайно действенное средство, чтобы заставить «классовых врагов» работать на себя – «красный террор». Таким средством победители в августе 1991 года не располагали. Чтобы склонить к сотрудничеству наиболее гибкие элементы прежних структур, им пришлось апеллировать к их интересам и одновременно убеждать их в том, что реставрация старого режима не может быть осуществлена ни при каких обстоятельствах.

Но частичная реставрация все же произошла. В декабре 1992 г., на 7-ом съезде народных депутатов, Ельцин, под давлением парламента должен был отправить автора «шоковой терапии» Гайдара в отставку. Его преемник, Черномырдин, представитель промышленного лобби, дистанцировался от радикальной рыночной концепции предшественника. Оправившись от августовского, а потом и от октябрьского (1993 г.) шока, управленческие группировки начали контрнаступление против зародившегося уже во время перестройки гражданского общества, против вырвавшихся на свободу субъектов федерации и против накопивших баснословные суммы олигархов. Пока Ельцин был у власти, это контрнаступление не принимало характер реставрации рухнувших в 1991 г. порядков. Будучи убежденным реформатором, Ельцин, несмотря на сближение с управленческими структурами старого режима, был, как в свое время Эберт в Германии, помехой для такого поворота колеса истории вспять. При его преемнике положение изменилось. «Управляемая демократия» Путина не только усилила контрнаступление управленческих структур на гражданское общество, начатое уже при Ельцине, но также и качественно изменила характер государственной системы. Парламент, федерационные структуры, СМИ, олигархи, которые были противовесом силовым ведомствам, в значительной мере потеряли свою самостоятельность и превратились в большинстве случаев в инструменты госаппарата. Россия начала возвращаться на круги своя, когда «государство пухло, а народ хирел» (Ключевский). Такого свертывания гражданского общества и плюралистических институтов, которое наблюдается в путинской России, не было в Веймарской Германии – даже в эпоху президентского правления начиная с 1930 года. И здесь я хотел бы перейти к различиям между Веймарской республикой и постсоветской Россией.

II. Различия между веймарской Германией и постсоветской Россией

1. Предыстория

То, что путинской «управляемой демократии» «удалось» намного более основательно демонтировать гражданское общество, чем созданному в 1930 году президентскому правительству в Веймарской республике, показывает, что общественное развитие в обоих государственных образованиях существенно отличалось друг от друга. Плюралистические структуры в Веймарской Германии находились на более высокой ступени развития чем в постсоветской России,[23] и эти различия тесно связаны с различной предысторией обоих государств. Предшественник Веймара – созданный в 1871 году 2-ой немецкий рейх – был, несмотря на его полуфеодальный и патриархальный характер, правовым государством с многопартийной системой, независимыми общественными организациями и более или менее свободной прессой. Хотя оппозиционные партии, особенно социал-демократия, и некоторые конфессиональные и национальные меньшинства (католики, поляки) периодически преследовались, однако у дискриминированных групп всегда оставались правовые лазейки, которые им позволяли пережить периоды наиболее интенсивных гонений и со временем вернуться в прежней силе на политическую или общественную сцену.

Ничего подобного не существовало в предшествующем «2-ой русской демократии» Советском Союзе, за исключением горбачевского периода. Гражданское общество, построенное в России после революции 1905 года и полностью освободившееся в феврале 1917 г. от государственной опеки, было уничтожено большевиками, а вместе с ним и институт частной собственности (особенно в сталинский период), который гарантирует обществу определенную степень независимости от государства. Итак, «вторая русская демократия» входила на политическую сцену почти без опыта конкурентной политической борьбы и организованного отстаивания прав и интересов отдельных общественных групп. То, что демократам с такой легкостью удалось в августе 1991 года разгромить правящий аппарат, связано было не с их силой, а со слабостью противника, который из-за эрозии коммунистической идеологии переживал чрезвычайно глубокий кризис идентичности и поэтому потерял способность к сопротивлению. Когда же управленческий аппарат оправился от шока поражения и   начался уже описанный бюрократический реванш, оказалось, что гражданское общество в России еще не успело выйти из своего аморфного состояния и не в силах оказывать хорошо организованному управленческому классу эффективное сопротивление. Эти поражения демократов были связаны, не в последнюю очередь, и с тем,

---

23 См. Hanson/Kopstein, Weimar; Hanson, Stephen E.: Postimperial Democracies: Ideology and Party Formation in Third Republic France, Weimar Germany, and Post-Soviet Russia // East European Politics and Societies, Vol. 20, № 2. С. 343-372.

что они переживали кризис идентичности. Дискредитация демократических идей в глазах широких слоев населения в связи с трудностями перехода от «закрытого» к «открытому» обществу, лишила демократов той уверенности в себе, которая была для них характерна в последние годы советской власти. Они плыли уже не с течением, а против него. И действительно, постепенный демонтаж плюралистических структур при помощи методов «управляемой демократии» не вызвал особых протестов населения. Наряду с дискредитацией демократической идеи такой реакции общества способствовал и факт, что эти процессы происходили параллельно с экономической стабилизацией (в первую очередь благодаря высоким мировым ценам на нефть и другие энергоносители). Кроме того, стремление путинской команды к «огосударствлению» общества соответствовало традиционным представлениям многих россиян о роли государства как гаранта общественной справедливости и благосостояния нации. Бунты и революции происходили в России в первую очередь из-за того, что государство не справлялось с этой ролью, а не потому, что общество пыталось перетянуть эти функции на себя.

2. Угроза справа и слева

Веймарская демократия постоянно боролась с двумя угрозами – справа и слева. Гитлер всплыл на волне страха правящих слоев перед большевистской опасностью. Этот страх едва ли имел под собой основания. В Германии начала 30-х годов конфликт между социал-демократами и коммунистами, спровоцированный в первую очередь из Москвы сталинским руководством, парализовал рабочее движение, практически лишив его всякой дееспособности. Несмотря на это правящие круги Германии панически боялись «восстания масс», т.е. независимого рабочего движения. Этим страхом воспользовались нацисты. Выступая в январе 1932 г., во время встречи с немецкими промышленниками в Дюссельдорфе, Гитлер утверждал: «Если бы не мы (нацисты – Л.Л.), средний класс в Германии был бы уже уничтожен. А вопрос о власти большевики давно бы решили в свою пользу».[24]

---

24 Domarus, Max: Hitler. Reden und Proklamationen 1932-1945. Wiesbaden, 1973. Band 1. Erster Halbband. C. 87.

И хотя аргументация нацистского вождя носила вполне демагогический характер, ему в конце концов удалось убедить власть имущих, что спасти расшатанный господствующий строй в Германии можно лишь опираясь на НСДАП.[25]

В отличие от своих немецких предшественников нынешние российские правые экстремисты, как правило, мало говорят об опасности слева, более того, в борьбе против установленного в августе 1991 строя они часто оказывались с коммунистами по одну сторону баррикад.[26] «Красно-коричневый союз», лишь периодически возникавший в веймарской Германии, в постсоветской России постоянный феномен.[27] Эта мешанина «правизны» и «левизны» связана не в последнюю очередь с аморфным, расплывчатым партийно-политическим ландшафтом в посткоммунистической России, что, в свою очередь, объясняется аморфным состоянием общества, в котором нет классов в общепринятом смысле этого слова. Но есть и другие причины все большего стирания различий между правыми и левыми в современной России. Дело в том, что российские коммунисты, пожалуй впервые после 1917 года, потеряли веру в непрерывный общественный прогресс и в то, что история и ее законы на их стороне.

Напротив, правые экстремисты всегда воспринимали идею прогресса не иначе как с насмешкой. Они никогда не желали и не желают плыть в потоке истории, наоборот, пытаются любой ценой задержать его и по-

---

25 См. Luks, Leonid: Entstehung der kommunistischen Faschismustheorie. Die Auseinandersetzung der Komintern mit Faschismus und Nationalsozialismus 1921-1935. Stuttgart, 1985. С. 158-161, 193-194; Luks, Leonid: Bolschewismus, Faschismus, Nationalsozialismus – verwandte Gegner? // Geschichte und Gesellschaft 14, 1988. С. 100-103.

26 Говоря об угрозе постсоветской демократии и «справа» и «слева», некоторые авторы не учитывают в достаточной мере это обстоятельство. См. Hanson/Kopstein, Weimar. С. 267-268.

27 Лакер, Уолтер: Черная сотня. Происхождение русского фашизма. М., 1994; Люкс, Леонид: Призрак фашизма в посткоммунистической России // Люкс, Леонид: Третий Рим? Третий Рейх? Третий путь? Исторические очерки о России, Германии и Западе. М., 2002. С. 256-266; Shenfield, Stephen, D.: Russian Fascism. Traditions, Tendencies, Movements. Armonk, 2001; Allensworth, Wayne: The Russian Question: Nationalism, Modernization and Post-communist Russia. Lanham, 1998; Соколов, Михаил: Национал-большевистская партия: идеологическая эволюция и политический стиль // Русский национализм: идеология и настроение. М., 2006. С. 139-164.

вернуть вспять. Повсюду им мерещатся симптомы упадка и разложения, козни могущественного всемирного заговора. Они считают, что предотвратить «закат Европы» можно лишь насильственным уничтожением носителей этого заговора – евреев, масонов, «плутократов», марксистов. Золотой век фашизма – это языческая, дохристианская эпоха. Пафос же коммунизма устремлен в будущее, где произойдет прыжок «из царства необходимости в царство свободы».

Однако этот исторический оптимизм теперь ушел в прошлое. После развала Советского Союза у коммунистов не осталось веры в прогресс и светлое будущее. Внезапное исчезновение второй великой державы, внушавшей страх или же уважение всему миру, кажется им непостижимым событием, они отказываются видеть в нем историческую закономерность. Их «золотой век» находится теперь, также как и у правых радикалов, в прошлом.

Кроме смешения правых и левых позиций постсоветскую Россию отличает от веймарской Германии и то, что в России не наблюдается постоянная радикализация общества и размывание центристских группировок и установок. В России наоборот, радикальные группировки и слева, и справа (КПРФ с одной, ЛДПР с другой стороны), становятся все более «центристскими» и находят общий язык по крайней мере с частью правящих группировок. Этот процесс срастания «непримиримой» оппозиции с государственными структурами усилился после прихода Путина к власти, который в глазах многих национал-патриотов является новым «собирателем земли русской». Создается миф, распространяемый также и рядом официозных публицистов, о ельцинском периоде развала и унижения России и о путинском чуде возрождения российской государственности. В действительности же, если и говорить о «политическом чуде», то надо это понятие применить скорее к ельцинскому периоду. Ведь тогда страна в кратчайшие сроки перешла от плановой экономики к рыночной, от империи к национальному государству, от псевдофедеративного к подлинному федеративному устройству, от коммунистической диктатуры к конституционной системе. И все это произошло без гражданской войны, которую многие предсказывали, не по румынскому или югославскому сценарию. Исключением здесь является чеченская трагедия. Но вспомним, как болезненно происходило расставание с империей и в западных демократиях (Франция, Англия, Голландия). Так что предпосылки для выхода страны из чрезвычайно опасного переходного периода созданы были уже при Ельцине, и его преемник продолжил лишь процесс консолидации нового государства, начавшийся в середине 90-х годов.

Сравнивая постсоветскую Россию с веймарской Германией надо подчеркнуть, что и последняя пережила процесс консолидации и стабилизации, начавшийся в 1924 году и завершившийся 5 лет спустя в связи с крахом нью-йоркской биржи в октябре 1929 и началом мирового экономического кризиса. Сможет ли постсоветская Россия выдержать подобное испытание на прочность, которое в свое время разрушило Веймарскую республику? Вопрос этот остается открытым.

3. Роль Запада

Возникновение Веймарской республики было неразрывно связано с Версальским договором, который морально осуждал Германию, называя ее главным виновником мировой войны. Территориальные, экономические и военные рестрикции Версальского договора не воспринимались немцами так болезненно, как это моральное осуждение. Все это усиливало уже описанные антизападные настроения, демонизацию Запада в стране.

Отношения между постсоветской Россией и Западом развивались по совершенно другому сценарию. Хотя Советский Союз de facto проиграл холодную войну, de jure эта война не знала ни победителей, ни побежденных. Послевоенный экономический кризис в веймарской Германии был не в последнюю очередь связан с тем, что победители требовали от нее уплаты репараций. Лишь после Рурского кризиса 1923 г. Запад изменил свою политику ультиматумов и нажимов и предоставил Германии кредиты для восстановления ее экономики (план Доуса). Постсоветская Россия же с самого начала могла рассчитывать на кредиты международных финансовых организаций, а также и отдельных западных стран, которые пытались ей помочь преодолеть последствия «шоковой терапии».[28]

---

28   Hanson/Kopstein, Weimar. С. 270.

Ожидания связанные с окончанием холодной войны только частично осуществились. «Общий европейский дом», о котором мечтали во время перестройки, не был построен. В связи с событиями в бывшей Югославии и с расширением НАТО на восток отношения между Россией и Западом вновь обострились. Но это почти не остановило процесс интеграции России в мировые экономические и политические структуры. Несмотря на антизападную риторику в Москве и на массивную критику политики Путина в Вашингтоне, Лондоне или в Берлине, сегодняшняя Россия, в отличие от веймарской Германии, это не страна изгой, а равноправный партнер Запада.

Это обстоятельство влияет, конечно, на то, что антизападные настроения в России, особенно в правящем истеблишменте, не достигают такого накала, как это было в Веймаре.

4. Дух времени

На трагическую судьбу веймарской демократии существенно повлиял характер эпохи, в которой она возникла. Это было время обожествления «священного» национального эгоизма (sacro egoismo), отрицания политики компромиссов в межнациональной борьбе. Такие политики как Густав Штреземан или Аристид Бриан, пытавшиеся примирить Германию с победившими ее державами, не смогли справиться с шовинистическими настроениями в своих странах, принявших чуть ли не стихийный характер. Уже первая мировая война показала, к каким катастрофическим последствиям приводит такая установка. Но эта война была всего лишь первым этапом саморазрушения Европы, которое достигло своего апогея во время развязанной Гитлером второй мировой войны.

К каким выводам пришли европейцы после опустошительного опыта этой катастрофы? Одним из таких выводов был процесс европейской интеграции, создание Европейского Сообщества, а впоследствии Союза. Принципом ЕС является добровольный отказ членов Союза от некоторых прерогатив национального суверенитета. Почему же многие европейские страны отказываются от части своего суверенитета, которым они так дорожили в течение многих веков? Связано это с трагическим опытом двух мировых войн, которые наглядно показали, к каким ужасающим последствиям приводит обожествление национальных интересов, стремление отдельных государств к гегемониальному господству. Без этого опыта интеграционные процессы, начавшиеся в Европе во второй половине 20-го столетия, были бы немыслимы. Принцип, на котором зиждется ЕС – это бесконечный поиск компромиссных решений, а этот поиск связан с непрерывными кризисами и конфликтами. Однако все эти конфликты решаются за столом переговоров, а не на полях сражений, как в прошлом. И уже один этот факт показывает, как невероятно изменилась политическая культура континента, в истории которого мирные эпохи были, как правило, всего лишь короткими передышками между двумя разрушительными войнами. Эти процессы не могли не коснуться и России, теснейшим образом связанной с ЕС. И в Москве прагматически настроенная часть правящего истеблишмента приходит постепенно к выводу, что за столом переговоров, путем компромиссов с западными партнерами, можно достичь намного большего, чем политикой ультиматумов и конфронтаций. Эта установка в отношениях Запад-Восток не влияет однако на внутреннюю политику страны, на отношения между государством и обществом. Хотя Путин и многие его соратники считают, что Россия «есть европейская держава», при этом они, однако, подчеркивают и самобытность страны, которая с их точки зрения неразрывно связана с этатистским (т.е. с авторитарным) типом правления, якобы единственно возможным в российских условиях. Критиков этой установки власть имущие упрекают в незнании России. Однако для большинства европейцев «европеизм» сегодня неразрывно связан с идеей гражданского общества, правового государства и прав человека. Своим походом против этих идей, который особенно ярко выразился во время предвыборной кампании и парламентских выборов в декабре 2007 г. правящая бюрократия пытается бороться против «духа времени». Такого рода борьба, как известно, редко завершалась успехом. Каковы будут ее результаты в постсоветской России? Вопрос этот, как и многие другие затронутые в этой статье, остается открытым.

SOVIET AND POST-SOVIET POLITICS AND SOCIETY

Edited by Dr. Andreas Umland

ISSN 1614-3515

1 *Андреас Умланд (ред.)*
Воплощение Европейской
конвенции по правам человека в
России
Философские, юридические и
эмпирические исследования
ISBN 3-89821-387-0

2 *Christian Wipperfürth*
Russland – ein vertrauenswürdiger
Partner?
Grundlagen, Hintergründe und Praxis
gegenwärtiger russischer Außenpolitik
Mit einem Vorwort von Heinz Timmermann
ISBN 3-89821-401-X

3 *Manja Hussner*
Die Übernahme internationalen Rechts
in die russische und deutsche
Rechtsordnung
Eine vergleichende Analyse zur
Völkerrechtsfreundlichkeit der Verfassungen
der Russländischen Föderation und der
Bundesrepublik Deutschland
Mit einem Vorwort von Rainer Arnold
ISBN 3-89821-438-9

4 *Matthew Tejada*
Bulgaria's Democratic Consolidation
and the Kozloduy Nuclear Power Plant
(KNPP)
The Unattainability of Closure
With a foreword by Richard J. Crampton
ISBN 3-89821-439-7

5 *Марк Григорьевич Меерович*
Квадратные метры, определяющие
сознание
Государственная жилищная политика в
СССР. 1921 – 1941 гг
ISBN 3-89821-474-5

6 *Andrei P. Tsygankov, Pavel
A.Tsygankov (Eds.)*
New Directions in Russian
International Studies
ISBN 3-89821-422-2

7 *Марк Григорьевич Меерович*
Как власть народ к труду приучала
Жилище в СССР – средство управления
людьми. 1917 – 1941 гг.
С предисловием Елены Осокиной
ISBN 3-89821-495-8

8 *David J. Galbreath*
Nation-Building and Minority Politics
in Post-Socialist States
Interests, Influence and Identities in Estonia
and Latvia
With a foreword by David J. Smith
ISBN 3-89821-467-2

9 *Алексей Юрьевич Безугольный*
Народы Кавказа в Вооруженных
силах СССР в годы Великой
Отечественной войны 1941-1945 гг.
С предисловием Николая Бугая
ISBN 3-89821-475-3

10 *Вячеслав Лихачев и Владимир
Прибыловский (ред.)*
Русское Национальное Единство,
1990-2000. В 2-х томах
ISBN 3-89821-523-7

11 *Николай Бугай (ред.)*
Народы стран Балтии в условиях
сталинизма (1940-е – 1950-е годы)
Документированная история
ISBN 3-89821-525-3

12 *Ingmar Bredies (Hrsg.)*
Zur Anatomie der Orange Revolution
in der Ukraine
Wechsel des Elitenregimes oder Triumph des
Parlamentarismus?
ISBN 3-89821-524-5

13 *Anastasia V. Mitrofanova*
The Politicization of Russian
Orthodoxy
Actors and Ideas
With a foreword by William C. Gay
ISBN 3-89821-481-8

14 Nathan D. Larson
Alexander Solzhenitsyn and the
Russo-Jewish Question
ISBN 3-89821-483-4

15 Guido Houben
Kulturpolitik und Ethnizität
Staatliche Kunstförderung im Russland der
neunziger Jahre
Mit einem Vorwort von Gert Weisskirchen
ISBN 3-89821-542-3

16 Leonid Luks
Der russische „Sonderweg"?
Aufsätze zur neuesten Geschichte Russlands
im europäischen Kontext
ISBN 3-89821-496-6

17 Евгений Мороз
История «Мёртвой воды» – от
страшной сказки к большой
политике
Политическое неоязычество в
постсоветской России
ISBN 3-89821-551-2

18 Александр Верховский и Галина
Кожевникова (ред.)
Этническая и религиозная
интолерантность в российских СМИ
Результаты мониторинга 2001-2004 гг.
ISBN 3-89821-569-5

19 Christian Ganzer
Sowjetisches Erbe und ukrainische
Nation
Das Museum der Geschichte des Zaporoger
Kosakentums auf der Insel Chortycja
Mit einem Vorwort von Frank Golczewski
ISBN 3-89821-504-0

20 Эльза-Баир Гучинова
Помнить нельзя забыть
Антропология депортационной травмы
калмыков
С предисловием Кэролайн Хамфри
ISBN 3-89821-506-7

21 Юлия Лидерман
Мотивы «проверки» и «испытания»
в постсоветской культуре
Советское прошлое в российском
кинематографе 1990-х годов
С предисловием Евгения Марголита
ISBN 3-89821-511-3

22 Tanya Lokshina, Ray Thomas, Mary
Mayer (Eds.)
The Imposition of a Fake Political
Settlement in the Northern Caucasus
The 2003 Chechen Presidential Election
ISBN 3-89821-436-2

23 Timothy McCajor Hall, Rosie Read
(Eds.)
Changes in the Heart of Europe
Recent Ethnographies of Czechs, Slovaks,
Roma, and Sorbs
With an afterword by Zdeněk Salzmann
ISBN 3-89821-606-3

24 Christian Autengruber
Die politischen Parteien in Bulgarien
und Rumänien
Eine vergleichende Analyse seit Beginn der
90er Jahre
Mit einem Vorwort von Dorothée de Nève
ISBN 3-89821-476-1

25 Annette Freyberg-Inan with Radu
Cristescu
The Ghosts in Our Classrooms, or:
John Dewey Meets Ceauşescu
The Promise and the Failures of Civic
Education in Romania
ISBN 3-89821-416-8

26 John B. Dunlop
The 2002 Dubrovka and 2004 Beslan
Hostage Crises
A Critique of Russian Counter-Terrorism
With a foreword by Donald N. Jensen
ISBN 3-89821-608-X

27 Peter Koller
Das touristische Potenzial von
Kam''janec'–Podil's'kyj
Eine fremdenverkehrsgeographische
Untersuchung der Zukunftsperspektiven und
Maßnahmenplanung zur
Destinationsentwicklung des „ukrainischen
Rothenburg"
Mit einem Vorwort von Kristiane Klemm
ISBN 3-89821-640-3

28 Françoise Daucé, Elisabeth Sieca-
Kozlowski (Eds.)
Dedovshchina in the Post-Soviet
Military
Hazing of Russian Army Conscripts in a
Comparative Perspective
With a foreword by Dale Herspring
ISBN 3-89821-616-0

29   *Florian Strasser*
     Zivilgesellschaftliche Einflüsse auf die
     Orange Revolution
     Die gewaltlose Massenbewegung und die
     ukrainische Wahlkrise 2004
     Mit einem Vorwort von Egbert Jahn
     ISBN 3-89821-648-9

30   *Rebecca S. Katz*
     The Georgian Regime Crisis of 2003-
     2004
     A Case Study in Post-Soviet Media
     Representation of Politics, Crime and
     Corruption
     ISBN 3-89821-413-3

31   *Vladimir Kantor*
     Willkür oder Freiheit
     Beiträge zur russischen Geschichtsphilosophie
     Ediert von Dagmar Herrmann sowie mit
     einem Vorwort versehen von Leonid Luks
     ISBN 3-89821-589-X

32   *Laura A. Victoir*
     The Russian Land Estate Today
     A Case Study of Cultural Politics in Post-
     Soviet Russia
     With a foreword by Priscilla Roosevelt
     ISBN 3-89821-426-5

33   *Ivan Katchanovski*
     Cleft Countries
     Regional Political Divisions and Cultures in
     Post-Soviet Ukraine and Moldova
     With a foreword by Francis Fukuyama
     ISBN 3-89821-558-X

34   *Florian Mühlfried*
     Postsowjetische Feiern
     Das Georgische Bankett im Wandel
     Mit einem Vorwort von Kevin Tuite
     ISBN 3-89821-601-2

35   *Roger Griffin, Werner Loh, Andreas
     Umland (Eds.)*
     Fascism Past and Present, West and
     East
     An International Debate on Concepts and
     Cases in the Comparative Study of the
     Extreme Right
     With an afterword by Walter Laqueur
     ISBN 3-89821-674-8

36   *Sebastian Schlegel*
     Der „Weiße Archipel"
     Sowjetische Atomstädte 1945-1991
     Mit einem Geleitwort von Thomas Bohn
     ISBN 3-89821-679-9

37   *Vyacheslav Likhachev*
     Political Anti-Semitism in Post-Soviet
     Russia
     Actors and Ideas in 1991-2003
     Edited and translated from Russian by Eugene
     Veklerov
     ISBN 3-89821-529-6

38   *Josette Baer (Ed.)*
     Preparing Liberty in Central Europe
     Political Texts from the Spring of Nations
     1848 to the Spring of Prague 1968
     With a foreword by Zdeněk V. David
     ISBN 3-89821-546-6

39   *Михаил Лукьянов*
     Российский консерватизм и
     реформа, 1907-1914
     С предисловием Марка Д. Стейнберга
     ISBN 3-89821-503-2

40   *Nicola Melloni*
     Market Without Economy
     The 1998 Russian Financial Crisis
     With a foreword by Eiji Furukawa
     ISBN 3-89821-407-9

41   *Dmitrij Chmelnizki*
     Die Architektur Stalins
     Bd. 1: Studien zu Ideologie und Stil
     Bd. 2: Bilddokumentation
     Mit einem Vorwort von Bruno Flierl
     ISBN 3-89821-515-6

42   *Katja Yafimava*
     Post-Soviet Russian-Belarussian
     Relationships
     The Role of Gas Transit Pipelines
     With a foreword by Jonathan P. Stern
     ISBN 3-89821-655-1

43   *Boris Chavkin*
     Verflechtungen der deutschen und
     russischen Zeitgeschichte
     Aufsätze und Archivfunde zu den
     Beziehungen Deutschlands und der
     Sowjetunion von 1917 bis 1991
     Ediert von Markus Edlinger sowie mit einem
     Vorwort versehen von Leonid Luks
     ISBN 3-89821-756-6

44   *Anastasija Grynenko in*
      Zusammenarbeit mit Claudia Dathe
      Die Terminologie des Gerichtswesens
      der Ukraine und Deutschlands im
      Vergleich
      Eine übersetzungswissenschaftliche Analyse
      juristischer Fachbegriffe im Deutschen,
      Ukrainischen und Russischen
      Mit einem Vorwort von Ulrich Hartmann
      ISBN 3-89821-691-8

45   *Anton Burkov*
      The Impact of the European
      Convention on Human Rights on
      Russian Law
      Legislation and Application in 1996-2006
      With a foreword by Françoise Hampson
      ISBN 978-3-89821-639-5

46   *Stina Torjesen, Indra Overland (Eds.)*
      International Election Observers in
      Post-Soviet Azerbaijan
      Geopolitical Pawns or Agents of Change?
      ISBN 978-3-89821-743-9

47   *Taras Kuzio*
      Ukraine – Crimea – Russia
      Triangle of Conflict
      ISBN 978-3-89821-761-3

48   *Claudia Šabić*
      "Ich erinnere mich nicht, aber L'viv!"
      Zur Funktion kultureller Faktoren für die
      Institutionalisierung und Entwicklung einer
      ukrainischen Region
      Mit einem Vorwort von Melanie Tatur
      ISBN 978-3-89821-752-1

49   *Marlies Bilz*
      Tatarstan in der Transformation
      Nationaler Diskurs und Politische Praxis
      1988-1994
      Mit einem Vorwort von Frank Golczewski
      ISBN 978-3-89821-722-4

50   *Марлен Ларюэль (ред.)*
      Современные интерпретации
      русского национализма
      ISBN 978-3-89821-795-8

51   *Sonja Schüler*
      Die ethnische Dimension der Armut
      Roma im postsozialistischen Rumänien
      Mit einem Vorwort von Anton Sterbling
      ISBN 978-3-89821-776-7

52   *Галина Кожевникова*
      Радикальный национализм в России
      и противодействие ему
      Сборник докладов Центра «Сова» за 2004-
      2007 гг.
      С предисловием Александра Верховского
      ISBN 978-3-89821-721-7

53   *Галина Кожевникова и Владимир*
      Прибыловский
      Российская власть в биографиях I
      Высшие должностные лица РФ в 2004 г.
      ISBN 978-3-89821-796-5

54   *Галина Кожевникова и Владимир*
      Прибыловский
      Российская власть в биографиях II
      Члены Правительства РФ в 2004 г.
      ISBN 978-3-89821-797-2

55   *Галина Кожевникова и Владимир*
      Прибыловский
      Российская власть в биографиях III
      Руководители федеральных служб и
      агентств РФ в 2004 г.
      ISBN 978-3-89821-798-9

56   *Ileana Petroniu*
      Privatisierung in
      Transformationsökonomien
      Determinanten der Restrukturierungs-
      Bereitschaft am Beispiel Polens, Rumäniens
      und der Ukraine
      Mit einem Vorwort von Rainer W. Schäfer
      ISBN 978-3-89821-790-3

57   *Christian Wipperfürth*
      Russland und seine GUS-Nachbarn
      Hintergründe, aktuelle Entwicklungen und
      Konflikte in einer ressourcenreichen Region
      ISBN 978-3-89821-801-6

58   *Togzhan Kassenova*
      From Antagonism to Partnership
      The Uneasy Path of the U.S.-Russian
      Cooperative Threat Reduction
      With a foreword by Christoph Bluth
      ISBN 978-3-89821-707-1

59   *Alexander Höllwerth*
      Das sakrale eurasische Imperium des
      Aleksandr Dugin
      Eine Diskursanalyse zum postsowjetischen
      russischen Rechtsextremismus
      Mit einem Vorwort von Dirk Uffelmann
      ISBN 978-3-89821-813-9

60 Олег Рябов
«Россия-Матушка»
Национализм, гендер и война в России XX
века
С предисловием Елены Гощило
ISBN 978-3-89821-487-2

61 Ivan Maistrenko
Borot'bism
A Chapter in the History of the Ukrainian
Revolution
With a new introduction by Chris Ford
Translated by George S. N. Luckyj with the
assistance of Ivan L. Rudnytsky
ISBN 978-3-89821-697-5

62 Maryna Romanets
Anamorphosic Texts and
Reconfigured Visions
Improvised Traditions in Contemporary
Ukrainian and Irish Literature
ISBN 978-3-89821-576-3

63 Paul D'Anieri and Taras Kuzio (Eds.)
Aspects of the Orange Revolution I
Democratization and Elections in Post-
Communist Ukraine
ISBN 978-3-89821-698-2

64 Bohdan Harasymiw in collaboration
with Oleh S. Ilnytzkyj (Eds.)
Aspects of the Orange Revolution II
Information and Manipulation Strategies in
the 2004 Ukrainian Presidential Elections
ISBN 978-3-89821-699-9

65 Ingmar Bredies, Andreas Umland and
Valentin Yakushik (Eds.)
Aspects of the Orange Revolution III
The Context and Dynamics of the 2004
Ukrainian Presidential Elections
ISBN 978-3-89821-803-0

66 Ingmar Bredies, Andreas Umland and
Valentin Yakushik (Eds.)
Aspects of the Orange Revolution IV
Foreign Assistance and Civic Action in the
2004 Ukrainian Presidential Elections
ISBN 978-3-89821-808-5

67 Ingmar Bredies, Andreas Umland and
Valentin Yakushik (Eds.)
Aspects of the Orange Revolution V
Institutional Observation Reports on the 2004
Ukrainian Presidential Elections
ISBN 978-3-89821-809-2

68 Taras Kuzio (Ed.)
Aspects of the Orange Revolution VI
Post-Communist Democratic Revolutions in
Comparative Perspective
ISBN 978-3-89821-820-7

69 Tim Bohse
Autoritarismus statt Selbstverwaltung
Die Transformation der kommunalen Politik
in der Stadt Kaliningrad 1990-2005
Mit einem Geleitwort von Stefan Troebst
ISBN 978-3-89821-782-8

70 David Rupp
Die Rußländische Föderation und die
russischsprachige Minderheit in
Lettland
Eine Fallstudie zur Anwaltspolitik Moskaus
gegenüber den russophonen Minderheiten im
„Nahen Ausland" von 1991 bis 2002
Mit einem Vorwort von Helmut Wagner
ISBN 978-3-89821-778-1

71 Taras Kuzio
Theoretical and Comparative
Perspectives on Nationalism
New Directions in Cross-Cultural and Post-
Communist Studies
With a foreword by Paul Robert Magocsi
ISBN 978-3-89821-815-3

72 Christine Teichmann
Die Hochschultransformation im
heutigen Osteuropa
Kontinuität und Wandel bei der Entwicklung
des postkommunistischen Universitätswesens
Mit einem Vorwort von Oskar Anweiler
ISBN 978-3-89821-842-9

73 Julia Kusznir
Der politische Einfluss von
Wirtschaftseliten in russischen
Regionen
Eine Analyse am Beispiel der Erdöl- und
Erdgasindustrie, 1992-2005
Mit einem Vorwort von Wolfgang Eichwede
ISBN 978-3-89821-821-4

74 Alena Vysotskaya
Russland, Belarus und die EU-
Osterweiterung
Zur Minderheitenfrage und zum Problem der
Freizügigkeit des Personenverkehrs
Mit einem Vorwort von Katlijn Malfliet
ISBN 978-3-89821-822-1

75 *Heiko Pleines (Hrsg.)*
    Corporate Governance in post-
    sozialistischen Volkswirtschaften
    ISBN 978-3-89821-766-8

76 *Stefan Ihrig*
    Wer sind die Moldawier?
    Rumänismus versus Moldowanismus in
    Historiographie und Schulbüchern der
    Republik Moldova, 1991-2006
    Mit einem Vorwort von Holm Sundhaussen
    ISBN 978-3-89821-466-7

77 *Galina Kozhevnikova in collaboration*
    with Alexander Verkhovsky and
    Eugene Veklerov
    Ultra-Nationalism and Hate Crimes in
    Contemporary Russia
    The 2004-2006 Annual Reports of Moscow's
    SOVA Center
    With a foreword by Stephen D. Shenfield
    ISBN 978-3-89821-868-9

78 *Florian Küchler*
    The Role of the European Union in
    Moldova's Transnistria Conflict
    With a foreword by Christopher Hill
    ISBN 978-3-89821-850-4

79 *Bernd Rechel*
    The Long Way Back to Europe
    Minority Protection in Bulgaria
    With a foreword by Richard Crampton
    ISBN 978-3-89821-863-4

80 *Peter W. Rodgers*
    Nation, Region and History in Post-
    Communist Transitions
    Identity Politics in Ukraine, 1991-2006
    With a foreword by Vera Tolz
    ISBN 978-3-89821-903-7

81 *Stephanie Solywoda*
    The Life and Work of
    Semen L. Frank
    A Study of Russian Religious Philosophy
    With a foreword by Philip Walters
    ISBN 978-3-89821-457-5

82 *Vera Sokolova*
    Cultural Politics of Ethnicity
    Discourses on Roma in Communist
    Czechoslovakia
    ISBN 978-3-89821-864-1

83 *Natalya Shevchik Ketenci*
    Kazakhstani Enterprises in Transition
    The Role of Historical Regional Development
    in Kazakhstan's Post-Soviet Economic
    Transformation
    ISBN 978-3-89821-831-3

84 *Martin Malek, Anna Schor-*
    Tschudnowskaja (Hrsg.)
    Europa im Tschetschenienkrieg
    Zwischen politischer Ohnmacht und
    Gleichgültigkeit
    Mit einem Vorwort von Lipchan Basajewa
    ISBN 978-3-89821-676-0

85 *Stefan Meister*
    Das postsowjetische Universitätswesen
    zwischen nationalem und
    internationalem Wandel
    Die Entwicklung der regionalen Hochschule
    in Russland als Gradmesser der
    Systemtransformation
    Mit einem Vorwort von Joan DeBardeleben
    ISBN 978-3-89821-891-7

86 *Konstantin Sheiko in collaboration*
    with Stephen Brown
    Nationalist Imaginings of the
    Russian Past
    Anatolii Fomenko and the Rise of Alternative
    History in Post-Communist Russia
    With a foreword by Donald Ostrowski
    ISBN 978-3-89821-915-0

87 *Sabine Jenni*
    Wie stark ist das „Einige Russland"?
    Zur Parteibindung der Eliten und zum
    Wahlerfolg der Machtpartei
    im Dezember 2007
    Mit einem Vorwort von Klaus Armingeon
    ISBN 978-3-89821-961-7

88 *Thomas Borén*
    Meeting-Places of Transformation
    Urban Identity, Spatial Representations and
    Local Politics in Post-Soviet St Petersburg
    ISBN 978-3-89821-739-2

89 *Aygul Ashirova*
    Stalinismus und Stalin-Kult in
    Zentralasien
    Turkmenistan 1924-1953
    Mit einem Vorwort von Leonid Luks
    ISBN 978-3-89821-987-7

90   *Leonid Luks*
      Freiheit oder imperiale Größe?
      Essays zu einem russischen Dilemma
      ISBN 978-3-8382-0011-8

91   *Christopher Gilley*
      The 'Change of Signposts' in the
      Ukrainian Emigration
      A Contribution to the History of
      Sovietophilism in the 1920s
      With a foreword by Frank Golczewski
      ISBN 978-3-89821-965-5

92   *Philipp Casula, Jeronim Perovic*
      (Eds.)
      Identities and Politics
      During the Putin Presidency
      The Discursive Foundations of Russia's
      Stability
      With a foreword by Heiko Haumann
      ISBN 978-3-8382-0015-6

93   *Marcel Viëtor*
      Europa und die Frage
      nach seinen Grenzen im Osten
      Zur Konstruktion ‚europäischer Identität' in
      Geschichte und Gegenwart
      Mit einem Vorwort von Albrecht Lehmann
      ISBN 978-3-8382-0045-3

94   *Ben Hellman, Andrei Rogachevskii*
      Filming the Unfilmable
      Casper Wrede's 'One Day in the Life
      of Ivan Denisovich'
      ISBN 978-3-8382-0044-6

95   *Eva Fuchslocher*
      Vaterland, Sprache, Glaube
      Orthodoxie und Nationenbildung
      am Beispiel Georgiens
      Mit einem Vorwort von Christina von Braun
      ISBN 978-3-89821-884-9

96   *Vladimir Kantor*
      Das Westlertum und der Weg
      Russlands
      Zur Entwicklung der russischen Literatur und
      Philosophie
      Ediert von Dagmar Herrmann
      Mit einem Beitrag von Nikolaus Lobkowicz
      ISBN 978-3-8382-0102-3

97   *Kamran Musayev*
      Die postsowjetische Transformation
      im Baltikum und Südkaukasus
      Eine vergleichende Untersuchung der
      politischen Entwicklung Lettlands und
      Aserbaidschans 1985-2009
      Mit einem Vorwort von Leonid Luks
      Ediert von Sandro Henschel
      ISBN 978-3-8382-0103-0

98   *Tatiana Zhurzhenko*
      Borderlands into Bordered Lands
      Geopolitics of Identity in Post-Soviet Ukraine
      With a foreword by Dieter Segert
      ISBN 978-3-8382-0042-2

99   *Кирилл Галушко, Лидия Смола*
      (ред.)
      Пределы падения – варианты
      украинского будущего
      Аналитико-прогностические исследования
      ISBN 978-3-8382-0148-1

100   *Michael Minkenberg (ed.)*
      Historical Legacies and the Radical
      Right in Post-Cold War Central and
      Eastern Europe
      With an afterword by Sabrina P. Ramet
      ISBN 978-3-8382-0124-5

101   *David-Emil Wickström*
      "Okna otkroi!" – "Open the
      Windows!"
      Transcultural Flows and Identity Politics in
      the St. Petersburg Popular Music Scene
      With a foreword by Yngvar B. Steinholt
      ISBN 978-3-8382-0100-9

102   *Eva Zabka*
      Eine neue „Zeit der Wirren"?
      Der spät- und postsowjetische Systemwandel
      1985-2000 im Spiegel russischer
      gesellschaftspolitischer Diskurse
      Mit einem Vorwort von Margareta Mommsen
      ISBN 978-3-8382-0161-0

103   *Ulrike Ziemer*
      Ethnic Belonging, Gender and
      Cultural Practices
      Youth Identitites in Contemporary Russia
      With a foreword by Anoop Nayak
      ISBN 978-3-8382-0152-8

104   *Ksenia Chepikova*
       ‚Einiges Russland' - eine zweite
       KPdSU?
       Aspekte der Identitätskonstruktion einer
       postsowjetischen „Partei der Macht"
       Mit einem Vorwort von Torsten Oppelland
       ISBN 978-3-8382-0311-9

105   *Леонид Люкс*
       Западничество или евразийство?
       Демократия или идеократия?
       Сборник статей об исторических дилеммах
       России
       С предисловием Владимира Кантора
       ISBN 978-3-8382-0211-2

Series Subscription

Please enter my subscription to the series *Soviet and Post-Soviet Politics and Society*, ISSN 1614-3515, as follows:

❏ complete series   OR   ❏ English-language titles
                                              ❏ German-language titles
                                              ❏ Russian-language titles

starting with
❏ volume # 1
❏ volume # ___
      ❏ please also include the following volumes: #___, ___, ___, ___, ___, ___, ___
❏ the next volume being published
      ❏ please also include the following volumes: #___, ___, ___, ___, ___, ___, ___

❏ 1 copy per volume   OR   ❏ ___ copies per volume

Subscription within Germany:

You will receive every volume at 1st publication at the regular bookseller's price – incl. s & h and VAT.

Payment:

❏ Please bill me for every volume.

❏ Lastschriftverfahren: Ich/wir ermächtige(n) Sie hiermit widerruflich, den Rechnungsbetrag je Band von meinem/unserem folgendem Konto einzuziehen.

Kontoinhaber: _____Kreditinstitut: _____

Kontonummer: _____Bankleitzahl:_____

International Subscription:

Payment (incl. s & h and VAT) in advance for

❏ 10 volumes/copies (€ 319.80)   ❏ 20 volumes/copies (€ 599.80)
❏ 40 volumes/copies (€ 1,099.80)

Please send my books to:

NAME_____DEPARTMENT_____
ADDRESS _____
POST/ZIP CODE_____COUNTRY _____
TELEPHONE _____EMAIL_____

date/signature_____

A hint for librarians in the former Soviet Union: Your academic library might be eligible to receive free-of-cost scholarly literature from Germany via the German Research Foundation. For Russian-language information on this program, see
      http://www.dfg.de/forschungsfoerderung/formulare/download/12_54.pdf.

Please fax to: **0511 / 262 2201 (+49 511 262 2201)**
or mail to: *ibidem*-Verlag, Julius-Leber-Weg 11, D-30457 Hannover,Germany
or send an e-mail: ibidem@ibidem-verlag.de

ibidem-Verlag

Melchiorstr. 15

D-70439 Stuttgart

info@ibidem-verlag.de

www.ibidem-verlag.de
www.ibidem.eu
www.edition-noema.de
www.autorenbetreuung.de

www.ingramcontent.com/pod-product-compliance
Lightning Source LLC
Chambersburg PA
CBHW070556270326
41926CB00013B/2331